本专著得到国家自然科学基金"高集约化农区土地≋
境风险控制"（批准号41130526）和 江苏省高校哲社基
土地利用结构评价及其优化路径研究"（批准号2018SJA1

农业土地利用系统环境效应分析与优化
——基于物质流调控理论

付永虎　郭赟　仇阿根　魏范青　杨毅◎著

知识产权出版社
全国百佳图书出版单位
—北京—

图书在版编目（CIP）数据

农业土地利用系统环境效应分析与优化：基于物质流调控理论/付永虎等著.—北京：知识产权出版社，2019.12
ISBN 978-7-5130-6674-7

Ⅰ.①农… Ⅱ.①付… Ⅲ.①农业用地—土地利用—环境效应—研究—中国 Ⅳ.①F321.1

中国版本图书馆 CIP 数据核字（2019）第 291644 号

内容提要

本书从土地利用系统的角度出发，基于物质流分析方法，提出农业土地利用系统分析与优化理论——物质流调控理论。通过系统解析集约农业土地利用过程中物质输入-输出特征、迁移转化规律，以及由此引发的农业环境问题；研究探索高集约化农区土地利用系统设计的理论与方法体系，结合上海市青浦区、粮食主产区等案例研究，尝试构建投入减量化的、良性循环的、低环境风险的可持续土地利用模式。

策划编辑：蔡　虹	责任校对：王　岩
责任编辑：韩　冰	责任印制：孙婷婷

农业土地利用系统环境效应分析与优化
基于物质流调控理论

付永虎　郭　贇　仇阿根　魏范青　杨　毅　著

出版发行：知识产权出版社有限责任公司	网　　址：http://www.ipph.cn
社　　址：北京市海淀区气象路 50 号院	邮　　编：100081
责编电话：010-82000860 转 8126	责编邮箱：hanbing@cnipr.com
发行电话：010-82000860 转 8101/8102	发行传真：010-82000893/82005070/82000270
印　　刷：北京建宏印刷有限公司	经　　销：各大网上书店、新华书店及相关专业书店
开　　本：720mm×1000mm　1/16	印　　张：14.75
版　　次：2019 年 12 月第 1 版	印　　次：2019 年 12 月第 1 次印刷
字　　数：220 千字	定　　价：69.00 元

ISBN 978-7-5130-6674-7

出版权专有　侵权必究
如有印装质量问题，本社负责调换。

CONTENTS

目 录

第1章 绪 论 ………………………………………………… 1
1.1 农业土地利用系统的基本特征 ………………………… 1
 1.1.1 高投入的农业土地利用模式导致环境风险日益严重 … 1
 1.1.2 不同土地利用方式对农业污染物累积与迁移的影响 … 2
 1.1.3 构建投入减量与低环境风险的土地利用系统是保障
    未来农业可持续发展的关键 ………………………… 3
1.2 国内外研究进展 ………………………………………… 4
 1.2.1 高集约化农业土地利用系统的特点及其环境效应 …… 4
 1.2.2 农业土地利用系统优化的模式研究 ………………… 8
 1.2.3 土地利用系统优化的方法研究 ……………………… 12
 1.2.4 有关投入减量与低环境风险问题 …………………… 15
1.3 小结 …………………………………………………… 17
本章参考文献 ………………………………………………… 18

第2章 基础理论与研究方法 ………………………………… 24
2.1 基础理论 ………………………………………………… 24
 2.1.1 物质流分析 …………………………………………… 24
 2.1.2 景观生态学理论 ……………………………………… 25
 2.1.3 人与自然耦合系统理论 ……………………………… 25
2.2 研究方法 ………………………………………………… 27
 2.2.1 物质流分析方法 ……………………………………… 27
 2.2.2 土地利用系统分析方法 ……………………………… 28

2.2.3　农业土地利用系统过程模拟与优化方法 ……………… 31
　本章参考文献 ……………………………………………………… 34

第3章　农业土地利用系统的物质流调控理论 ……………… 39
　3.1　物质流调控理论提出的背景 ………………………………… 39
　3.2　理论阐释 ……………………………………………………… 41
　　3.2.1　物质流分析 …………………………………………… 42
　　3.2.2　物质流调控 …………………………………………… 43
　3.3　设计原则与目标 ……………………………………………… 45
　　3.3.1　设计原则 ……………………………………………… 45
　　3.3.2　设计目标 ……………………………………………… 45
　3.4　设计模式及其图式 …………………………………………… 47
　3.5　小结与相关建议 ……………………………………………… 49
　本章参考文献 ……………………………………………………… 51

第4章　平原河网地区农业土地利用系统分析与环境效应评价 … 55
　4.1　平原河网地区农业土地利用系统分析与环境效应评价 …… 55
　　4.1.1　青浦区农业土地利用系统分析 ……………………… 55
　　4.1.2　数据来源 ……………………………………………… 56
　4.2　农业土地利用系统分析 ……………………………………… 56
　　4.2.1　农业土地利用概况 …………………………………… 57
　　4.2.2　农业生产要素投入与农业增长的灰色关联度分析 …… 59
　4.3　集约农业土地利用系统的环境效应分析 …………………… 63
　　4.3.1　研究方法 ……………………………………………… 63
　　4.3.2　参数及数据来源 ……………………………………… 65
　　4.3.3　结果分析 ……………………………………………… 68
　4.4　集约农业土地利用效率评估 ………………………………… 76
　　4.4.1　研究方法 ……………………………………………… 77
　　4.4.2　指标选取 ……………………………………………… 77
　　4.4.3　基于经典DEA的窗式分析 …………………………… 78

  4.4.4 基于非期望产出的 SBM 模型的窗式分析 ………… 81
 4.5 集约农业土地利用系统的物质减量及环境风险降低潜势评估 ……………………………………………………………… 83
  4.5.1 研究方法 …………………………………………… 83
  4.5.2 结果分析 …………………………………………… 84
 4.6 小结与政策建议 ……………………………………………… 85
 本章参考文献 ……………………………………………………… 87

第 5 章 粮食主产区农业土地利用系统分析与效应评价 ………… 89
 5.1 县域尺度农业土地利用系统环境效应综合评价 …………… 89
  5.1.1 研究背景 …………………………………………… 89
  5.1.2 研究方法和数据处理 ……………………………… 91
  5.1.3 结果分析 …………………………………………… 93
  5.1.4 小结与政策建议 …………………………………… 100
 5.2 基于灰水足迹的洞庭湖区粮食生产的环境效应评价 ……… 102
  5.2.1 研究背景 …………………………………………… 102
  5.2.2 研究区概况 ………………………………………… 104
  5.2.3 研究方法与参数选取 ……………………………… 105
  5.2.4 结果分析 …………………………………………… 108
  5.2.5 小结 ………………………………………………… 116
 本章参考文献 ……………………………………………………… 117

第 6 章 基于物质流分析的农业土地利用系统碳循环效应评价 …… 122
 6.1 研究背景 ……………………………………………………… 123
 6.2 研究理论与方法 ……………………………………………… 124
  6.2.1 研究理论 …………………………………………… 124
  6.2.2 研究方法 …………………………………………… 126
 6.3 结果与讨论 …………………………………………………… 131
  6.3.1 洞庭湖区农业土地利用系统碳循环变化特征 …… 131
  6.3.2 农业土地利用系统碳循环效应评价 ……………… 135

6.4 小结与政策建议 ·················· 139
本章参考文献 ···················· 140

第7章 基于物质流分析的农业土地利用系统环境效应研究
——以河南省为例 ·············· 144
7.1 研究背景 ····················· 144
7.2 研究区概况 ···················· 146
7.3 研究方法及数据来源 ················ 146
 7.3.1 农业土地利用系统物质流分析框架 ········ 146
 7.3.2 分析评价指标体系 ··············· 147
 7.3.3 主要变量测算方法及数据来源 ·········· 147
7.4 结果分析 ····················· 148
 7.4.1 物质输入输出量分析 ·············· 148
 7.4.2 物质输入输出结构分析 ············· 149
 7.4.3 物质投入、产出强度变化趋势 ·········· 151
 7.4.4 资源生产率、环境效率变化趋势 ········· 151
 7.4.5 物质储存变化趋势 ··············· 153
7.5 小结与讨论 ···················· 153
 7.5.1 小结 ···················· 153
 7.5.2 讨论 ···················· 154
本章参考文献 ···················· 155

第8章 江苏省农地规模经营特征与环境效率时空分异研究 ······ 157
8.1 研究背景 ····················· 157
8.2 研究区概况 ···················· 158
8.3 研究方法 ····················· 159
 8.3.1 农地规模经营特征评价方法 ··········· 159
 8.3.2 农业环境效率评级方法 ············· 160
8.4 结果分析 ····················· 162
 8.4.1 农地经营特征时空演变分析 ··········· 162

8.4.2　农业环境效率时空演变分析 ………………………………… 165
8.4.3　缩减潜势与缩减规模空间分析 ……………………………… 166
8.4.4　农地规模经营与环境效率关系分析 ………………………… 168
8.5　小结 …………………………………………………………………… 170
本章参考文献 ……………………………………………………………… 170

第9章　高集约化农区不同政策情景下农户土地利用模式优化 …… 173
9.1　研究背景 ……………………………………………………………… 173
9.2　方法与模型 …………………………………………………………… 175
9.2.1　研究区概况 …………………………………………………… 175
9.2.2　情景设置 ……………………………………………………… 175
9.2.3　模型选择与数据来源 ………………………………………… 177
9.2.4　评价方法与方案优选 ………………………………………… 178
9.3　结果与分析 …………………………………………………………… 179
9.3.1　情景模拟与评价 ……………………………………………… 179
9.3.2　农户土地利用方案的优选 …………………………………… 180
9.4　政策建议 ……………………………………………………………… 181
9.5　小结 …………………………………………………………………… 183
本章参考文献 ……………………………………………………………… 183

第10章　平原河网地区非点源污染风险差异化分区防控研究 …… 187
10.1　引言 ………………………………………………………………… 187
10.2　方法与模型 ………………………………………………………… 189
10.2.1　研究区概况 ………………………………………………… 189
10.2.2　数量优化 …………………………………………………… 189
10.2.3　土地利用分区防控方案 …………………………………… 193
10.3　结果与分析 ………………………………………………………… 196
10.3.1　土地利用结构优化方案 …………………………………… 196
10.3.2　空间分区 …………………………………………………… 197
10.4　讨论 ………………………………………………………………… 199

10.5　小结 …………………………………………………………… 201
　　本章参考文献 ………………………………………………………… 201

第 11 章　基于物质流分析的区域食物链氮素流动规律与调控
　　　　　研究 …………………………………………………………… 204
　　11.1　引言 …………………………………………………………… 204
　　11.2　研究方法与数据来源 ………………………………………… 206
　　　　11.2.1　研究区概况
　　　　11.2.2　青浦区食物链氮素流动模型 ………………………… 206
　　　　11.2.3　数据来源 ……………………………………………… 210
　　11.3　结果与分析 …………………………………………………… 211
　　　　11.3.1　区域食物链氮流量的年际变化 ……………………… 211
　　　　11.3.2　情景模拟与优化设计 ………………………………… 216
　　11.4　讨论 …………………………………………………………… 221
　　11.5　小结 …………………………………………………………… 222
　　本章参考文献 ………………………………………………………… 223

第1章 绪 论

1.1 农业土地利用系统的基本特征

1.1.1 高投入的农业土地利用模式导致环境风险日益严重

为保障粮食安全，现代农业普遍通过提高土地利用强度和增加农用化学品等农业生产资料的投入量来获得较高水平的单产。改革开放以来，我国已普遍实行了高投入、高土地利用强度的集约化农业生产模式，不仅满足了日益增长的粮食需求，也为农民的增产增收创造了条件。高投入产出－高利用强度的集约化土地利用模式已成为未来保障我国粮食安全的主要途径。然而，由于对高集约化土地利用模式的资源环境代价和社会代价在认识上的滞后，加上农户在土地利用过程中的不合理投入方式，这种高投入的土地利用模式在提高了土地利用收益的同时也导致了严重的农业环境问题。因此，高集约化农区同时也是高环境风险的区域。

据统计，2012年全国粮食生产与2011年相比，增产1836万t，增长了3.2%，总产量达58957万t，我国粮食生产实现了9年持续增产[1]。在2012年的粮食增产中，其中1478万t的增产来源于作物单产的增加，约占增产比重的80%。然而，这种粮食产量增加更多的是借助"大水、大肥"等外源物质投入持续增加来实现的。2013年我国农业生产中化肥投入总量为5912万t，单位农业种植面积的化肥用量达321.5kg/hm^2，远高于世界平均水平[2]，分别是美国的2.6倍和欧盟的2.5倍。不断增加投入水平的粮食安全保障方式已经导致了区域资源的耗竭，并且已经威胁到了区域的环境安全，对粮食产量的持续增加产生了严重的负面影响。由于长期大量施用化肥和农药，土壤养分过量积累和养分失衡现象已经相当严重；土壤环境中的化学品（如农药、重金属等）残留量日益增加；农田生态系统的自我调节和自我净化功能严重削弱，对环境风险的抵御能力大大降低，由此引发了一系列的生态环境问题。例如，土壤地力下降、污染加剧、地表水富营养化、地下水 NO_3 累积以及农产品污染、大气污染等。我国高投入、高环境风险、低效、低质量的高集约农业生产方式已严重阻碍了农业健康稳定的发展。然而，从我国国情来看，在未来相当长的一段时间内，为保障粮食安全，高强度的土地利用模式和大量投入农用化学品的现象依然不可避免，中国高集约化的农业土地利用方式既面临着粮食不断增产的客观需求，又面临着生态环境逐步恶化的现实挑战。探讨立足于高投入产出条件下如何减少过量投入及降低环境风险已成为农业可持续发展和可持续土地利用领域的重大课题之一。

1.1.2 不同土地利用方式对农业污染物累积与迁移的影响

土地利用方式对土壤、植被、径流及化学物质输入、输出等具有显著影响，使得不同土地利用类型污染物的累积和迁移产生重大差异。有关研究表明，不同的土地利用方式土壤中总氮（Total Nitrogen，TN）含量和总磷（Total Phosphorus，TP）含量存在显著差异，高强度利用的设施大棚土壤 TN 和 TP 明显高于人为扰动较小的林地和台地[3]。不同土地利用方式养分的输出总量有较大变异，两年的定位研究表明，输出总量依次为坡地农田＞梯田农田＞梯田果园＞坡地果园，坡地果园输出量较少[4]。土地利用集约化程度越高，N 和 P 输出水平也越高。田间径流和渗漏池试验表明，集约化菜地氮、磷流失显著高于大田作物[5]。两块土壤和母质类型相似且相邻的草地和农业耕地，Pb 在土壤剖面的分布有显著差异，草地土壤剖面1m 以内，只有很少量的人为成因的 Pb，且蚯蚓活动活跃；而耕作土壤中，外源输入 Pb 占主导，且显著累积在 0～60cm 中[6]。地表径流下垫面随地形、地貌和土地覆被的不同而不同，在强降雨下对农业非点源污染产生显著影响[7]。土地利用/土地覆被变化、农业生产和水土流失是非点源污染的主要原因，1996—2010年拉萨河流域非点源污染风险程度在局部范围内有所下降，高风险区域面积减少，低风险区域面积增加，中等和较高风险区域面积呈增加的趋势[8]。土地利用方式的改变，导致了污染物的活化和迁移，在过去30年间，由于Au矿的开采，使得亚马孙地区Hg的挥发和大气沉降显著增加，造成整个亚马孙地区森林表土Hg的累积量较高，最高值出现在矿区周围20～30km范围；但当森林砍伐变牧场后，森林表土的Hg强烈迁移，导致当地生态链中鱼类Hg含量显著增高[9]。此外，农作方式不同，对污染物输出也会产生重要影响。大田小区径流试验结果表明，常规施肥条件下茭白-水稻轮作TN和TP污染负荷高于茭白单作；两种农作方式TN污染负荷均高于太湖流域其他几种种植模式，而TP污染负荷均低于太湖流域其他常见的种植模式的平均水平[10]。综上所述，不同土地利用方式对农业污染物累积与迁移产生巨大差异，因此，解决集约农业生产问题，也理应通过对土地利用系统的调控，找出一条既能保证农业持续发展，又能实现农业生产与自然环境及人类健康的和谐发展之路。探讨立足于集约化农业生产条件下构建投入减量化与低环境风险的可持续土地利用模式势在必行。

1.1.3 构建投入减量与低环境风险的土地利用系统是保障未来农业可持续发展的关键

构建投入减量化与低环境风险的可持续土地利用模式，协调农业生产的社会效益、经济效益和环境效益是一个非常复杂的系统问题。涉及土地利用方式、土地利用结构、农户投入行为、生产管理模式、环境因子背景、环境变化等诸多因子；既有人类活动的因素，也有自然环境的因素，既有点上的问题，也有面上的问题。因此，在当前国情下，解决这个问题需要从土地利用系统的角度出发，一方面定量模拟土地利用系统过程中的物质流动，全面解析土地利用过程中的物质输入、输出和累积过程，针对集约化农区热点元素进行定量化追踪和研究，揭示土地利用过程中的投入行为和环境风险的主要控制环节及影响因素；另一方面为防止土地利用环境风险的空间转移，从生态安全格局的角度，优化土地利用结构和空间布局，从而设计构建投入减量化与低环境风险的可持续土地利用模式。因此，本研究旨在基于一系列的基础理论和方法，从土地利用系统的角度，以投入减量化与低环境风险为目标，系统研究高集约化农区土地利用系统设计的理论与方法体系，尝试构建可持续土地利用系统设计的理论框架、研究内容与评价准则、设计模式及其图式，并选取案例区作为实证支持。研究成果可为当前集约农业的可持续发展起到指导作用，并对于丰富集约可持续农业模式内涵和农业发展方式向减量投入、低环境风险集约可持续农业转型具有一定的理论和现实意义。

1.2 国内外研究进展

根据研究视角不同，我国自改革开放以来已积累了大量的理论与实践成果。然而在高集约化农区从土地利用系统设计角度，以投入减量与低环境风险为目标的可持续土地利用模式理念尚处于起步阶段，理论和方法体系从整体上来说尚未形成。因此，在推进我国高集约化农业土地利用过程中，缺乏理论指导，土地利用模式设计没有科学规范，产生了相关研究落后于当前高集约化农区发展的需要，致使人们对高集约农业模式出现很多偏差和实践误区。

1.2.1 高集约化农业土地利用系统的特点及其环境效应

（1）集约农业土地利用系统的特点

农业土地利用系统是指在特定的社会经济条件和自然环境背景下，为获得农产品，人类将农业种植部门或作物的生产要素按比例、采用不同方式相结合的土地利用系统，该系统具有特定的边界、层次、结构和功能，它是农业土地利用过程和农业土地利用方式的总称[11]。土地、劳动和资本是其利用过程的三个要素。仅考虑耕作和种植制度，一个土地单元和一个土地利用类型（包括一系列的土地利用需求）相结合构成单一的土地利用系统；在一个农业区域，土地组合的类型较多，利用的方式也较多，甚至同一块土地类型的范围内，或同一块土地类型上的不同部位也会形成相异的土地利用类型，从而形成复合土地利用系统；在单一或复合土地利用系统的轮作下，进而构成综合土地利用系统；由一个农户或者生产管理单位实施的一个/多个单一、复合或综合土地利用系统即构成农作系统；不同的农作系统和其他非生产性的自然半自然和人工的土地利用类型构成区域农业景观生态系统[12]。同时，人类通过农业土地利用把土地自然生态系统与社会经济系统连为一体，赋予了农业土地利用系统复杂的、开放式的、非线性且具有正负反馈机制的人类偏途顶级利用等特征，物质循环、能量流动、信息传递以及价值转移是该系统的基本功能。

农业土地利用系统的实施者和受益者是人类，系统运行的驱动力与阻滞力都源于人类自身。改革开放以来，随着人口的增长，区域性人地矛盾的不断加剧，我国普遍实施了高集约的农业土地利用模式。所谓高集约化农业土地利用模式，是指在单位面积的土地上，投入较多的劳动力和农业生产资料，以及采纳更为先进的管理模式和技术措施，从而在单位面积农地上获得更高产量和更高经济效益的一种农业土地利用经营与管理方式。例如，通过增加农业生产要素（如种子、化肥、农药、农业灌溉水以及农业机械等）的投入量和提高单位面积农地的土地利用强度等途径，来获得更高的经济产出。通过计算单位面积农地上的生产要素（如技术、资本、劳力等）投入强度来评价土地与技术、资本和劳动的结合程度及农业土地利用的集约度。技术、资本和劳力等生产要素单位面积农地投入强度越高，其土地集约利用度越高。依据集约农业土地利用生产要素投入的类型及其构成特征，可将集约农业土地利用系统划分为不同的类型。例如，在一定的农业土地利用面积下，分别投入更多的劳动、资金或技术等生产要素，从而提高了劳动、资金或技术的单位农业土地利用面积的投入强度[13]，据此集约农业土地利用系统可分为劳动集约型、资金集约型和技术集约型三种类型，以期追求农业生产资料和资源的利用效益最大化。

现代农业以不断提高土地利用强度和增加化肥、农药等农用化学品的投入量来维持和提高农作物单位面积产量，以缓解人口快速增长和资源相对短缺之间的矛盾。从农业生态系统来说，高集约农业生态系统的突出特点表现在高物质流，食物链的基本形式为"作物产品—人"和"作物产品—畜禽—人"，食物链比较短，物质流动呈高输入量—高流量—高输出量的特征。大量研究表明，在"增长即发展"的传统观念影响下，农业土地集约利用模式被简单地视为高投入和高产出模式，而这种片面地一味追加生产要素投入的"常规现代化农业"的集约土地利用模式已被证明具有不可持续性[14]。尤其是人类在长期从事农业土地利用过程中，倘若生产资料的投入策略、水肥调控、轮作制度、土地利用结构配置和农业空间布局等层面的选择不当，常会引发一系列的环境问题。

（2）集约化农业土地利用过程中的环境效应

从农业生态系统的角度来说，营养元素的缺失或富足能从根本上影响生态系统的稳定性，进而对农业可持续土地利用产生影响。在集约化农区，以"机械化+化学化=农业集约化"为特征的农业发展模式，土地的高强度利用，肥料、农药等化学物质的过量投入，常引发土壤、水体、空气等环境问题，进而影响食品安全与人类健康。集约化农业的负外部性问题已愈发引起世界各国的广泛关注，土地利用的可持续性面临严峻挑战。

在农业生产中，人类活动的强度和频度显著影响着土壤生态系统。高强度和高频度的人为活动下，土壤生态系统受到强烈干扰，土壤生态系统稳定性降低，严重影响了土壤生态系统的稳定性及其功能的发挥。养分增产效率随化肥投入量的增加而呈逐渐下降的趋势，单位化肥的粮食增产量从20世纪中期的50~60kg/kg下降至21世纪初的8~10kg/kg[15]。特别是经济发达地区，经课题组前期调研，江苏、上海等太湖流域高集约化农区，化肥施用量在350kg/hm² 以上，高出国际安全标准线（225kg/hm²）55.56%，蔬菜的化肥施用量部分区域超过800kg/hm²。由于长期大量的化肥投入，导致土壤养分平衡被打破，大量的速效养分积累在土壤中。此外，农药、除草剂的过度使用，加重了土壤中农用化学品的残留量日益增加，直接导致土壤酸化与板结、微生物种群和功能多样性衰退以及有害物质的累积等。

集约化农业生产条件下,高化肥投入和低缓冲能力是导致胶东地区棕壤酸化效应加剧的主要因素[16]。大田和盆栽试验表明,高肥料投入是设施菜地土壤的表观基本物理特性发生改变的关键因素。化肥的过量投入直接导致了设施菜地的土壤酸化和板结,加重了土壤次生盐渍化趋势,降低了土壤保水能力与通透性,同时设施菜地的土壤盐分亦呈现显著表聚特征[17]。大都市城郊农业区,周边工业生产和各种人类活动,也可以各种形式向土壤和农业系统输入有毒有害物质。例如,土壤重金属含量的增加,导致土壤微生物的数量减少,微生物的活性降低,土壤酶的活性受到抑制,使得有机质的分解和养分的循环受到影响。西藏受重金属严重污染的矿区土壤,蔗糖酶、脲酶和磷酸酶活性显著降低,且酶活性的降低与土壤重金属含量呈显著负相关[18]。土壤线虫的种群和数量也会敏感地受土壤重金属累积的影响[19]。此外,化肥的过度使用还会降低植物的抗病能力。作物N代谢的中介物硝态氮和氨基酸的累积,有利于棉花蚜虫的生长[20]。施用有机肥的土壤,NO_3-N含量较低,可以有效地控制蚜虫的生长;但是施用化肥土壤生长的作物,NO_3-N含量较高,易更多地感染蚜虫。N肥大量使用与病害发生加剧,同样出现在大豆。不施N肥的大豆,根瘤比重大,蚜虫感染率低[21]。

高集约农业土地利用产生的有毒有害物质在影响土壤质量和粮食安全的同时,不合理的土地利用方式导致了污染物质的迁移与转化,高集约化农区同时也是高环境风险的区域。例如,农业面源污染中排放的氮磷等,是太湖水体富营养化的主要原因之一[22],农业土地利用的氮磷输出也与杭州城区地下水氨氮和亚硝酸氮超标有关[23]。消化道癌症发病率与地下水NO_3-N含量关系密切,山东某地受大量化肥投入的影响,菜地土壤中NO_3-N显著累积,抽样检测结果显示,其中两个地下水井中NO_3-N含量分别高达242mg/kg和124mg/kg,是当地消化道癌症频发的一个关键因素之一[24]。即使在发达国家,农业面源污染依然是水体富营养化的主要原因,在美国,农业生产承担64%的面源污染;在芬兰,地表水60%的磷负荷来自农业土壤[25]。因此,在我国高集约化农区既面临着不断增产增收的发展需求,又面临着生态环境逐步恶化的现实挑战。从长远来看，构建减量投入、环境风险可控的可持续集约农业土地利用模式是我国资源、环境和人口客观形势下的最终战略选择。

1.2.2　农业土地利用系统优化的模式研究

（1）可持续农业发展模式

20世纪90年代，人口剧增导致了对土地利用强度的不断加大，土壤退化、农区环境污染及食品安全等一系列问题摆在人类面前。1991年4月联合国粮食及农业组织（Food and Agriculture Organization of the United Nations，FAO）在荷兰登博斯召开农业与环境会议，通过了《登博斯宣言》，并提出"可持续农业与农村发展"（Sustainable Agriculture and Rural Development，SARD）的全球性决策，并对相关概念做了定义，可持续性农业土地利用模式的研究也随即展开。

作为最先进行可持续农业研究的国家之一，美国在20世纪曾先后制订了三个计划和农业模式。首先，1988年以围绕物质减量投入为核心目标，提出减量投入（低效投入）可持续农业（简称LISA）计划。为达到降低生产成本和提高农业竞争力与农场主的净收入的目标，该计划通过采取降低或禁止石化产品的使用，控制农产品过剩等措施，进而达到保护资源与维持农区生态环境的目的。在LISA执行两年后，美国于1990年提出"可持续农业的研究和教育战略"（Sustainable Agriculture Research and Education in the Field，SARE），并以农业法的形式确立了以学术研究和教育等途径来构建农业生产体系，以期达到农业生产可持续，社会效益、经济效益及环境效益的有机统一。在技术层面，同年美国又提出"高效率可持续农业"（High Efficiency Sustainable Agriculture，HESA），即以依靠科技进步为支撑，以农业生产效率提高为目标的农业生产体系。该体系允许和保证必要的农用资金与农用化学品投入，以期达到提高农场主的经济收益。同时为了有效保护农区生态环境，提出了购买性资源（Purchased Resources）低投入的可持续农业发展路径。总体来说，美国农业可持续发展模式大致有如下几种：作物科学轮作模式，种养结合模式，以生物防治为特征的病虫害综合防控模式以及以作物轮作或机耕措施等途径的杂草综合防治模式等[26,27]。

与美国相比，法国、德国、英国等发达国家人均耕地面积相对较少，在构建和发展可持续农业土地利用过程中十分重视资源的合理利用与环境保护，通过采用"生物型农业土地利用模式"，以降低资源的投入和提高物质的循环利用效率，推广综合栽培技术和有机肥施用及堆肥技术，以及实行更为科学合理的轮作制度与耕作措施等。自20世纪30年代以来，荷兰农业土地利用模式呈现高度集约化的特点，大量肥料和农药的使用对环境造成了很大的压力，随着人们对自然、环境、食物安全表现出空前的关注，以及欧洲农业与环境政策的变化，在20世纪下半叶，荷兰通过多项措施，加强了对化肥农药使用量和牲畜排泄物数量的控制，强化了对环境的保护[28]。我国台湾省采用培养土壤肥力为目标的农业生产模式，少用或不用人工合成的化学制品，研发生物防治为主的病虫害综合管理技术；研究合理轮作制度与保护资源、环境的可持续农耕法[26]。综上所述，以上国家和地区可持续农业土地利用模式的共同点都是采取多种措施尽可能地减少农药化肥等化学品的投入，控制废弃物的排放，以达到保护农区生态环境的目的。1993年，我国开始了"中国农业现代化理论、道路、模式研究"，提出了"中国现代集约持续农业"的概念。以"高产、优质、高效、低耗"为宗旨，计划逐步建立起一个采用现代工业装备、现代科学技术和现代经营管理方法的农业综合体系[29]。

（2）土地利用系统设计模式

所谓土地利用系统设计，其主要目的在于深刻认识并按照自然规律、经济规律改造这个巨系统，通过人工调整和控制，创造出一个可持续的有序系统。其模式是以合理利用土地为目标，通过土地利用系统分析，设计与优化系统内各子系统及系统间的协同，合理配置各组成要素的关系来实现。对土地利用系统的现状分析与研究，是土地利用系统的目标设计和具体设计的重要组成部分[30]。

以合理利用土地为目标的土地利用系统分析始于20世纪30年代。美国农业部土壤保持局针对严重的水土流失，于1961年提出了土地潜力分类系统，成为第一个较为全面的土地评价系统，为合理利用和管理土地提供了重要的理论与方法依据。1972年联合国粮农组织（FAO）在荷兰瓦格宁根召开了土地评价的国际会议，土地适宜性分类系统被提出并进行了系统介绍。在此基础上，FAO于1976年发表了《土地评价纲要》，得到了世界各国的广泛关注，随着该纲要的逐步推广与应用，土地评价研究也随即开展并逐步趋于成熟[31]。1978年，FAO依据《土地评价纲要》，建立了一套评价土地适宜性和生产潜力的应用模型，即农业生态区法（AEZ），来研究土地人口承载力[32]。自此，土地利用系统定量分析方法得以确立，针对农业土地利用系统分析和优化设计的理论与实践研究也逐渐展开。

针对土地利用系统分析与设计的理论研究，国内学者主要借鉴系统论和生态学理论，从不同角度和不同层面开展研究。宇振荣等基于系统学思想和生态学的基础理论，以土地—食物—人这一耦合运行发展过程研究为主线，构建了农区土地利用规划和设计方法的模型框架，提出了农业土地利用结构和模式的构建原则，同时提出了实现这种结构、模式的技术和措施以及综合服务体系。该模式框架着重强调了两个结合，即宏观的结构优化和微观设计有机结合，以及把优势的条件合理利用和不利条件的改造有机结合，进而达到构建合理的土地利用系统的目标[30]。李俊梅运用系统论的思想、观点和方法进行综合研究，提出了土地利用系统分析的方法体系，沿着单因素分析—多因素分析—系统分析的结构分析思路，从多角度、多层次和不同侧面系统解析土地利用结构，在此基础上进行土地利用综合分区，并对不同分区提出具有针对性的政策建议[33]。刘彦随等依据景观生态学理论和可持续发展思想，进行景观生态类型划分和演替模式的系统研究，提出了土地生态设计和土地优化配置的模式与调控措施[34]；随后，刘彦随基于系统科学的相关理论与方法，通过区域土地利用系统要素分析、层次结构分析及其作用机理分析，提出了土地利用系统优化原理和优化目标，在此基础上构建了区域土地利用系统优化调控的类型模式，即效益主导型、持续协调型、主体互动型和适宜匹配型[35]。章家恩等对农业生态系统模式的优化设计原则、内容、方法与步骤进行了探讨，提出了模式优化设计的五大原则、农业生态系统模式设计的主要内容及农业生态系统设计的基本程序[36]。赵春雨等通过对生态农业内涵与模式的认识，指出中国生态农业的研究侧重于对生态脆弱区与具体模式的提炼，而对经济发达区、城郊区缺乏研究，对社会经济条件关注较少。提出在经济发达地区将生态建设、经济建设以及各种支撑体系建设进行综合考虑，充分发挥生态农业思想在区域发展中的作用[37]。张英等参照农业土地利用优化配置的基本技术流程，基于 NET2005 平台，采用 C 语言和 ArcGIS 工具包，设计开发了农业土地利用优化配置系统（ALUOA），ALUOA 具有数据预处理、土地适宜性评价、面积最优计算、空间配置和结果输出五大功能，实现了土地适宜性评价、土地利用优化以及空间配置三大过程的有机整合[38]。

对于土地利用系统分析的实践研究已有诸多报道，其主要研究是从土壤质量、生产潜力差异、地域立体分异、流域特点、生态环境与区域景观格局等问题入手建立土地利用模式。杨瑞珍分析了中国坡耕地资源的数量、类型、分布及中低产田的障碍因子及成因，总结出坡耕地五种利用模式[39]。刘黎明与卿尚华以陕西省米脂县泉家沟流域为例，开展黄土高原小流域的持续土地利用模式设计。探讨了黄土丘陵沟壑区土地利用系统的优化设计模式，沿着小流域土地利用系统分析—土地资源综合评价—土地利用结构优化—空间面积分配与土地利用系统生态设计的思路展开系统研究，并提出一整套适合该区域的土地生态改良措施与土地利用优化方案[40]。

傅伯杰等为研究土地利用结构与土壤养分分布的关系，选取黄土丘陵坡地四种具有代表性的土地利用结构类型开展研究。结果表明，坡耕地—草地—林地和梯田—草地—林地模式具有较好的土壤养分保持能力和水土保持效果，为黄土丘陵沟壑区梁坡地的土地利用结构布局提供了参考和基础依据[41]。李智广等选取秦巴山区柞水县薛家沟流域为案例研究区，在分析土地利用现状，持续利用条件和限制因素的基础上，对研究区的土地持续利用模式做了探讨。依据流域立体分异特性，提出了川平地粮食种植、坡地经济果木种植和防护林培育为主导的林果药菌立体开发的土地利用模式[42]。胡绪江等以后寨河喀斯特流域为研究区，开展土地合理利用模式研究。首先对土地利用现状的特征及存在的问题进行研究，其次归纳并分析了流域内土地合理利用模式及其适用范围和运用状况，最后提出了各种土地利用模式的推广实施对策与建议[43]。刘彦随以陕西省秦岭北坡为例开展山地系统模式设计，在对土地类型的空间、数量和质量系统解析的基础上，提出了土地类型格局的空间层次性、结构多级性和功能多元性的观点[44]。廖和平等依据土地资源优化利用原理和生态设计的相关理念，以三峡库区为案例区，提出了研究区坡地土地资源优化利用的四种模式（生态效益模式、经济主导模式、产业协调模式、区域特色模式），并针对各类模式的主要问题，提出了相应的优化途径和对策[45]。马礼等根据沽源县生态脆弱的实际情况，按照生态优先的原则，综合考虑经济、社会和生态效益，采用线性规划和灰色动态系统方法对沽源县农业土地利用结构优化进行了研究，指出了各种农业土地利用类型的合理比例[46]。

1.2.3 土地利用系统优化的方法研究

（1）土地利用优化配置

土地利用优化配置（Land Use Optimal Allocation），也称为土地资源优化配置（Optimization Allocation of Land Resource），其主要目的是在特定的区域内，合理调配最佳的土地利用方式和土地利用结构，使土地与社会经济条件相协调，土地利用的综合效益尽可能最大限度地提高。优化是一种人类期望和目标，同时优化也是一种双向交互行为，用于反馈调节决策操作[47]。针对现阶段的土地利用优化问题，主要包括土地利用结构优化和土地利用空间格局的优化，土地利用优化配置具有多层次性和多目标拟合与决策过程的特征[47]，对实现土地资源科学有效合理利用与区域可持续发展具有重要意义[48]。此外，土地利用优化配置还具有灰色性、整体性和时空性等特征[49]。

国际上有关土地优化配置研究最早可追溯至各国土地制度的创立和相继开展的土地制度改革。在土地利用结构优化分析层面，早期阶段国内外主要从理论层面和采用线性规划模型等方法对土地利用进行结构优化和分析。"3S"技术的不断发展,数学方法和 GIS 功能相结合[50],使得土地利用空间上的优化配置成为可能,为土地资源的合理利用和决策过程提供了重要的方法支撑,且促进了土地产出率和土地利用效率的提高。现阶段,土地利用优化配置的方法主要有:线性规划法、多目标规划法、系统动力学法、灰色预测法、与 GIS 结合的优化方法等,各方法的优缺点见表 1-1。

表 1-1　土地利用优化配置主要方法比较[49]

主要方法	优点	缺点
线性规划法	应用早且应用比较广泛,主要应用于求解线性方面的优化问题	对非线性问题解决能力弱,属静态模型,不能反映约束条件随时间变化的情况
多目标规划法	可反映决策者的意愿,具有多方案、多目标性	目标函数和指标所参照的评价指标值的范围难以确定
系统动力学法	操作灵活、可塑性强,对数据的依赖性小,对于模拟非线性动态多重反馈系统能力较强	建模逻辑关系复杂,实现困难
灰色预测法	对复杂系统慢性单调增长的时间序列拟合较好	使用最小二乘法估计模拟未知参数 a、b 误差较大
与 GIS 结合的优化方法	GIS 与数学方法有机结合,实现土地利用数量与空间的合理配置	数学模型选择较为困难

(2) 土地利用过程模拟

农业土地利用系统定量模拟的基本目标是应用各种模型来动态模拟土地利用过程中的投入与产出关系,预测不同土地利用方式的经济产出和环境效应,进而评价相关措施和政策的合理性,以探讨可持续的土地利用模式。定量模拟农业土地利用系统,可为修正不合理的土地利用行为和生产管理方式、保障农业粮食安全、控制环境风险和改善环境质量提供有效方略。由于学科的研究视角、目标不同,已累积了丰富多样的研究成果,为农业土地利用系统模拟提供了众多的模型参考。定量模拟农业土地利用系统需要跨学科、跨领域的研究视野，综合运用各种模型模拟农业土地利用系统。

土地系统动态模拟的主要目的是科学量化土地系统结构变化与转换的时空特征，及其导致的主要环境效应[51]。从模拟方法上看，土地利用系统动态模拟方法可大致分为基于经验统计[52]、多智能主体分析[53-55]、栅格邻域关系分析[56]等。土地系统动态模拟方法大多包含在土地利用/覆被变化（LUCC）研究的相关模型中[57]。为了能够了解农业生产过程中各种物质的迁移和积累规律，有必要采用定量分析方法来对农业土地利用过程进行解析。常用的定量分析方法有能值分析[58-60]（Energy Analysis）、物质流分析[61,62]（Material Flow Analysis，MFA or Substance Flow Analysis，SFA）、足迹分析[63-69]（Footprint Analysis，FA）以及生命周期评价[70-72]（Life-Cycle Assessment，LCA）。从农业生态系统角度来说，营养元素的富足在满足作物生长需要的同时，过多的营养元素又会累积、迁移和转化，给土壤和周边环境造成负面影响。由于MFA/SFA侧重于量化某一物质或某一类物质在特定系统里的流入、流出状况以及在特定区域内的物质流动特征和转化效率，可用于分析区域和地块农业生产过程中物质的输入和输出。因此，对于农业土地利用系统的研究更适合于采用物质流分析方法。

（3）农业景观格局分析与优化设计

农业景观格局及其变化是人类在长期从事农业活动的多种因素相互作用所产生的一定农业区域生态环境的综合反映，是各种生态过程在相应的尺度上相互作用的结果。景观格局在较大空间尺度上可以对区域土地利用方式和强度进行识别。同时景观格局强烈影响景观中能量、物质的交换和流动。"源-汇"型生产景观单元的空间合理搭配也起到了消减外部投入的目的，农业生态安全局的优化可以对非点源污染物的迁移起到消减作用，因此高集约化农区的土地利用系统设计有必要在区域层面上进行景观生态过程研究。

现阶段已有诸多学者从景观生态学角度出发，对土地的可持续合理利用研究做了很多努力[73,74]。Forman总结和归纳了景观格局优化的方法途径，通过格局的改变来维持景观的功能、能量流和物质流的稳定，突出强调景观空间格局对过程的影响与控制[75]。邱扬与傅伯杰应用景观生态学的理论，从整体性、尺度性、空间格局和生态过程、干扰与人类影响以及多重价值与多目标性五个方面探讨了景观生态学基本理论在土地持续利用评价中的应用[76]。李新通运用景观生态学格局与过程原理，以福建东南沿海为案例区开展景观尺度的土地景观生态分类和景观单元空间格局的优化配置研究，将景观单元类型分为非生产性景观单元和生产性景观单元，同时针对生产性景观单元进行了土地利用的模式设计[77]。刘杰等运用最小耗费累积模型对滇池流域进行了景观格局优化，根据 MCR 的分析结果构建了生态"源"、生态廊道及生态节点等组分，增强了生态网络的连通性，进而提高了景观格局的稳定性[78]。王夏晖等在系统划分农村景观类型及其生态功能的基础上，总结并归纳了中国农村景观生态建设的主要模式，提出了指导各地推进农村环境综合整治过程中对当地景观实施保护修复与规划设计的有关对策建议[79]。武晓峰等以密云水库流域三个典型小流域为例，在进行土地利用现状合理性分析的基础上，设计了九个不同土地利用优化情景[80]。综上所述，通过对区域农业景观格局、功能和过程综合分析，在此基础上解析农业景观类型的空间分布格局，进而建立优化目标和评判标准，优化调节农业景观组分的数量结构和空间布局，可有效消减污染物的迁移，降低高集约化农区环境风险。

1.2.4　有关投入减量与低环境风险问题

近年来，随着对高集约化农业环境问题研究的不断深入，人类逐步采取了众多降低外部投入与控制环境风险的尝试。污染的产生是由于生产过程输入的低效造成的，只要采用精确技术，按需而投，就可减少污染[81]。瑞典农业的环境评估，采用物质输入－输出的分析方法，按土壤类型及各类养分的盈亏和作物的需求，进行精确施肥，可避免施肥过量造成的环境污染；同样，根据田间病虫害和杂草分布，按需用药，精确喷洒，也可减轻农药应用对土壤、大气和水体的污染[82]。化肥是粮食增产的关键因子，同时过量的化肥投入也是造成土壤、水体和大气污染的主要因素。农户是土地利用过程的具体实施者，通过管控农户土地利用行为，减少N、P化肥的投入，降低禽畜饲料中N、P含量，从源头加强农田N、P的管理[83]，可有效降低污染物的环境输出。通过平衡施肥、测土配方施肥技术，改进作物栽培技术和田间水肥调控，选用缓控释肥，能显著提高肥料利用率，降低肥料的外部输入进而有效地减少农业面源污染[84]。

如何有效降低农业环境风险问题，从20世纪70年代开始逐渐受到一些国家的重视，在欧美等发达国家，主要采取制定产地环境质量标准的形式，严格限制化肥、农药的使用范围，加强对农产品质量的监管；此外，针对环境质量差的农田则实行休耕或改变土地利用方式实施保护。以美国为例，20世纪70年代美国启动了净水计划；为使农产品的质量风险降低到最低限度，20世纪90年代又提出风险分析和关键控制点（HACCP）体系，在生产领域推行了良好操作规范（GMP）模式，突出强调产地环境与生产过程污染双风险控制模式，将农产品的销售、使用等和产地环境质量密切挂钩，从而有效地降低了主要农产品的质量风险。农业非点源污染是造成地表水环境污染的主要原因之一，美国自20世纪70年代开始实施包括养分管理、耕作管理和景观管理三个层次的"最佳管理措施"（Best Management Practices, BMPS），采用技术、政策与生态工程设计等多种组合措施解决农业污染问题，通过组建污染检测、管理机构和制定规则与办法等途径对农业非点源污染进行防控。2000年欧盟以颁布《水框架法规》（EU Framework Water Directives）为契机，启动了流域管理计划，至2009年已建立众多监测站，从而有效地控制了非点源污染对水体的影响。德、法、荷和丹等国家实施"合作实施协议"（Co-operative Agreement），综合多方力量积极应对农业径流污染的防治与控制。日本政府大力推广环保型技术，包括污染源头控制和污染治理内容。欧盟在欧洲建立了环境信息观测网（EIONET），针对化学污染、生物性污染、饲料污染等固体与液体污染问题，进行重点检测与控制。完善生态设施是降低环境风险、控制农业污染的另一项重要措施。农田排水沟渠是农田径流、河流、水库等水体的缓冲带,具有湿地的功效,对农田排水中的污染物尤其是 N、P 具有很好的净化作用。农区的生态条件与景观格局密切有关。通过优化区域景观格局,协调各种"源""汇"型生产景观单元的数量与时空布局可以有效防控由农业生产不当造成的非点源污染问题。同时,通过集约农业土地利用耦合系统研究,进行时间、空间、经济耦合优化,增加时空耦合协调度,调整作物布局、加强水肥调控,可以提高区域资源利用效率,降低因农业非点源污染造成的周围水体富营养化问题。涂安国等根据生态水文过程和景观生态学原理,从生态水文格局构建、景观格局优化、生态管理三方面构建了多水塘系统的生态与长效管理技术,通过水塘系统控制非点源污染,能有效截留和净化流域内非点源污染物,是非点源污染有效的控制措施之一[85]。此外,通过农业面源污染数学模型与地理信息系统(GIS)、遥感(RS)的结合对农业面源污染进行计算机模拟,分析其时空变化规律,是农业面源污染控制研究的有效技术手段[86]。刘建昌等采用区间数系统优化模型与 AGNPS 模拟模型,以福建省九龙江西溪五川流域为例,在现有农业生产土地利用方式和管理措施的系统分析的基础上,探讨了通过土地利用结构的调整,实现了低成本控制农业面源污染的最佳途径[87]。

1.3 小结

我国高投入、高环境风险、低效、低质量的高集约农业生产方式已严重阻碍了农业健康稳定的发展,必须找到一条既能保证农业持续发展,又能实现农业生产与自然环境及人类健康的和谐发展之路。根据研究视角不同,已积累了大量的理论与实践成果,总体来看,当前降低集约农业投入与农业环境风险控制的主要措施为营养物质的微观调控机理、过程解析的源头控制、迁移过程控制及区域格局优化等。从长远来看,构建减量投入、低环境风险的可持续集约农业土地利用模式是我国资源、环境和人口客观形势下的最终战略选择。在高集约化农区从土地利用系统设计角度,以投入减量与低环境风险为目标的可持续土地利用模式理念尚处于起步阶段,理论和方法体系从整体上来说尚未形成。以农业生态系统为基础,从土地利用系统分析的角度出发,探讨如何修正农户土地利用行为,优化农区景观格局,构建投入减量化和环境风险可控的可持续土地利用模式,可为高集约化农区的环境质量提升以及农业与农村的可持续发展提供科学依据,其研究视角具有十分重要的理论和实践价值。

本章参考文献

[1] 中华人民共和国国家统计局. 中国统计年鉴[M]. 北京:中国统计出版社,2013.

[2] 国家统计局农村社会经济调查司. 中国农业统计年鉴[M]. 北京:中国统计出版社,2014.

[3] 陈春瑜,和树庄,胡斌,等. 土地利用方式对滇池流域土壤养分时空分布的影响[J]. 应用生态学报,2012,23(10):2677-2684.

[4] 孟庆华,杨林章. 三峡库区不同土地利用方式的养分流失研究[J]. 生态学报,2000,20(6):1028-1033.

[5] 张怀志. 黄浦江上游水源保护区农田氮磷流失特征研究[D]. 北京:中国农业科学院,2005.

[6] C Fernandez, F Monna, J Labanowski, et al. Anthropogenic lead distribution in soils under arable land and perment grassland estimated by Pb isotopic compositions [J]. Environmental Pollution, 2008, 156 (3): 1083-1091.

[7] 陶春,高明,徐畅,等. 农业面源污染影响因子及控制技术的研究现状与展望[J]. 土壤,2010,42(3):336-343.

[8] 方广玲,香宝,杜加强,等. 拉萨河流域非点源污染输出风险评估[J]. 农业工程学报,2015,31(1):247-254.

[9] D Lacerda L, de Souza M, M Ribeiro G. The effects of land use change on mercury distribution in soils of Alta Floresta, Southern Amazon [J]. Environmental Pollution, 2004, 129 (2): 247-255.

[10] 王振旗,沈根祥,钱晓雍,等. 淀山湖区域茭白种植模式氮、磷流失规律及负荷特征[J]. 生态与农村环境学报,2011,27(1):34-38.

[11] 刘黎明. 土地资源学［M］. 北京：中国农业大学出版社，2010.

[12] 宇振荣，邱建军，王建武. 土地利用系统分析方法及实践［M］. 北京：中国农业科技出版社，1998.

[13] 邵晓梅，刘庆，张衍毓. 土地集约利用的研究进展及展望［J］. 地理科学进展，2006，25（2）：85－95.

[14] 中华人民共和国国土资源部. 中国国土资源可持续发展研究报告［R］. 北京：地质出版社，2005.

[15] 李庆逵，于天仁，朱兆良. 中国农业持续发展中的肥料问题［M］. 南昌：江西科学技术出版社，1998.

[16] 周海燕. 胶东集约化农田土壤酸化效应及改良调控途径［D］. 北京：中国农业大学，2015.

[17] 周鑫鑫. 设施农业肥料高投入对土壤环境次生盐渍化的影响研究［D］. 上海：东华大学，2013.

[18] Zhang F, Li C F, Tong L G, et al. Response of microbial characteristics to heavy metal pollution of mining soils in central Tibet, China［J］. Applied Soil Ecology, 2010, 45 (3): 144－151.

[19] Han D, Zhang X, S Tomar V V, et al. Effects of heavy metal pollution of highway origin on soil nematode guilds in North Shenyang, China［J］. Journal of Environmental Sciences, 2009, 21 (2): 193－198.

[20] J Cisneos J, D Godfreya L. Midseason pest status of cotton aphid (Homoptera：Aphididae) in California cotton：Is nitrogen a key factor?［J］. Environmental Entomology, 2001, 30 (3): 501－510.

[21] Patriquin D G, Baines D, Lewis J, et al. Aphid infestation on an organic farm in relation to weeds, intercrops an added nitrogen［J］. Agriculture, Ecosystems and Environment, 1988, 20 (4): 279－288.

[22] 金苗，任泽，史建鹏，等. 太湖水体富营养化中农业面污染源的影响研究［J］. 环境科学与技术，2010，33（10）：106－109.

[23] 徐玉裕，周侣艳，范华，等. 杭州市主城区浅层地下水水质现状分析及恶化防治对策［J］. 长江流域资源与环境，2010，19（S1）：72－78.

[24] Xu Huilian. Nature Farming in Japan［M］. Kerala：Research Signpost, 1996.

[25] Turtola E, Jaakkola A. Loss of phosphorus by surface runoff and leaching from a heavy clay soil under barley and grass lay in Finland［J］. Acta Agric Scand,

1995, 45 (3): 59 – 65.

[26] 刘书楷. 各国可持续农业发展道路与资源利用模式比较 [J]. 生态农业研究, 1999 (1): 25 – 29.

[27] 美国全国研究委员会. 美国可持续农业研究与教育 [M]. 全国农业资源区划办公室, 译. 北京: 中国农业科学技术出版社, 1997.

[28] 厉为民. 会议短讯 "中国—荷兰农业发展比较" 国际研讨会在京召开 [J]. 世界农业, 2003, 295 (11): 52 – 53.

[29] 陈宝兰. 现代集约可持续农业的构想: 构建我国农业可持续发展模式 [J]. 乡镇经济, 2006 (12): 34 – 38.

[30] 宇振荣, 辛德惠. 土地利用系统规划和设计方法探讨 [J]. 自然资源学报, 1994 (2): 176 – 184.

[31] FAO. A framework for land evaluation [R]. Rome: 1976.

[32] FAO. Report on the agro – ecological zones project [R]. Vol. 1. Methodology and results for African. Rome: 1978.

[33] 李俊梅. 关于土地利用系统分析方法体系的探讨 [J]. 地域研究与开发, 1997 (S1): 2 – 6.

[34] 刘彦随, 查勇. 陕北沙地景观生态类型与土地优化配置 [J]. 干旱区资源与环境, 1997 (4): 86 – 91.

[35] 刘彦随. 土地利用优化配置中系列模型的应用: 以乐清市为例 [J]. 地理科学进展, 1999, 18 (1): 28 – 33.

[36] 章家恩, 骆世明. 农业生态系统模式的优化设计探讨 [J]. 热带地理, 2001, 21 (1): 81 – 85.

[37] 赵春雨, 朱永恒, 方觉曙. 芜湖市生态农业系统设计 [J]. 资源开发与市场, 2006, 22 (1): 42 – 46.

[38] 张英, 张红旗, 倪东英. 农业土地利用优化配置系统的研建 [J]. 资源科学, 2009, 31 (12): 2055 – 2064.

[39] 杨瑞珍. 黄土高原区不同层次耕地资源及其利用模式 [J]. 干旱区资源与环境, 1994, 8 (3): 38 – 45.

[40] 刘黎明, 卿尚华. 黄土高原小流域土地利用系统结构优化与生态设计 [J]. 自然资源, 1995 (6): 51 – 61.

[41] 傅伯杰, 马克明, 周华峰, 等. 黄土丘陵区土地利用结构对土壤养分分布的影响 [J]. 科学通报, 1998, 43 (22): 2444 – 2448.

[42] 李智广, 刘务农. 秦巴山区中山地小流域土地持续利用模式探讨: 以柞水县薛家沟流域为例 [J]. 山地学报, 2000, 18 (2): 145-150.

[43] 胡绪江, 陈波, 胡兴华, 等. 后寨河喀斯特流域土地资源合理利用模式研究 [J]. 中国岩溶, 2001, 20 (4): 305-309.

[44] 刘彦随. 土地类型结构格局与山地生态设计 [J]. 山地学报, 1999, 17 (2): 9-14.

[45] 廖和平, 邓旭升, 卢艳霞. 三峡库区坡地资源优化利用模式与途径 [J]. 山地学报, 2005, 23 (2): 197-202.

[46] 马礼, 郭万翠, 李敏. 沽源县农业土地利用结构优化研究 [J]. 农业系统科学与综合研究, 2011, 28 (1): 66-71.

[47] 刘彦随. 区域土地利用系统优化调控的机理与模式 [J]. 资源科学, 1999, 21 (4): 63-68.

[48] 罗鼎, 月卿, 邵晓梅, 等. 土地利用空间优化配置研究进展与展望 [J]. 地理科学进展, 2009, 28 (5): 791-797.

[49] 陈梅英, 郑荣宝, 王朝晖. 土地资源优化配置研究进展与展望 [J]. 热带地理, 2009, 29 (5): 466-471.

[50] 钟学斌, 喻光明, 刘成武, 等. 基于GIS的县域土地利用优化配置研究 [J]. 地理与地理信息科学, 2010, 30 (1): 54-58.

[51] 邓祥征. 土地系统动态模拟 [M]. 北京: 中国大地出版社, 2008.

[52] 摆万奇, 赵士洞. 土地利用和土地覆盖变化研究模型综述 [J]. 自然资源学报, 1997, 12 (2): 169-175.

[53] 余强毅, 吴文斌, 杨鹏, 等. Agent农业土地变化模型研究进展 [J]. 生态学报, 2013, 33 (6): 1690-1700.

[54] Schreinemachers P, Berger T. An agent-based simulation model of human-environment interactions in agricultural systems [J]. Environmental Modeling & Software, 2011, 26 (7): 845-859.

[55] 张云鹏, 孙燕, 陈振杰. 基于多智能体的土地利用变化模拟 [J]. 农业工程学报, 2013, 29 (4): 255-265.

[56] 王祺, 蒙吉军, 毛熙彦. 基于邻域相关的漓江流域土地利用多情景模拟与景观格局变化 [J]. 地理研究, 2014, 33 (6): 1073-1084.

[57] 邓祥征, 林英志, 黄河清. 土地系统动态模拟方法研究进展 [J]. 生态学杂志, 2009, 28 (10): 2123-2129.

[58] 蓝盛芳, 钦佩. 生态系统的能值分析 [J]. 应用生态学报, 2001, 12 (1): 129-131.

[59] 钟珍梅, 黄勤楼, 翁伯琦, 等. 以沼气为纽带的种养结合循环农业系统能值分析 [J]. 农业工程学报, 2012, 28 (14): 196-200.

[60] 赵桂慎, 姜浩, 吴文良. 基于能值分析的高产粮区农田生态系统可持续性 [J]. 农业工程学报, 2011, 27 (8): 318-323.

[61] Risku-Norja H, Mäenpää I. MFA model to assess economic and environmental consequences of food production and consumption [J]. Ecological Economics, 2007, 60 (4): 700-711.

[62] 夏传勇. 经济系统物质流分析研究述评 [J]. 自然资源学报, 2005, 20 (3): 415-421.

[63] 周涛, 王云鹏, 王芳, 等. 广东省农业氮足迹分析 [J]. 中国环境科学, 2014, 34 (9): 2430-2438.

[64] 鲍宏, 刘光复, 王吉凯. 采用碳足迹分析的产品低碳优化设计 [J]. 计算机辅助设计与图形学学报, 2013, 25 (2): 264-272.

[65] 刘存丽, 丁爱芳, 陈子玉. 基于投入产出的太湖流域水足迹分析 [J]. 安徽农业科学, 2014, 42 (16): 5168-5170, 5174.

[66] 段华平, 张悦, 赵建波, 等. 中国农田生态系统的碳足迹分析 [J]. 水土保持学报, 2011, 25 (5): 203-208.

[67] 方恺. 基于足迹家族和行星边界的主要国家环境可持续性多维评价 [J]. 生态环境学报, 2014, 23 (11): 1868-1875.

[68] Čuček L, Klemeš J J, Kravanja Z. A Review of Footprint analysis tools for monitoring impacts on sustainability [J]. Journal of Cleaner Production, 2012, 34: 9-20.

[69] Zhi Y, Yang Z, Yin X, et al. Using gray water footprint to verify economic sectors' consumption of assimilative capacity in a river basin: model and a case study in the Haihe River Basin, China [J]. Journal of Cleaner Production, 2015, 92: 267-273.

[70] 朱金陵, 王志伟, 师新广, 等. 玉米秸秆成型燃料生命周期评价 [J]. 农业工程学报, 2010, 26 (6): 262-266.

[71] 沈军, 高丽红, 张真和, 等. 三种设施蔬菜生产方式的生命周期评价 [J]. 江苏大学学报 (自然科学版), 2013, 34 (6): 650-657.

[72] 籍春蕾, 丁美, 王彬鑫, 等. 基于生命周期分析方法的化肥与有机肥对比

评价[J]. 土壤通报, 2012, 43 (2): 412-417.

[73] 傅伯杰. 地理学综合研究的途径与方法: 格局与过程耦合[J]. 地理学报, 2014, 69 (8): 1052-1059.

[74] 陈利顶, 刘洋, 吕一河, 等. 景观生态学中的格局分析: 现状、困境与未来[J]. 生态学报, 2008, 28 (11): 5521-5531.

[75] Forman. Land mosaics the ecology of landscape and regions [M]. Cambridge: Cambridge University Press, 1995.

[76] 邱扬, 傅伯杰. 土地持续利用评价的景观生态学基础[J]. 资源科学, 2000, 22 (6): 1-8.

[77] 李新通. 可持续农业景观生态规划与设计[J]. 地域研究与开发, 2000, 19 (3): 5-9.

[78] 刘杰, 叶晶, 杨婉, 等. 基于GIS的滇池流域景观格局优化[J]. 自然资源学报, 2012, 27 (5): 801-808.

[79] 王夏晖, 李翠华, 杜静, 等. 农村区域景观生态建设与空间格局优化设计研究[J]. 环境保护, 2015 (17): 28-30.

[80] 武晓峰, 李婷. 基于PPI的土地利用优化研究[J]. 环境科学, 2012, 33 (3): 971-978.

[81] Khanna M, Zilberman D. Incentives, precision technology and environmental protection [J]. Ecological Economics, 1997, 23 (1): 25-43.

[82] 黄玉祥, 杨青. 精细农业的环境效应[J]. 农业工程学报, 2009, 25 (S2): 250-254.

[83] Herzog F, Prasuhn V, Spiess E, et al. Environmental cross-compliance mitigates nitrogen and phosphorus pollution from Swiss agriculture [J]. Environmental Science & Policy, 2008, 11 (7): 655-668.

[84] 杨俊刚, 曹兵, 徐秋明, 等. 包膜控释肥料在旱地农田的应用研究进展与展望[J]. 土壤通报, 2010, 41 (2): 494-500.

[85] 涂安国, 尹炜, 陈德强, 等. 多水塘系统调控农业非点源污染研究综述[J]. 人民长江, 2009, 40 (21): 71-73.

[86] 夏军, 翟晓燕, 张永勇. 水环境非点源污染模型研究进展[J]. 地理科学进展, 2012, 31 (7): 941-952.

[87] 刘建昌, 张珞平, 洪华生, 等. 基于面源污染控制的农业土地利用系统优化[J]. 农业环境科学学报, 2006, 25 (2): 442-447.

第 2 章 基础理论与研究方法

高集约化农区的生态、环境等问题已被广泛关注和研究，由于不同学科的研究视角和尺度不同，累积了丰富多样的研究成果。然而，在高集约化农区构建投入减量化与低环境风险土地利用模式，以保持或提高粮食安全的同时降低无效的外部投入和调控环境风险是一个非常复杂的系统问题，需要跨学科、跨领域的研究视野，综合运用 MFA 方法、景观生态学及人与自然耦合系统等相关理论，为构建与我国农业未来发展相适应的可持续土地利用模式提供理论支撑。

2.1 基础理论

2.1.1 物质流分析

物质流分析（Material Flow Accounting and Analysis，MFA）是指在一定时空范围内，关于特定系统的物质通量和分布情况的系统度量与分析[1,2]，其基本思想可以追溯到 100 多年前，已在多个研究领域广泛应用，MFA 集成了整体物质流分析（Bulk – MFA）、材料流分析（Substance Flow Analysis，SFA）、生命周期评价（Life Cycle Analysis，LCA）等研究方法，常以"黑箱假设"的简化系统思维，通过计算物质在环境－经济系统输入—贮存—输出的实物量变动，解析物质在系统内的流动特征和转化效率，进而可揭示环境压力的直接来源，系统量化和调控物质流动特征与提升转化效率[2]。MFA 具有数据采集简单、定量化分析与客观分析等优点，因此 MFA 已广泛应用于全球、国家、区域等不同尺度和产业部门、工业园区及企业等层面。随着可持续发展理念的深入研究，MFA 已成为低碳社会、清洁生产、物质减量化及环境可持续评估的重要手段。

2.1.2 景观生态学理论

正确理解高集约化农区景观格局与生态过程的相互关系是进一步探讨可持续土地利用模式的关键，将景观生态学的原理、方法与土地利用系统分析、设计相结合，并寻求解决可持续农业土地利用优化的景观生态学途径。

作为宏观生态学领域的一个重要研究方向，景观生态学的产生和发展受益于人们对空间大尺度生态环境问题的日益关注，且随着现代生态科学和地理科学的发展而迅速壮大。景观生态学具有多学科综合的研究视野，学科的创立与发展离不开生态学家、地理学家、土地规划设计和管理人员在研究人地关系中的生态环境及生态过程中所积累的相关知识，随着可持续发展理念研究的逐步深入，为有效解决空间大尺度生态环境问题的分析与调控问题，比传统生态学时空尺度更大范围的景观生态学应势而生[3]，为人类研究大尺度生态环境问题及生态过程提供了理论基础。景观生态学借助其强调空间格局、生态过程与尺度的交互作用，将人类活动与生态系统结构与功能耦合分析等研究优势，近几年来得到了快速的发展。景观生态学的"生态过程""源""汇"等概念与 MFA 方法的流、物质存量和流量等概念具有相似的物理含义，景观生态学分析有助于明晰 MFA 的空间格局和物质流动过程。因此，将景观过程－格局分析理论引入 MFA 分析，可拓展 MFA 的时空维度。在构建景观之间物质流动过程的同时，强化人与自然物质环境的耦合关系，为区域土地利用系统设计和调控提供了更具整合性的认知图式。

2.1.3 人与自然耦合系统理论

人类出现伊始，便与自然系统不断相互作用与影响，进而形成了人类－自然耦合系统（Coupled Human And Natural Systems，CHANS）。可以说，人类对于自然的认知过程，也是人类本身与自然协同进化的历程，自然和人类不是割裂的个体，而被视为是一个有嵌套层次的实体概念，是一个相互嵌套、相互作用的复杂网络。人类影响自然的模式和过程以及自然对人类影响的反馈是人类与自然耦合系统的象征。这种直接或者间接的人类影响在自然本身的阈值与恢复力调控的基础上显示出一定的脆弱性[4]。该理论的研究重点是连接人类和自然系统的模式和过程，强调人类与自然的组织、空间和时间的耦合[5]。其主要观点有如下四个方面：①CHANS 系统的塑造来源是人和自然的双重因素，强调人的改造、调控与自然的反馈；②CHANS 系统是一个巨复杂的有嵌套层次的复合系统；③CHANS 系统耦合具有跨越空间尺度的多重嵌套的耦合；④CHANS 具有复杂的反馈特征，受时滞效应的影响，自然对人类的反馈时效无法有效量化。近些年来，随着技术水平的提高，人类与自然的相互关联从局地范围扩展至洲际乃至全球尺度，并引起包括社会科学及自然科学等多学科领域的广泛关注，有多个全球性计划试图阐释人与自然间的相互关联，如千年生态评估（MA）中分析了 24 个不同类型的生态系统服务的现状及未来趋势，并提出了 70 多个政策措施去解决全球的社会和生态问题；国际"未来地球计划"（Future Earth）希望通过加强自然科学与社会科学的沟通与合作，组织不同利益攸关者"协同设计、协同实施、协同推广"（co‐design，co‐production，co‐delivery），实现全球的可持续发展。

  农业生态系统是人与自然关联最为紧密的系统，农业土地利用是人与自然之间相互关联作用的直接体现，其实质也是人类高度影响自然过程的一个典型实例。人类通过种植业、畜牧业、水产养殖业等活动，在耕地、草地、水域等不同土地类型载体上进行生产，同时不同的土地类型也限制和影响了人类的生产决策，人类与自然之间通过农业生产活动关联，共同构成了农业土地利用耦合系统。人类活动包含了大量的物质投入和人力技术凝结，自然的产品物质产出作为回馈，为人类生存发展提供了资源支撑，周而复始，能量和物质的循环和流动维续了人类-自然耦合系统的可持续发展。针对集约农业土地利用模式产生的环境问题，有必要重新审视当前生态学理论来表述农业生态系统与人类系统的耦合塑造生态模式和过程，采用多重维度分析方法，重构跨组织、空间和尺度的分层次的人与自然系统耦合的新范式，强调农业土地利用系统在区域农业土地利用耦合系统、区域土地利用系统的嵌套；农户土地利用经营单元、区域土地利用结构对区域物质流动过程的累积、迁移与转化及其环境响应。因此，从物质流动的调控入手，对农户经营单元（热点源）、农业土地利用耦合系统（物质循环与环境输出）和区域层面（区域关键环境问题）进行调节和优化，是提高农业生产效率，降低环境影响，实现农业可持续发展的重要途径。

2.2 研究方法

土地利用系统是一个巨系统，结构复杂，功能繁多，表现出非线性、动态性、多层次性、不确定性和目标多样性等特点。土地利用系统分析需借鉴系统分析方法，对土地利用结构、功能、驱动因子及行为主体，经济-环境效应进行全面的分析与诊断。系统设计则需考虑社会、经济、生态环境等因子，涉及众多变量，定量化分析和调控土地利用过程中物质流动情况，需要使用景观生态学、数量经济学、生态经济、资源与环境系统、农田养分运移、流域水文水质分析、系统动力学、土地利用/覆被变化和农业生态系统等方面的模型进行土地利用系统评估与模拟。在此基础上，进行有针对性的系统调控和设计。

2.2.1 物质流分析方法

物质流过程作为考察系统属性的重要维度，通过物质流分析方法与其他理论和方法的有机结合，可拓展物质流分析的时空维度，从多尺度MFA研究框架、物质流动过程的时空集成研究到MFA的时空设计与管理拓展物质流分析的应用范围。将不同尺度和不同学科的研究成果落实到具体的物质、时空、过程和行为主体应成为MFA的应用目标和重点研究方向[6]。从农业生态系统角度来说，营养元素的富足在满足作物生长需要的同时，过多的营养元素又会累积、迁移和转化，给土壤和周边环境造成负面影响。由于MFA/SFA侧重于量化某一物质或某一类物质在特定系统里的流入、流出以及在特定区域内的物质流动特征和转化效率，可用于分析集约化农区、农业生产为主的小流域和农户土地利用经营单元等不同尺度物质的输入和输出，MFA为农业土地利用系统设计和农业可持续发展战略的制定提供了定量化依据。因此，对于农业土地利用系统的研究更适合于采用物质流分析方法，将集约农业土地利用系统视为一个高物质流动的生态系统，重点关注人类投入对农业生产中物质代谢过程的影响及其可能产生的环境问题。将物质减量化与低环境风险等目标融入农业土地利用系统设计中，可为构建可持续土地利用模式提供参考。

2.2.2 土地利用系统分析方法

（1）系统分析方法

系统分析方法是指把要解决的问题作为一个系统，从系统的角度剖析问题的各个要素、层次和结构等，进而对问题进行综合分析的过程，是在系统思维下找出解决问题的可行方案的分析方法。农业土地利用系统是涉及社会-经济-环境的反馈系统，社会经济的发展与土地利用方式、利用结构和利用行为是相互制约和影响的，同时社会发展水平、经济发展模式及土地利用方式则直接决定了土地资源的需求。集约农业土地利用系统分析是进行系统设计的前提，为了系统地了解区域土地利用的整体情况以及当前土地利用过程中存在的环境问题，土地利用系统分析首先借鉴系统分析方法对集约农业土地利用系统的物流、能流和经济流进行全面解析。在一个土地利用系统中，环境和人为输入通过一系列物质流动过程转化为产出。产量是土地利用系统自然和经济的基本输出，同时土地利用系统还会产生其他输出，进入环境并产生有益或有害的影响。物质流动过程中常伴随着经济流和环境流的迁移与转化。

（2）环境类足迹分析

对集约农业土地利用系统环境影响的准确度量是可持续土地利用评价的核心内容之一。足迹类研究是当前生态经济学和可持续发展研究领域的热点之一[7,8]。当前，国际上的足迹研究主要由三大学术群体组成：首先是全球足迹网络（Global Footprint Network，GFN），以生态足迹的研究为主；其次是水足迹网络（Water Footprint Network，WFN），主导水足迹研究；最后为生命周期评价（Life Cycle Assessment，LCA），重点关注碳足迹领域方面的研究。环境类足迹由生态足迹、碳足迹和水足迹等一系列足迹类指标整合而成，旨在为决策者系统评估与权衡人类活动的环境影响提供理论和技术支持[8]。环境类足迹指标为评估农业土地利用资源消耗和废弃物排放等提供了新的理念和途径。通过环境类足迹的整合与分析，能够全面且深入地分析农业土地利用过程对关键污染物（如活性氮）排放、关键环境问题（如农业非点源污染）的影响，为农业土地利用系统环境效应综合评价提供了定量化指标，比较常用的有氮足迹和灰水足迹。

氮足迹（Nitrogen Footprint，N footprint）是为定量评价人类活动对活性氮排放的影响而提出的。2010 年 Galloway 等人在第 5 次国际氮素大会上提出了氮足迹计算模型及其应用，受到了全世界的广泛关注。以 Galloway 和 Leach 为首的研究团队做了概念界定及计算模型等开创性的工作[9,10]。秦树平等在此基础上将氮足迹定义为：某种产品或者服务在其生产、运输、存储以及消费过程中直接和间接排放的活性氮的总和[11]。氮足迹研究从量化人类活动影响活性氮排放的角度，为指导人类生产方式、减少人为活性氮排放提供理论和数据支撑。国内外已有学者从家庭、国家等不同尺度评价人类活动对活性氮排放的影响，尤其侧重于对食物的生产、消费，能源消耗等活性氮流动的定量分析[12-16]。

灰水足迹（Grey Water Footprint，GWF）于 2008 年由 Hoekstra 和 Chapagain 首次提出，该理论定义灰水足迹是稀释污染物所需要的水量，通常情况下换算成将污水稀释至符合当地区域规定的水质标准所需的淡水体积[17]。灰水足迹实现了从水量的角度评价水污染程度的目的，直观地反映了水污染对可用水资源量的影响。近几年国外灰水足迹研究发展迅速，一些学者分别从全球、国家、区域层面评估了主要作物生产、消费的灰水足迹[13,18-23]。国内部分学者基于灰水足迹理论与方法评估了中国华北平原、新疆、内蒙古、黑龙江、山东、湖南等区域粮食生产与消费的灰水足迹[24-32]。

（3）土地利用效率与环境效率分析

综合评价高集约化农业土地利用效率、环境效率，准确认识农业发展水平，是实现资源优化配置，构建可持续农业土地利用模式的重要前提。数据包络分析（Data Envelopment Analysis，DEA）方法，由Charnes等学者创立[33]，是一种可测度多要素投入与多产出之间相对效率评价的系统分析方法，因其具有非主观赋权、无需事先确定函数关系，以及可分析决策单元无效因素等诸多优点，在拥有相同结构决策单元的复杂生产系统效率评价中具有巨大优势，自1978年以来已广泛应用于效率评价中，已成为评价相对效率的主流技术工具[34-36]。近年来，对农业土地利用效率的研究主要集中在农业土地利用的结构优化、集约节约利用，以及土地利用效率的评价方法及应用上。研究内容主要包括农业土地利用效率的基本理论、效率评价指标体系、模型构建与评价方法、综合利用效益，以及提高农业土地利用效率的途径等方面。在评价指标选取上，由于农业土地利用效率是由包括众多自然、经济和社会因素构成的复杂生态系统共同作用的结果，评价指标的选取逐渐由反映农业土地利用经济效应的单指标向经济、社会和环境多指标方向发展，研究方法也在不断丰富和优化[37-48]。

环境效率亦称为生态效率，是衡量可持续发展能力的重要指标，农业土地利用系统环境效率分析应既考虑农业土地利用过程中产出的经济价值，同时也应兼顾土地利用过程中的环境输出，既需要考虑期望产出，也需要考虑非期望产出。2001年，Tone提出了基于投入、产出松弛变量的环境效率评价模型（Slack-Based Measure，SBM），此后他又进一步提出了SBM拓展模型，实现了非期望产出条件下集约农业土地利用环境效率评价[49]。

窗式（Window）DEA由Charnes等提出，其采用窗口期内的数据构建生产前沿面，在窗口沿时间移动时，伴随着旧数据的离开和新数据的进入，因而既能避免了传统DEA分析中生产前沿面不连续的问题，同时也规避了跨期分析导致的生产前沿面相同的缺陷，使得效率计算更为准确和客观[45]。假设有 t 个时期（$t=1$，…，n），若窗口的宽度为 d（$d \leq t$），则窗口数量为 $w = t - d + 1$，每个窗口内的决策单元数量即 $k \times d$，因此，通过窗式分析方法可以有效增加决策单元的数量。

2.2.3 农业土地利用系统过程模拟与优化方法

（1）集约农业土地利用系统过程模拟的模型化思想

农业土地利用系统模拟包括对土地利用过程、生物过程、土地利用类型变化过程，以及这些过程对粮食安全与环境的影响以及它们之间的反馈控制关系的模拟（见图2-1）。尺度与维度不同，研究的视角也不同，其模拟方法自然也不同，需考虑社会、经济、生态环境等因子，涉及众多变量。为了准确量化不同层面物质流动过程，动态模拟、预测，以便对未来的不确定性做出合理的假设，在模拟与优化阶段需要建立模型化的思想。参考使用景观生态学、数量经济学、生态经济、资源与环境系统、农田养分运移、流域水文水质分析、系统动力学、土地利用/覆被变化和农业生态系统等方面的模型进行土地利

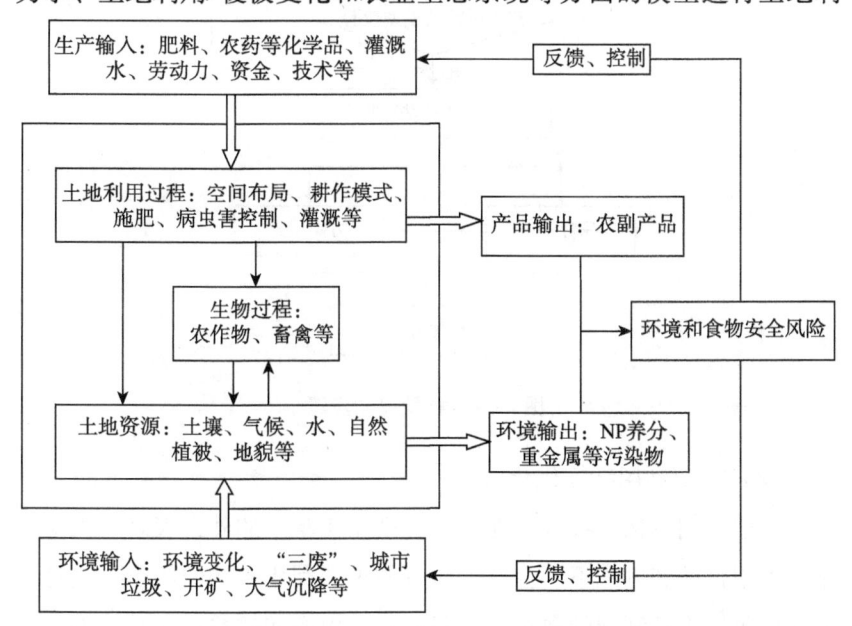

图2-1 集约农业土地利用系统分析框架（刘黎明，2009）

用系统评估、模拟与优化。建模过程是一个反复进行、不断调整和完善的过程，由最初的资料收集、处理、建模、优化到形成最优的设计方案，模型的构建与模拟需要经过参数校准、模型检验与多次的反馈修正。将土地利用模拟模型和其他相关优化方法、指标相结合，最终建立最优的设计方案。模型建立步骤如图2-2所示。

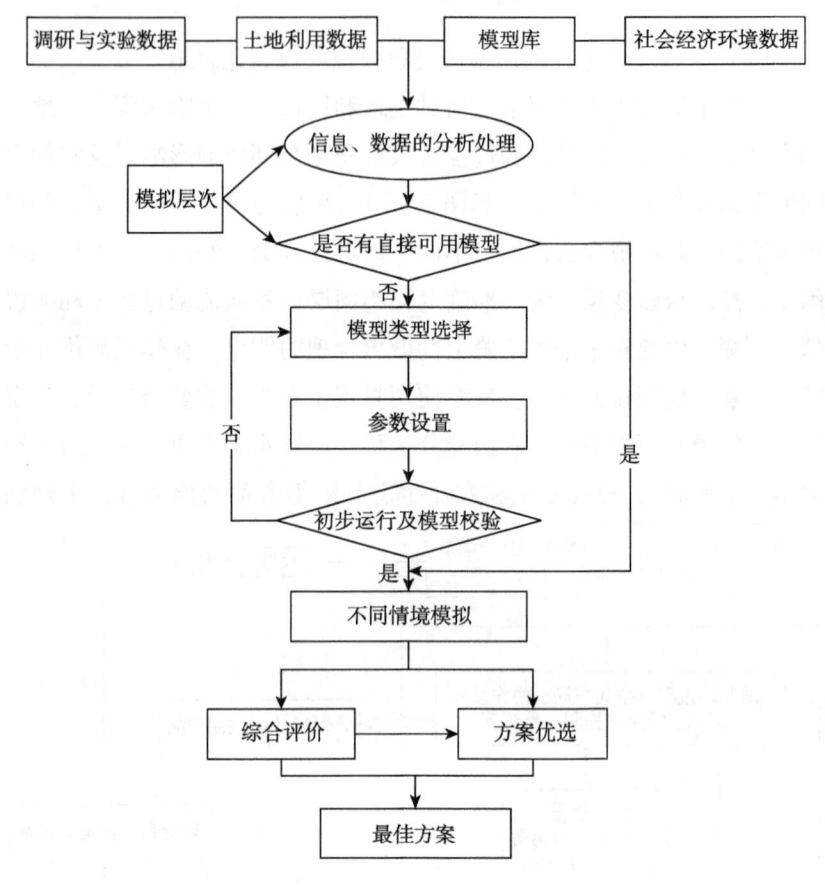

图2-2 模型建立步骤

（2）土地利用结构优化方法

土地利用结构是各种土地利用类型相互联系的外在表现，人类对土地利用目的和方式不同会产生相应的土地利用结构的组合，土地利用结构包括土地利用的数量、空间布局、用途和效益。从系统的角度来说，土地利用系统内的各个子系统及各要素的变化以及它们之间形成的耦合关系必将对系统的结构产生影响,进而影响土地利用系统的功能。土地利用结构优化是指在特定区域内,在进行土地资源评价和土地适宜性评价的基础上,构建土地利用的社会、经济和生态效益最优目标函数,通过求解达到区域内各土地利用结构的数量最优和空间优化,以提高土地利用的效率及效益,维持土地生态环境的相对稳定与持续改善,有效降低环境风险,以期实现土地资源的永续利用[50]。土地利用结构在数量和空间上的合理分配,是介导物质流动,污染物质总量控制,促进区域经济发展和保障生态环境安全的重要途径。目前土地利用结构优化的方法主要涉及总量控制、空间布局优化、数量优化、变化速度控制等方面,其中,土地利用数量优化与空间布局优化是最为常用的土地利用结构优化方法。

线性规划作为一种优化资源配置的方法,被广泛应用于土地利用数量结构的优化配置。其中灰色线性规划(Grey Linear Programming,GLP)是研究不确定性决策问题的一种灰色系统分析方法,它是传统线性规划(the Traditional Linear Programming,TLP)方法的一个发展。该方法作为诸多规划方法的一种,弥补了一般线性规划的不足[51],并具有良好的解决非线性问题的能力和易适性的特点。近年来,灰色线性规划方法已逐步应用于土地利用数量结构的优化中[52-56]。

空间优化方法主要有基于生态学理论的景观格局优化模型、元胞自动机、CLUS模型、遗传算法和多智能体等。随着景观生态学理论在土地可持续利用领域研究的广泛深入,土地利用格局优化成为土地利用规划的核心内容[57]。依据景观生态学"源""汇"理论,土地利用结构的空间优化通过景观格局优化的方法来实现。景观格局优化模型是构建生态安全格局的常用方法之一,为实现区域生态环境的有效控制和持续改善,景观格局优化模型可通过设计区域关键点、线、面及其空间组合来维持生态系统结构和过程的完整性,进而实现对土地利用结构的空间优化和环境风险的有效控制[58]。最小累积阻力(Minimum Cumulative Resistance,MCR)模型依据生态安全格局理论,在生物扩散穿越异质景观的生态过程中,生物的空间运动、栖息地的维护均需要克服一定的景观阻力,累积阻力最小的通道即为最适应通道[59]。MCR 模型综合考虑了景观单元的水平联系，能够较好地反映生态安全格局的内在联系，在空间格局优化方面具有良好的适用性和拓展性[60]。

（3）系统动力学模型

系统动力学（System Dynamics，SD）模型作为一种以控制论、系统论、信息论和计算机技术为基础的，依据系统的状态、控制和信息反馈等环节来反映实际系统动态机制的方法，自 1956 年提出以来，被广泛应用到各个领域[61]。在众多模型中，SD 具有可调控、可量化的特点，对研究较长发展周期、动态变化和存在复杂反馈强作用的系统优化、设计和管理问题具有明显的优势，可广泛应用于社会、经济和生态等复杂系统的分析与模拟。此外，SD 可凭借强大的动态仿真模拟及预测的能力，全面掌握系统各要素间关系的变化及其发展趋势，极大增强了优化整个系统结构和功能的能力。农业土地利用系统是典型的包含复杂的动态反馈关系的"压力－状态－响应"系统，系统动力学方法准确描述和模拟集约农业土地利用系统的动态反馈关系，并可分析多参数变动改变条件下的情景结果，因此系统动力学方法是研究土地利用系统的一种理想的手段。

本章参考文献

[1] 黄和平，毕军，张炳，等. 物质流分析研究述评 [J]. 生态学报，2007，27（1）：368 – 379.

[2] 徐鹤，李君，王絮絮. 国外物质流分析研究进展 [J]. 再生资源与循环经济，2010，3（2）：29 – 34.

[3] 余新晓. 景观生态学 [M]. 北京：高等教育出版社，2005.

[4] Liu J, Dictz T, Carpenler S R. Coupled Human and Natural Systems [J]. AMBIO, 2007, 36 (8): 639 – 649.

[5] 刘建国，Dietz T，Carpenter S R，等. 人类与自然耦合系统 [J]. AMBIO – 人类环境杂志，2007，36（8）：602 – 611.

[6] 张晓刚，曾辉. 从系统到景观：区域物质流分析的景观取向 [J]. 生态学

报, 2014, 34（6）: 1340-1351.

[7] 方恺. 足迹家族: 概念、类型、理论框架与整合模式［J］. 生态学报, 2015, 35（6）: 1647-1659.

[8] 方恺. 足迹家族研究综述［J］. 生态学报, 2015, 35（24）: 7974-7986.

[9] Leach A M, Galloway J N, Bleeker A, et al. A nitrogen footprint model to help consumers understand their role in nitrogen losses to the environment［J］. Environmental Development, 2012, 1（1）: 40-66.

[10] Leach A M, Galloway J N. Online nitorgen footprint calculator［R/OL］. (2011-01-08)［2011-01-08］. http://www.n-print.org.

[11] 秦树平, 胡春胜, 张玉铭, 等. 氮足迹研究进展［J］. 中国生态农业学报, 2011, 19（2）: 462-467.

[12] Pierer M, Winiwarter W, Leach A M, et al. The nitrogen footprint of food products and general consumption patterns in Austria［J］. Food Policy, 2014, 49: 128-136.

[13] Stevens C J, Leach A M, Dale S, et al. Personal nitrogen footprint tool for the United Kingdom［J］. Environ Science: Process & Impacts, 2014, 16（7）: 1563-1569.

[14] 周涛, 王云鹏, 王芳, 等. 广东省农业氮足迹分析［J］. 中国环境科学, 2014, 34（9）: 2430-2438.

[15] Gu B, Leach A M, Ma L, et al. Nitrogen Footprint in China: Food, Energy, and Non-food Goods［J］. Environmental Science & Technology, 2013, 47（16）: 9217-9224.

[16] Bontemps J, Hervé J, Leban J, et al. Nitrogen footprint in a long-term observation of forest growth over the twentieth century［J］. Trees, 2011, 25（2）: 237-251.

[17] Hoekstra A Y, Chapagain A K, M Aldaya M, et al. 水足迹评价手册［M］. 刘俊国, 曾昭, 赵乾斌, 等译. 北京: 科学出版社, 2012.

[18] Mekonnen M M, Hoekstra A Y. A global and high-resolution assessment of the green, blue and grey water footprint of wheat［J］. Hydrology and Earth System Sciences, 2010, 14（7）: 1259-1276.

[19] Mekonnen M M, Hoekstra A Y. A Global Assessment of the Water Footprint of Farm Animal Products［J］. Ecosystems, 2012, 15（3）: 401-415.

[20] Wang L, Wu X. Careful considerations when reporting and evaluating the grey water footprint of products [J]. Ecological Indicatiors, 2014, 41: 131-132.

[21] Shrestha S, Pandey V P, Chanamai C, et al. Green, blue and grey water footprints of primary crops production in Nepal [J]. Water Resources Managment, 2013, 27 (15): 5223-5243.

[22] Liu C, Kroeze C, Hoekstra A Y, et al. Past and future trends in grey water footprints of anthropogenic nitrogen and phosphorus inputs to major world rivers [J]. Ecological Indicators, 2012, 18: 42-49.

[23] Chapagain A K, Hoekstra A Y. The blue, green and grey water footprint of rice from production and consumption perspectives [J]. Ecological Economics, 2011, 70 (4): 749-758.

[24] 曾昭, 刘俊国. 北京市灰水足迹评价 [J]. 自然资源学报, 2013, 28 (7): 1169-1178.

[25] 张宇, 李云开, 欧阳志云, 等. 华北平原冬小麦-夏玉米生产灰水足迹及其县域尺度变化特征 [J]. 生态学报, 2015, 35 (20): 6647-6654.

[26] 盖力强, 谢高地, 李士美, 等. 华北平原小麦、玉米作物生产水足迹的研究 [J]. 资源科学, 2010, 32 (11): 2066-2071.

[27] 于成. 基于cropwat的山东省主要粮食作物生产水足迹区域差异研究 [D]. 济南: 山东师范大学, 2014.

[28] 张郁, 张峥, 苏明涛. 基于化肥污染的黑龙江垦区粮食生产灰水足迹研究 [J]. 干旱区资源与环境, 2013, 27 (7): 28-32.

[29] 王艳阳, 王会肖, 张昕. 基于投入产出表的中国水足迹走势分析 [J]. 生态学报, 2013, 33 (11): 3488-3498.

[30] 段佩利, 秦丽杰. 吉林省玉米生长过程水足迹研究 [J]. 资源开发与市场, 2014, 30 (7): 810-812.

[31] 苏明涛, 张郁, 靳英华. 吉林省主要农作物的生产水足迹研究 [J]. 干旱区资源与环境, 2012, 26 (7): 26-30.

[32] 曹连海, 吴普特, 赵西宁, 等. 内蒙古河套灌区粮食生产灰水足迹评价 [J]. 农业工程学报, 2014, 30 (1): 63-72.

[33] Charnes, Cooper, Rhodes. Measuring the efficiency of decision making units [J]. European Journal of Operational Research, 1978, 2 (6): 429-444.

[34] 游和远, 吴次芳, 林宁, 等. 基于数据包络分析的土地利用生态效率评价

[J]. 农业工程学报, 2011, 27 (3): 309-315.

[35] 王文刚, 宋玉祥, 庞笑笑. 基于数据包络分析的中国区域土地利用效率研究 [J]. 经济问题探索, 2011 (8): 60-65.

[36] 郭文, 孙涛, 朱建军. 基于不可分离变量的非期望 SBM 效率评价方法 [J]. 系统工程与电子技术, 2015, 37 (6): 1331-1337.

[37] 刘静, 吴普特, 王玉宝, 等. 基于数据包络分析的河套灌区农业生产效率评价 [J]. 农业工程学报, 2014, 30 (9): 110-118.

[38] 田伟, 杨璐嘉, 姜静. 低碳视角下中国农业环境效率的测算与分析: 基于非期望产出的 SBM 模型 [J]. 中国农村观察, 2014 (5): 59-71.

[39] 白永平, 张晓州, 郝永佩, 等. 基于 SBM-Malmquist-Tobit 模型的沿黄九省 (区) 环境效率差异及影响因素分析 [J]. 地域研究与开发, 2013, 32 (2): 90-95.

[40] 杨清可, 段学军, 叶磊, 等. 基于 SBM-Undesirable 模型的城市土地利用效率评价: 以长三角地区 16 城市为例 [J]. 资源科学, 2014, 36 (4): 712-721.

[41] 封永刚, 彭珏, 邓宗兵, 等. 面源污染、碳排放双重视角下中国耕地利用效率的时空分异 [J]. 中国人口·资源与环境, 2015, 25 (8): 18-25.

[42] 党廷慧, 白永平. 区域生态效率的测度: 基于非期望产出的 SBM 模型的 DEA 窗口分析 [J]. 环境与可持续发展, 2014, 39 (2): 39-42.

[43] 潘丹, 应瑞瑶. 中国农业生态效率评价方法与实证: 基于非期望产出的 SBM 模型分析 [J]. 生态学报, 2013, 33 (12): 3837-3845.

[44] 范丹, 王维国. 中国区域全要素能源效率及节能减排潜力分析: 基于非期望产出的 SBM 模型 [J]. 数学的实践与认识, 2013, 43 (7): 12-21.

[45] Charnes A, Clark C T, W Cooper W. A Developmental study of data Envelopment analysis in Measuring the efficiency of maintenance units in the US air forces [J]. Annals of Operations Research, 1984, 2 (1): 95-112.

[46] Aldanondo-Ochoa A M, Casasnovas-Oliva V L, Arandia-Miura A. Environmental efficiency and the impact of regulation in dryland organic vine production [J]. Land Use Policy, 2014, 36: 275-284.

[47] Ray S C, Ghose A. Production efficiency in Indian agriculture: An assessment of the post green revolution years [J]. Omega, 2014, 44: 58-69.

[48] 焦文静. 安徽省农业土地利用效率比较研究 [D]. 沈阳: 东北大学, 2011.

[49] Tone K. Dealing with undesirable outputs in DEA：A slacks - based measure (SBM) Approach [J]. GRIPS Research Report Series I, 2003 (5)：44 - 45.

[50] 李超, 张凤荣, 宋乃平, 等. 土地利用结构优化的若干问题研究 [J]. 地理与地理信息科学, 2003, 19 (2)：52 - 55.

[51] 孙丕苓, 杨海娟. 商洛市土地利用结构优化的情景分析 [J]. 水土保持通报, 2012, 32 (2)：200 - 205.

[52] 刘静怡, 蔡永立, 於家, 等. 基于CLUES和灰色线性规划的嘉兴北部土地利用优化配置研究 [J]. 生态与农村环境学报, 2013, 29 (4)：529 - 536.

[53] 范国兵. 基于灰色线性规划的长沙市土地利用结构优化研究 [J]. 赤峰学院学报（自然科学版）, 2014, 30 (10)：88 - 90.

[54] 李丽红, 李鲁华, 马松梅, 等. 基于灰色线性规划土地资源优化配置研究 [J]. 石河子大学学报（自然科学版）, 2007, 25 (4)：440 - 444.

[55] 耿红, 王泽民. 基于灰色线性规划的土地利用结构优化研究 [J]. 武汉测绘科技大学学报, 2000, 25 (2)：168 - 171, 182.

[56] 朱艳莉, 李越群, 廖和平. 基于灰色线性规划的土地利用结构优化研究：以重庆市南川区为例 [J]. 西南师范大学学报（自然科学版）, 2009, 34 (2)：97 - 102.

[57] 吴次芳, 叶艳妹. 20世纪国际土地利用规划的发展及其新世纪展望 [J]. 中国土地科学, 2000, 10 (1)：15 - 20, 33.

[58] 马克明, 傅伯杰, 黎晓亚, 等. 区域生态安全格局：概念与理论基础 [J]. 生态学报, 2004, 24 (4)：761 - 768.

[59] 钟式玉, 吴箐, 李宇, 等. 基于最小累积阻力模型的城镇土地空间重构：以广州市新塘镇为例 [J]. 应用生态学报, 2012, 23 (11)：3173 - 3179.

[60] 李晶, 蒙吉军, 毛熙彦. 基于最小累积阻力模型的农牧交错带土地利用生态格局构建：以鄂尔多斯市准格尔旗为例 [J]. 北京大学学报（自然科学版）, 2013, 49 (4)：707 - 715.

[61] 张波, 虞朝晖, 孙强, 等. 系统动力学简介及其相关软件综述 [J]. 环境与可持续发展, 2010, 35 (2)：1 - 4.

第3章 农业土地利用系统的物质流调控理论

集约化农业生产面临着保障粮食安全与环境安全的双重挑战，现代农业生产的资源与环境成本在持续增加。因此，为实现农业可持续发展，必须要调控农业土地利用过程中的资源投入与产出的流向与流量，建构可持续的农业土地利用模式。本章重点阐述基于物质流调控理论的可持续土地利用系统分析与优化框架。从土地利用系统的角度，以降低环境风险为目标，以物质减量化为驱动，通过土地利用系统的物质流调控和空间格局优化来创造集约农业与环境的共生关系，沿着土地利用系统分析、环境效应评估、调控农户土地利用行为、优化土地利用结构，协调系统间相互关系的研究思路，构建基于物质流调控理论的农业土地利用系统设计理论框架，并讨论具体的设计原则与目标、设计内容和评价准则以及典型设计方法。

3.1 物质流调控理论提出的背景

过去40多年来，中国普遍实行的高投入产出、高利用强度的集约化农业土地利用模式，在提高土地收益和保障粮食安全的同时也导致了严重的农业环境问题，高集约化农区同时也是高环境风险的区域。未来10年，高集约化的农业土地利用方式既面临着粮食不断增产的客观需求，又面临着生态环境逐步恶化的现实挑战[1]。因此，探讨立足于高投入产出条件下如何构建投入减量化与低环境风险的可持续土地利用模式，已成为中国集约农业战略发展和解决农区环境问题的重要课题。

物质流分析（Material Flow Accounting and Analysis，MFA）是指在一定时空范围内，关于特定系统的物质通量和分布情况的系统度量[2,3]。MFA 集成了整体物质流分析（Bulk–MFA）、材料流分析（Substance Flow Analysis，SFA）、生命周期评价（Life Cycle Analysis，LCA）等研究方法；通过计算物质在环境-经济系统输入—贮存—输出的实物量变动，解析物质在系统内的流动特征和转化效率，进而可揭示环境压力的直接来源，系统量化和调控物质流动特征与提升转化效率[4-7]。MFA 具有数据采集简单、定量化分析与客观分析等优点，已广泛应用于全球、国家、区域等不同尺度和产业部门、工业园区及企业等层面[8-15]。物质流过程作为考察系统属性的重要维度，通过物质流分析方法与其他理论和方法的有机结合，拓展了物质流分析的时空维度[16,17]，从多尺度 MFA 研究框架、物质流动过程的时空集成研究到 MFA 的时空设计与管理，将不同尺度和不同学科的研究成果落实到具体的物质、时空、过程和行为主体已成为 MFA 的应用目标和重点研究方向[18,19]。随着可持续发展理念的深入研究，MFA 广泛应用于工业产品生态设计[20,21]，重金属分析与管理[22]，工业园区循环改造[23,24]，乡村环境卫生规划[25]、厨余垃圾和畜禽粪便管理[26,27]，区域与流域养分管理[28,29]等方面。MFA 已成为低碳社会、清洁生产[30,31]及社会经济和环境管理与规划的重要工具[32,33]。

针对农业可持续发展议题，国内外已有诸多报道，积累了大量的理论和实践成果。然而，从高集约化农区土地利用系统设计角度，以投入减量与低环境风险为目标的可持续土地利用模式理念尚处于起步阶段，理论和方法体系整体而言尚未形成。因此，在推进我国高集约化农业土地利用过程中缺乏理论指导，土地利用模式的设计策略没有科学规范，产生了相关研究滞后于当前高集约化农区发展的问题。鉴于此，本研究基于 MFA 方法，从土地利用系统的角度，以投入减量化与低环境风险为目标，系统研究高集约化农区土地利用系统设计的理论与方法体系，尝试构建可持续土地利用系统设计的理论框架、研究内容与评价准则、设计模式及其图式。研究成果可为当前集约农业的可持续发展起指导作用，并对于农业发展方式向减量投入与低环境风险的集约可持续农业转型具有一定的理论和现实意义。

3.2 理论阐释

农业土地利用系统是人类生存最为重要的陆表生态系统之一。"投入减量化""低环境风险"与保障粮食安全及提供有效供给看似矛盾的命题，在以"三高"农业为特征的土地利用模式与追求可持续发展之间，常常引起无限的想象。有关集约农业研究领域，面对环境问题已有文献提出了生态农业、循环农业等诸多观点，且传递出一个明确的信息：在集约化农业土地利用模式下，生产条件及其驱动力产生了根本变化，集约可持续农业生产必须面对和立足于高投入和高产出这一基本观点，在此基础上有效解决高环境风险问题。然而，农业土地利用系统具有多尺度和多维度特征，这增加了解决问题的难度，研究者常常陷入厚此薄彼的窘境。

MFA 的观点认为[8]：人类从事农业活动所产生的环境影响在很大程度上取决于进入农田生态系统的物质的数量与质量，以及从系统排入环境的物质的数量与质量。前者产生对环境的扰动，引起资源的耗竭和环境的退化；后者则引起环境的污染，同时物质输入量在很大程度上决定着输出量。将集约农业土地利用系统视为一个高物质流动的生态系统，重点关注人类投入对农业土地利用系统物质流动过程的影响及其可能产生的环境问题，通过研究物质流在土地利用系统输入—贮存—输出的实物量变动，分析物质在特定区域内的流动特征和转化效率，揭示物质流背后的环境流、经济流之间的关系，可为投入减量化与环境风险降低的土地利用系统设计提供思路借鉴。基于此，农业土地利用系统设计的操作方法应以流动关系调控来连接农业生产、自然环境和人类社会，并创造共生关系。在此理念下，投入减量化与低环境风险的土地利用系统设计可以称为一种生态的介入，以此调整农户土地利用方式，优化土地利用结构和协调区域系统内及系统与系统间的关系，来改变物质流动的方式，实现投入减量化与低环境风险的设计目标。

　　立足于解决高集约化农业的可持续发展问题，从土地利用系统优化、设计的角度，基于物质流调控理论的农业土地利用系统设计应通过优化各种维度的组织策略，提升物质使用效率、降低环境污染物质输出及寻求机会嵌入匹配的政策导向，改变物质流动的方式。物质减量化与低环境风险的土地利用系统，应遵循以物质流调控与优化的设计思想。

3.2.1　物质流分析

　　各维度的物质流分析是物质流调控理论的基础。首先，物质流动的地理空间层面与效应评估是系统分析的核心，设计过程中的物质流动分析，需结合地理信息系统、环境类足迹或生命周期评估等方法来操作，应用多层次的环境效应评价与经济-社会-环境综合分析，将不同尺度的土地利用系统由大至小视为主系统与次系统的关系，估算单一土地利用系统，区域、流域景观复合土地利用系统等不同层面在集约化农业生产过程中物质流动的输入输出特征，追踪污染物迁移与转化等过程，并可据此推算关键污染物如氮、磷等物质的流动、存量、分布以及物质减量化和环境风险降低潜势。其次，设计过程中的物质流分析，体现了区域集约化农业生产在陆表生态系统中进行大尺度的时空转型及其效应。集约化农业土地利用系统的物质流动其实跨越了农业生产部门所生产的物质空间，在更大范围内与自然环境、人类需求及消费之间有着极为密切的互动关系。因此，集约化农区的物质流动分析过程还应包含与之相关的空间地理环境和社会、人口等系统间的物质流动分析。通过各维度的物质流分析，可准确识别集约农业土地利用系统各投入要素对农业产值增长的影响，科学评判农业土地利用水平、农业生产投入产出特征及其关键投入要素的环境效应，进而为构建投入减量化与低环境风险的土地利用模式提供基础依据。

3.2.2 物质流调控

物质流分析的多维度特征，反映在设计层面则需要整合热点（土地利用单元）的物质投入、区域土地利用结构、景观过程格局、土地利用系统内部及陆表生态系统间物质循环在设计过程中的作用。

首先，从源头上优化物质投入、提高物质利用率是构建投入减量化与低环境风险土地利用系统的首要环节。不同的农业土地利用模式及结构产生不同的资源使用效率和污染物输出强度，高投入的地块，是区域土地嵌合体架构中物质流高度集中的"热点"（也可称为"源"）。在设计与调控阶段，应考虑如何减量化物质消耗及提高养分利用率以降低环境风险的策略。农户是土地利用的具体实施者和经营者，"热点"的物质流调控可通过农户土地利用模式的筛选，提高环境友好型技术的采用率来调控物质的流量与流向，实现经济和环境效应的改善。针对当前农民不合理的肥料投入方式，田块尺度已经建立了一系列的农田管理措施，如测土配方施肥技术、精细养分管理技术和相关政策措施。然而，这些研究大多仅关注于经济或者环境单一方面的研究，未能系统地评价各措施的经济-环境综合效应。农户采用何种土地利用行为取决于经济收益的最大化，针对热点的物质流调控，应从农户投入行为角度，以提高环境友好型技术的土地收益水平为目标，进行农户土地利用单元的设计和农户土地利用行为的调整。因此，为有效促进农户对新技术、新模式的采纳，保障最佳土地利用模式的顺利实施，土地利用模式的筛选及其最佳政策和管理措施的匹配应成为热点物质流调控的关键。

其次，土地利用结构优化与景观格局优化是实现宏观层面对物质流调控的有效方法之一。生态农业、循环经济及低碳社会等可持续发展理念均可融于 MFA 指标体系的构建过程。依据物质流调控理论，在设计层面将人类土地利用活动，景观生态过程的"源""汇"理论、分布式水文模型等不同学科的研究成果落实到区域或流域层面具体的物质、时空、过程和行为主体，将有助于评估物质流过程中生态环境效率的时空分异，进而为调控区域或流域尺度关键环境问题提供依据和方法支撑。区域土地利用结构优化取决于区域物质总量、污染物输出总量及关键环境问题。针对数量结构的优化，在立足于解决当地关键环境问题的基础上，应充分吸纳当地各层次人员的经验和数据以确定各类效应的权重。景观格局优化取决于区域受保护地的空间位置与不同景观类型污染物流动的强度和距离，应采取多种方式和措施阻控污染物进入受保护地的设计策略。

最后，农业土地利用系统是人类与自然耦合最为紧密的子系统之一。农业生产直接影响着食物供给-消费和系统的可持续发展。土地利用系统概念本身就隐含着人与自然交互影响的思想，其利用模式直接影响着人类消费、畜牧养殖、水产养殖及生命支持系统，且从土地利用模式中反馈出来；区域农业土地利用系统的形成是资源禀赋、社会与经济背景综合因素促成的结果。集约农业土地利用加速了物质循环，从耦合系统的角度去研究其各子系统及系统间的物质流动的关系，将产业、政策、效益有机结合起来，才能制订有效的系统调控与设计方案。因此，在设计层面，需要整合系统内部及系统间物质循环在设计过程中的作用，将物质流分析拓展至和农业生产紧密联系的人类消费与生命支持子系统，从系统间物质循环的角度进行物质调控与寻求提升物质使用效率的机会，以期构建以集约农业耦合系统物质流调控为核心的区域生态共生系统。

总之，基于物质流调控理论的设计理念，旨在考查农业生产的物质流动过程，而这一过程是在各个行为主体的特定土地利用方式下自然与人为的改造过程。通过改进和构建不同维度的农业土地利用系统，将原本被视为"黑箱"的农业土地利用系统划分为不同层级，将不同层级划分为不同的优化与设计单元，而不同的优化与设计单元又对应特定的行为主体，通过对不同单元的物质流解析与调控，最终构建基于投入减量化与低环境风险的土地利用模式。

3.3 设计原则与目标

3.3.1 设计原则

集约化农区土地利用系统设计原则应以农户的经济效益、决策者的社会与环境效益为核心,以物质流调控为主线;采用多学科的研究视角和综合各尺度与多维度的设计策略。

(1) 物质流的调控和优化是土地利用系统设计所遵循的基本原则[7,25]。

正如前文所述,投入减量化与低环境风险的土地利用系统设计理论,其基本原则是人为介导和调控物质输入、迁移与转化,减少环境污染物输出,提高系统的有效产出。

(2) 环境、经济、社会效益兼顾的原则[34,35]。

集约可持续土地利用模式的根本目的是科学利用土地资源,其最终目标是获取环境、经济和社会三大效益的有机统一。因此,在土地利用系统设计中必须正确地运用生态经济规律和相关理论,处理农业生产中环境效益、经济效益和社会效益的辩证关系,做到三大效益兼顾。

3.3.2 设计目标

系统设计的目标是在投入减量化的前提下,使农业生产与环境可持续发展能力之间达到一种理想的优化组合。土地利用系统的设计具有物质、流动、尺度、人类需求、时间及空间格局等诸多影响因素,涉及物质流动及其环境效应、跨尺度系统复杂性以及时间变迁管理与可持续进程等方面。

从农户单一土地利用系统看,设计的主要任务是在满足农户经济诉求的前提下,转变土地利用方式,尤其是物质投入方式,实现环境友好型土地利用模式的经济收益最大化,因此土地利用模式的优选及匹配的环境政策是农户土地利用系统设计的首要目标。从区域或流域复合土地利用系统看，在关键污染物总量控制的约束下，经济与社会效益最大化的土地利用结构及空间布局则应成为土地利用优化的关键目标。从区域各农业子系统与人类消费系统和生命支持系统的关系（亦可称为农业耦合系统）看，在满足人类消费需求的用地规模下，协调系统间物质流动过程，提高物质循环效率，减少耦合系统环境输出是其主要目标。因此，土地利用系统中设计的层级不同，其设计目标也各有不同。

本研究的设计内容及评价准则见表3-1。

表3-1 设计目标、设计内容及评价准则

设计维度	"热点"投入行为管控（农户土地利用模式筛选）	区域或流域关键环境问题控制（土地利用结构优化与生态安全格局构建）	区域物质循环效率提升（农业耦合系统优化）
设计目标	环境友好型土地利用模式的经济效益最大化的土地利用模式的优选及匹配的环境政策建议	关键污染物负荷总量控制，实现土地利用的经济与社会效益最大化的土地利用结构与空间格局	在满足人类消费需求的用地规模下，协调系统间物质流动过程，提高物质循环效率，减少环境输出
设计内容	运用生物-经济模型，定量模拟和解析不同土地利用模式下的主要污染物的输入、输出和累积过程，分析不同土地利用情景下环境流和经济流，构建综合优选和评估指数。评估不同土地利用方式对农户土地利用系统的环境-经济效应。根据农户最大收益理论，优选和设计与之匹配的农业环境政策与措施，将环境污染物的不经济内部化	参照区域相关规划与控制目标，建立经济社会维度、生态环境维度的区域土地利用结构优化模型。分析不同土地利用结构下环境效应、经济效应与社会效应，构建土地利用综合效应评估指标，确定综合效应最优的土地利用数量结构。根据景观生态学"源""汇"理论、水文模型与MFA的分析成果，构建景观生态安全格局，提出土地利用分区保护方案	研究各系统及系统间物质流向及流量，分析系统物质流动规律，基于系统仿真平台建立定量化的耦合系统物质流动模拟模型，模拟未来不同情景下物质流向及流量，识别系统关键输入与输出，评估系统的物质循环效率，进而确定调控的方向与措施

续表

设计维度	"热点"投入行为管控（农户土地利用模式筛选）	区域或流域关键环境问题控制（土地利用结构优化与生态安全格局构建）	区域物质循环效率提升（农业耦合系统优化）
评价准则	不同土地利用情景的评判应以物质使用效率及土地利用的综合收益为评价准则，辅以农业环境政策引导	数量结构：污染物总量控制下，以综合效应最优为设计准则。空间格局：采取多种方式和措施阻控污染物进入生态敏感区，科学设置阈值，采取分级分区域差异化阻控与保护策略	以人类需求为核心，以协调农田生产、水产养殖及畜牧养殖等系统为准则，以环境友好和经济可持续为驱动力，以物质流分析为链条，建立集约农业耦合系统物质流动分析模型；构建生态、高效的集约农业生产体系，优化物质在各子系统及系统间形成物质高速、高效循环的通道，实现环境风险降低，资源的循环及高效利用和社会、经济与环境效益的最大化

3.4 设计模式及其图式

将物质流调控理论、方法和维度等诸多要素构建和组织起来，形成物质流调控理论的设计模式（见图3-1）。作为统摄、整理物质流调控理论的一种抽象的思想结构，AESOP设计图式是系统设计内化的思维操作的程序和规则在对物质流调控理论进行加工的过程中起着图形、框架和模式的作用（见图3-2）。基于物质流调控理论框架，遵循土地利用系统分析、效应评价、定量模拟、模式优化及实证应用的设计模式（AESOP模式），对研究区农户土地利用单元、区域土地利用结构与景观过程格局，以及农业耦合系统等不同层面开展优化与设计，将有效地调控物质投入以促进物质流动过程的良性循环，提高系统的投入产出效率，从而最大限度地降低土地利用过程的环境风险，提升物质流动过程的环境、经济和社会效益。

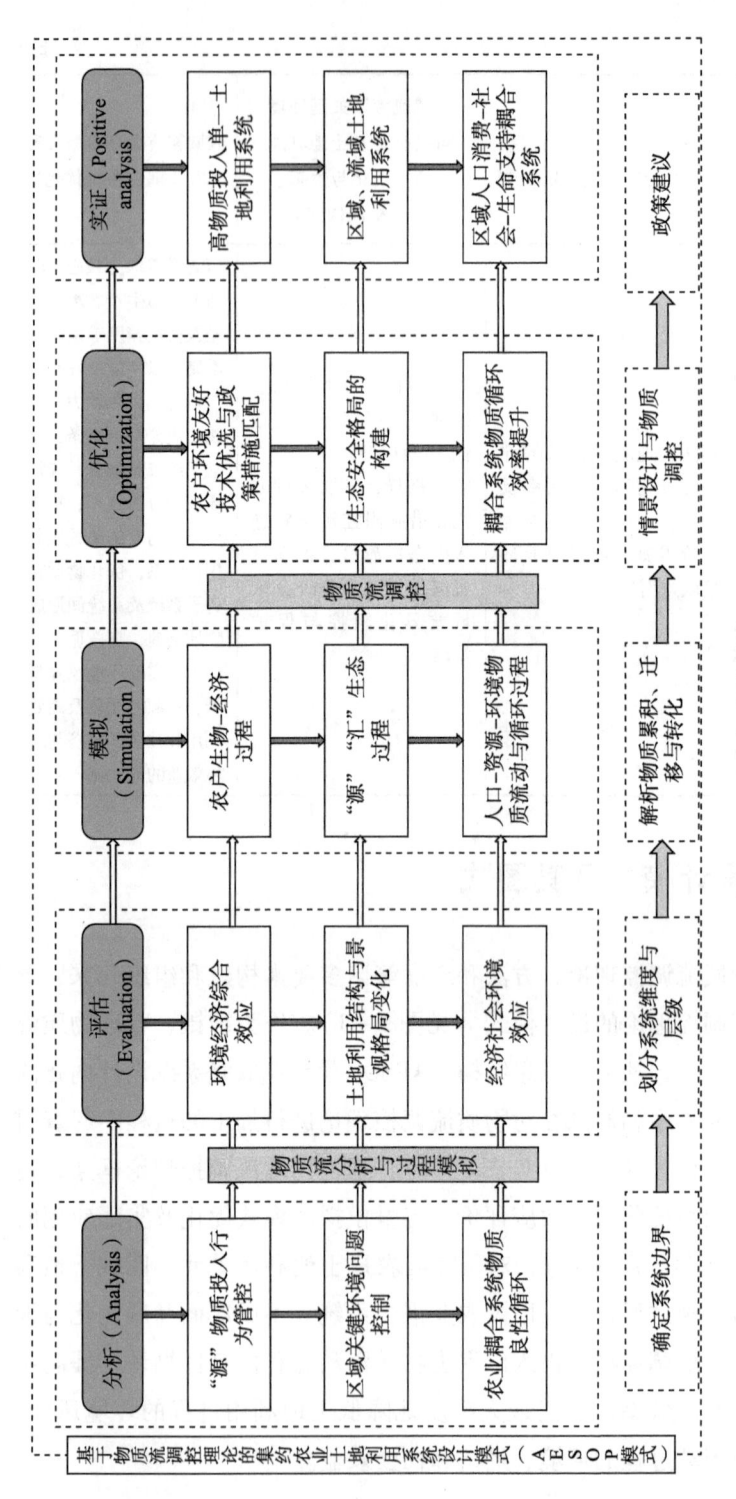

图 3-1 AESOP 设计模式

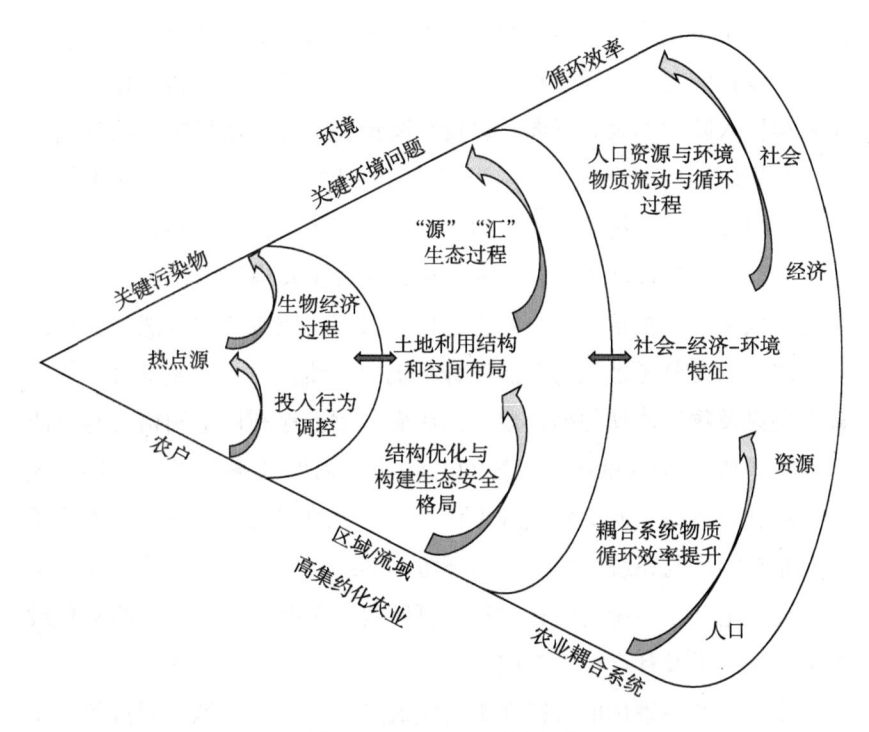

图 3-2　AESOP 设计图式

3.5　小结与相关建议

　　构建投入减量化与低环境风险的可持续土地利用模式，协调农业生产的社会效益、经济效益和环境效益是一个非常复杂的系统问题。涉及土地利用方式、土地利用结构、农户投入行为、生产管理模式、环境因子背景、环境变化等诸多因子；既有人类活动的因素，也有自然环境的因素，既有点上的问题，也有面上的问题。从农业生态系统角度来说，营养元素的使用在满足作物生长需要的同时，过多的营养元素又会累积、迁移和转化，对土壤和周边环境造成负面影响。由于 MFA/SFA 侧重于量化某一物质或某一类物质在特定系统的流入、流出以及在特定区域内的物质流动特征和转化效率，可用于分析集约化农区、以农业生产为主的小流域和农户土地利用单元等不同层级物质的输入和输出，为农业土地利用系统设计和农业可持续发展战略的制定提供了定量化依据。本研究基于物质流分析方法，从土地利用系统优化、设计的角度，提升物质使用效率、降低环境污染物质输出及寻求机会嵌入匹配的政策导向，以投入减量化与低环境风险为目标，构建了物质流调控理论与方法体系，在问题选择和系统设计思路上有别于以往研究。基于物质流调控的设计理论与传统设计之间存在一种根本差异。传统的设计手法，国内外相关学者主要借鉴系统论和生态学理论，仅从单一视角或单一维度进行，强调物质流动的自然规律或经济规律，未充分考虑人与自然耦合系统的自然－社会－经济为一体的耦合关系及物质流动的循环规律，从而导致土地利用空间格局与物质流动的矛盾、系统间和子系统间与物质流动的冲突，提高了环境风险。因此，将基于源头物质减量化投入、土地利用空间格局的物质调控及系统内部与系统间物质流循环协调的综合调控设计理论应用于集约农业土地利用系统的设计过程，可使我们更有能力精准预测各种设计的环境后果及社会经济效应。

物质流调控理论的关键在于物质流过程的精准模拟，通过解析土地利用过程中物质流－经济流的动态关系，来预测不同土地利用方式情景下的环境效应和经济效益，进而评价相关措施和政策的合理性。因此，MFA 与各尺度相关模型的综合运用，探讨构建以土地利用单元的生物－经济与农户决策过程的耦合模型为基础，以土地利用变化过程模型为核心并且注重系统反馈与控制的跨尺度物质流综合动态模拟方法体系，是物质流调控理论研究的重点。同时，数据的收集和同化是该理论实施的难点，如何提高多方面资料和数据的准确性和完善度应成为今后研究的主要方向。

集约化农业生产面临确保粮食安全与环境安全的双重挑战，现代农业生产的资源与环境成本在持续增加。本研究提出了物质流调控理论，将集约农业土地利用系统视为一个高物质流动的生态系统，以降低环境风险为目标，以物质减量化为驱动，通过农户物质投入行为调控、区域关键环境风险控制及系统和子系统间物质循环等方面的物质流调控来创造集约农业与环境的共生关系。以农户土地利用模式筛选，区域土地利用结构优化、景观格局分区防控和集约农业耦合系统优化与调控为核心，构建"三位一体"的土地利用系统设计理论框架，以实现集约化农区投入减量化与低环境风险的可持续土地利用模式[36]。

本章参考文献

[1] 成升魁，汪寿阳，刘旭，等. 新时期我国国民营养与粮食安全[J]. 科学通报，2018，63（18）：16-26.

[2] 徐鹤，李君，王絮絮. 国外物质流分析研究进展[J]. 再生资源与循环经济，2010，3（2）：29-34.

[3] 黄和平，毕军，张炳，等. 物质流分析研究述评[J]. 生态学报，2006，27（1）：368-379.

[4] YIN G Y, LIU L M, YUAN C C. Assessing environmental risks for high intensity agriculture using the material flow analysis method – a case study of the Dongting Lake basin in South Central China [J]. Environmental Monitoring and Assessment, 2015, 187: 472.

[5] RISKU – NORJA H, MÄENPÄÄ I. MFA model to assess economic and environmental consequences of food production and consumption [J]. Ecological Economics, 2007, 60 (4): 700-711.

[6] LANER D, RECHBERGER H. Material Flow Analysis [M] //FINKBEINER M. Special Types of Life Cycle Assessment. Dordrecht: Springer Netherlands, 2016: 293-332.

[7] BRUNNER P H, RECHBERGER H. Practical handbook of material flow analysis [M]. London: Lewis Publishers, 2005.

[8] CHEN X Q, QIAO L J. A preliminary material input analysis of China [J]. Population and Environment, 2001, 23 (1): 117-126.

[9] VALERO NAVAZO J M, VILLALBA MÉNDEZ G, TALENS PEIRÓ L. Material flow analysis and energy requirements of mobile phone material recovery processes [J]. The International Journal of Life Cycle Assessment, 2014, 19 (3): 567-579.

[10] PRACKWIESER C. A Modeling procedure for information and material flow analysis comprising graphical models, rules and animated simulation [C] //

BUCHMANN R, KIFOR C V, YU J. Knowledge Science, Engineering and Management: 7th International Conference, KSEM 2014, Sibiu, Romania, October 16 – 18, 2014. Proceedings. Chambrige: Springer International Publishing, 2014: 198 – 209.

[11] HUANG H, BI J, LI X, et al. Material flow analysis (MFA) of an eco – economic system: a case study of Wujin District, Changzhou, China [J]. Frontiers of Biology in China, 2008, 3 (3): 367 – 374.

[12] GENG D, SONG X. The evaluation of circular economy development for coal resources city based on material flow analysis [C] //XU J, FRY J A, LEV B, et al. Proceedings of the Seventh International Conference on Management Science and Engineering Management: Focused on Electrical and Information Technology Volume II. Berlin, Heidelberg: Springer Berlin Heidelberg, 2014: 1177 – 1183.

[13] DE MARCO O, LAGIOIA G, MAZZACANE E P. Materials flow analysis of the Italian economy [J]. Industrial Ecology, 2001, 4 (2): 55 – 70.

[14] JU M, OSAKO M, HARASHINA S. Quantitative analysis of food products allocation into food consumption styles for material flow analysis of food [J]. Journal of Material Cycles and Waste Management, 2016, 18 (3): 589 – 597.

[15] PAWLEWSKI P. Manufacturing material flow analysis based on agent and movable resource concept [C] //CORCHADO J M, PÉREZ J B, HALLENBORG K, et al. Trends in Practical Applications of Agents and Multiagent Systems: 9th International Conference on Practical Applications of Agents and Multiagent Systems. Berlin, Heidelberg: Springer Berlin Heidelberg, 2011: 67 – 74.

[16] MARCO O D, LAGIOIA G, AMICARELLI V, et al. Constructing physical input – output tables with material flow analysis (MFA) data: bottom – up case studies [M] //SUH S. Handbook of Input – Output Economics in Industrial Ecology. Dordrecht: Springer Netherlands, 2009: 161 – 187.

[17] GÜNTHER E, KAULICH S. Measuring environmental performance with EPM – KOMPAS software tool – material flow analyses, environmental assessment and success Control [M] //HINZ K, WAGNER B, ENZLER S. Material Flow Management: Improving Cost Efficiency and Environmental Performance. Heidelberg: Physica – Verlag HD, 2006: 57 – 90.

[18] 张晓刚, 曾辉. 从系统到景观: 区域物质流分析的景观取向 [J]. 生态学

报, 2014, 34 (6): 1340-1351.

[19] KUPKANCHANAKUL W, KWONPONGSAGOON S, BADER H, et al. Integrating spatial land use analysis and mathematical material flow analysis for nutrient management: a case study of the bang pakong river basin in Thailand [J]. Environmental Management, 2015, 55 (5): 1022-1035.

[20] SHIRAISHI Y. Eco-design promotion in SMEs by material flow analysis of supply chain: case studies and modeling [C] //MATSUMOTO M, UMEDA Y, MASUI K, et al. Design for Innovative Value Towards a Sustainable Society: Proceedings of Eco Design 2011: 7th International Symposium on Environmentally Conscious Design and Inverse Manufacturing. Dordrecht: Springer Netherlands, 2012: 946-951.

[21] KIKUCHI Y, HIRAO M, SUGIYAMA H, et al. Design of recycling system for poly (methyl methacrylate) (PMMA). Part 2: process hazards and material flow analysis [J]. The International Journal of Life Cycle Assessment, 2014, 19 (2): 307-319.

[22] 贾冯睿, 郎晨, 刘广鑫, 等. 基于物质流分析的中国金属铜资源生态效率研究 [J]. 资源科学, 2018, 40 (9): 1706-1715.

[23] 陈洪波, 姜晓峰. 基于物质流分析的工业园区循环化改造模式研究: 以铜川市董家河工业园区为例 [J]. 生态经济, 2016, 32 (10): 40-45.

[24] 张东生, 冯腾月. 园区循环化改造方案编制的基本框架和实施路径 [J]. 生态经济, 2018, 34 (5): 70-74.

[25] MONTANGERO A, ANH N V, LUTHI C, et al. Building the concept of material flow analysis into the household-centred environmental sanitation planning approach [C] //Proceedings of the conference on renewed efforts to plan forsustainable development, European Academy for the Urban Enviroment and Technical University. Berlin: 2006: 1-13.

[26] PHAM H G, HARADA H, FUJII S, et al. Transition of human and livestock waste management in rural Hanoi: a material flow analysis of nitrogen and phosphorus during 1980—2010 [J]. Journal of Material Cycles and Waste Management, 2016 (3): 1-13.

[27] PADEYANDA Y, JANG Y, KO Y, et al. Evaluation of environmental impacts of food waste management by material flow analysis (MFA) and life cycle assess-

ment (LCA) [J]. Journal of Material Cycles and Waste Management, 2016, 18 (3): 493-508.

[28] ARAMAKI T, THUY N T T. Material flow analysis of nitrogen and phosphorus for regional nutrient management: case study in Haiphong, Vietnam [M] // SUMI A, FUKUSHI K, HONDA R, et al. Sustainability in Food and Water: An Asian Perspective. Dordrecht: Springer Netherlands, 2010: 391-399.

[29] PHARINO C, SAILAMAI N, KAMPHAENGTHONG P L. Material flow analysis of nitrogen in maeklong river basin in ratchaburi and samut songkhram province, Thailand [J]. Water Conservation Science and Engineering, 2016, 1 (3): 167-175.

[30] 马武生, 蒋建国, 于智勇, 等. 清洁生产审核中的物质流与实例分析 [J]. 安全与环境工程, 2016, 23 (1): 5-10.

[31] LUO J, ZHANG P, DUAN N, et al. Interpretation of material flow analysis results and a case study on cleaner production for wastewater source reduction in a zinc electrolysis cellhouse [J]. Journal of Cleaner Production, 2018, 180: 804-813.

[32] KYTZIA S. Material flow analysis as a tool for sustainable management of the built environment [M] //KOLL-SCHRETZENMAYR M, KEINER M, NUSSBAUMER G. The Real and Virtual Worlds of Spatial Planning. Berlin, Heidelberg: Springer Berlin Heidelberg, 2004: 281-298.

[33] MARTINICO-PEREZ M F G, SCHANDL H, FISHMAN T, et al. The socio-economic metabolism of an emerging economy: monitoring progress of decoupling of economic growth and environmental pressures in the Philippines [J]. Ecological Economics, 2018, 147 (5): 155-166.

[34] 宇振荣, 辛德惠. 土地利用系统规划和设计方法探讨 [J]. 自然资源学报, 1994 (2): 176-184.

[35] 杨子生. 论土地生态规划设计 [J]. 云南大学学报 (自然科学版), 2002, 24 (2): 114-124.

[36] 付永虎, 刘俊青, 魏范青, 等. 基于物质流调控的集约化农区可持续土地利用模式设计理论研究 [J]. 上海农业学报, 2019, 35 (5): 123-130.

第 4 章　平原河网地区农业土地利用系统分析与环境效应评价

土地利用系统分析与评价是土地利用系统设计的基础与核心之一，准确识别高集约农业土地利用系统各投入要素对农业产值增长的影响，科学评判农业土地利用水平、农业生产投入产出特征及其关键投入要素的环境效应，是实现投入减量化与低环境风险的农业土地利用模式的重要前提。根据物质流调控理论，物质流动的地理空间层面与效应评估是系统分析的核心，物质流动分析需结合 GIS、环境类足迹或生命周期评估方法来操作，并可据此分析关键污染物如氮、磷等物质的迁移转化规律，以及物质减量化和环境风险降低潜势。本章以平原河网地区——上海市青浦区为例，首先分析青浦区不同投入要素对农业产值增长的影响及其环境的潜在危害，其次分别从氮足迹与灰水足迹、土地利用效率、环境效率的角度评估农业土地利用的输入－输出特征及其环境效应，在此基础上进行物质减量化及环境风险降低潜势分析。

4.1　平原河网地区农业土地利用系统分析与环境效应评价

4.1.1　青浦区农业土地利用系统分析

青浦区位于上海市西郊，太湖下游，黄浦江上游。地理坐标为 30°59′~31°16′N、120°53′~121°17′E，境内辖有上海市最大的淡水湖——淀山湖，为上海市主要水源地之一。青浦区气候温和湿润、日照充足，多年平均气温 16.2℃，属亚热带季风气候；境内雨水充沛，水资源丰富，河网密集，多年平均降水量 1049.1mm，水资源总量达 155.1 亿 m^3。青浦区土地总面积约 670km^2，约占上海市总面积的 10%，辖区地势平坦，属长江三角洲冲积平原，土地肥沃，耕地面积占比大，农业生产集约化程度高，是上海市重要的粮食、蔬菜和水产品生产基地。近年来，随着高投入、高产出的集约化土地利用模式的推行，青浦区环境受到活性氮排放和农业非点源污染的风险日益增大。

4.1.2 数据来源

本章研究数据主要来源于：①政府统计数据及公报：《青浦区统计年鉴（2007—2014 年）》《上海市青浦区第二次农业普查资料汇编（2006 年）》《上海统计年鉴（2007—2014 年）》《第一次全国污染普查资料文集》《上海市水环境功能区划（2011 年修订版）》；②相关系数来源于已发表的文献、政府技术报告和 2012—2014 年农户调研数据；③2012 年青浦区 1∶50000 土地利用现状图。

4.2 农业土地利用系统分析

农业土地利用系统分析不是分析农业土地或土地利用，而是对整个农业土地利用系统进行分析[1]。农业土地利用系统的输入 – 输出特征由系统的边界和结构决定，边界和结构又决定了农业土地利用系统的功能。

系统及边界的界定：农业土地利用系统是由各种生产要素投入、土地利用过程和各种输出组成的，在农业生产活动过程中所形成的人与自然耦合的系统。本研究选取上海市青浦区作为研究区，农业土地利用系统主要指种植业，包括青浦区行政区内旱地、水田和园地。农业土地利用过程从生产要素投入、环境要素在农田的输入开始，经过田间管理至农产品收获为止。

4.2.1 农业土地利用概况

(1) 土地利用总体结构

青浦区 2012 年的土地利用结构如图 4-1 所示。按照一级分类标准，农用地占土地总面积的 61.79%；建设用地占土地总面积的 25.52%，未利用地占土地总面积的 12.69%。在已利用的土地中，耕地、居民点及独立工矿用地和其他农用地所占的比例最大，分别占土地总面积的 31.38%、22.63% 和 20.46%。水利设施用地所占的比例最小，仅为 0.07%，其次为园地，占比 1.31%。总体来看，青浦区的耕地面积占土地总面积的比例高于中国平均水平（12.80%），但根据 2012 年青浦区人口统计数据计算（常住人口为 1169800 人），人均耕地仅为 0.27 亩/人，远远低于联合国人均耕地警戒线 0.80 亩/人。人口的快速增长和耕地的减少将进一步加剧青浦区人地矛盾，耕地保护形势十分严峻。

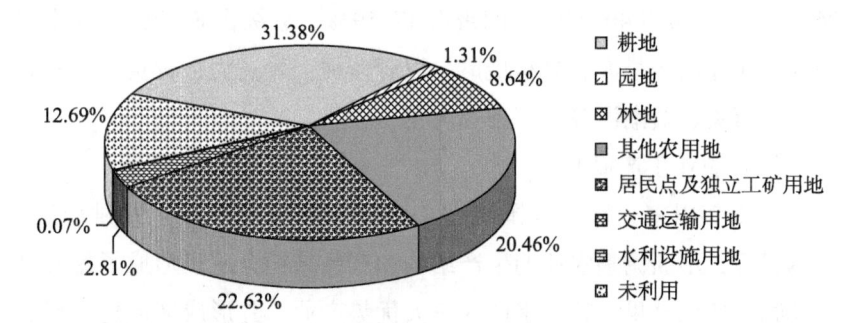

图 4-1 青浦区 2012 年土地利用结构示意图

青浦区土地利用空间布局为：建设用地主要位于青浦区中部和东部，是青浦区主要的商业、文化和经济中心；位于青浦区西部的金泽镇、练塘镇及朱家角镇河网密布，水系发达，是上海市重要的水资源保护区，土地利用类型主要以耕地、林地、水域和养殖水面为主，为典型的高集约化农区。

(2) 土壤及耕地地力概况

青浦区土壤类型主要是水稻土，占耕地总面积的 99.2%，少量潮土仅占耕地总面积的0.8%。水稻土的土属由青紫土、青紫泥、青黄土、青黄泥、黄潮泥、青泥土、黄泥头和青小粉土组成。土壤肥力情况：①耕层土壤的有机质平均含量为 30.22g/kg±5.20g/kg；②耕层土壤的全氮平均含量为 1.98g/kg±0.23g/kg；③耕层土壤的有效磷平均含量为 21.60g/kg±1.30g/kg；④土壤速效钾平均含量为 94.30mg/kg±18.00mg/kg，土壤缓效钾平均含量为 407.70mg/kg±36.50mg/kg；⑤土壤微量元素中有效硼较为贫乏，有效钼和锌含量部分不足，锰部分欠丰，铜铁含量丰富。

耕地地力是耕地生产力的综合反映，是对特定气候区域条件下，在自然和人为因素共同作用下而形成的，根据耕地的立地条件、剖面性状、理化性状、养分状况、土壤管理等因素综合调查与评定，按照其综合生产潜力高低划分出地力等级。按上海市耕地地力分级体系，根据《上海市青浦区耕地地力调查与质量评价》的结果[2]，青浦区耕地地力划分为五个等级：一级地力耕地面积占 7.87%、二级占 26.14%、三级占 40.27%、四级占 17.59%、五级占 8.12%；其中三级地力耕地面积最大、分布最广，以青紫泥、青黄泥、青黄土、青紫土、青紫头、黄潮泥等土壤种类为主。

（3）农业生产概况

2000年以来，青浦区围绕"农业增效、农民增收、农村稳定"基本目标，不断调整农业的生产结构和产品结构，逐步形成了特种经济作物、特色林果、特色水产的三大优势产业，并形成区域化布局和规模化经营，是上海市主要农产品的主产区和生产基地。青浦区粮食作物主要为水稻和小麦，典型轮作制度为水稻－小麦/绿肥种植，传统二麦面积大幅度减缩，特色经济作物和蔬菜种植发展迅速。截至2012年年底，青浦区耕地面积为21015.20hm^2，农作物总播种面积为38599hm^2，粮食播种面积为16144hm^2，粮食总产量为111318t，单位播种面积粮食产量6.90t/hm^2。青浦区常年蔬菜种植面积6367.0hm^2，2012年播种面积为17503hm^2，复种指数达到了2.75。蔬菜的空间分布大致为青浦西南低洼地区，主要种植以茭白为主的水生蔬菜，东部苏州河沿线各镇，常年种植叶菜和茄果类，是上海市最大的旱地蔬菜生产基地。青浦区林果业生产以生梨、葡萄、桃子、枇杷等为主要种植品种，各类果树种植面积达15838hm²，水果年总产量达15584t。青浦区水产养殖业发达，水产养殖主要分布于环淀山湖各镇，主要养殖鱼虾等特色水产品，2012年水产养殖面积为2820hm²，年产各类淡水鱼产品21665t，是上海市典型的"鱼米蔬菜瓜果之乡"。

（4）生产投入与经济产出分析

2006—2013年青浦区农业投入及经济产出的基本情况见表4-1。总体来看，青浦区农业总产值呈波动下降的态势，年际间平均绝对变化率达1.92%，年均值127494.80万元；种植业播种面积在36403.07~40896.70hm²之间波动，年际间平均绝对变化率为1.57%，年均值为39188.57hm²。在投入方面，农业机械投入呈现波动增长，化肥、农药和劳动力则处于缓慢波动下降的趋势。

表4-1　青浦区2006—2013年农业投入和产出表

年份	种植业总产值[①]/万元	种植业播种面积/hm²	劳动力[②]/人	化肥折纯量/t	机械总动力/kW	农药施用量/t
2006	133429.00	40896.70	29267	15968	74127	957
2007	131713.46	39253.33	23413	16862	67657	843
2008	132435.41	40116.27	18864	16834	67870	744
2009	124958.35	37281.93	20198	15453	70561	668
2010	125667.20	39306.87	31792	15432	69806	648
2011	129474.55	40595.53	23258	15273	76800	627
2012	126751.79	39654.87	20499	14494	80082	685
2013	115528.65	36403.07	18505	13202	80082	604
年均	127494.80	39188.57	23224	15440	73373	722

注：①种植业总产值为基于2006年不变价。
②劳动力=农业劳动力总数×种植业产值/农业总产值。

4.2.2　农业生产要素投入与农业增长的灰色关联度分析

以高投入-高产出为特征的集约化农业生产模式，其发展规模和程度直接影响着青浦区全面小康社会的实现，正确认识农业生产要素投入对农业部门经济增长的影响,解析投入要素对维持青浦农业发展的密切程度,其结果可为评估农业土地利用环境效应的指标选取提供参考。对于制定农业可持续发展政策,促进农业持续健康发展,具有重要的理论和实际意义。

(1) 灰色关联度分析模型

灰色关联度分析是一种定量化比较分析方法,通过对各因素之间时间序列的相对变化进行分析,研究和预测经济系统的动态过程[3],主要通过分析系统中母序列与子序列的关系密切程度来评判引起系统变化的主要因素与次要因素[4]。该方法在理论、数据量要求和研究重点等方面与数理统计中相关性分析有诸多不同,灰色关联度分析基于灰色系统的灰色过程,可进行因素间时间序列的比较,分析的数据量较少,且擅长对动态过程进行分析。因此,将灰色关联度分析应用于农业生产要素投入与农业增长的关系分析,可更准确分析时间序列的农业各生产要素与农业增产的密切程度。

设有 m 个时间序列

t	$x_1^{(t)}$	$x_2^{(t)}$	$\cdots$	$x_n^{(t)}$
1	$x_1^{(1)}$	$x_2^{(1)}$	$\cdots$	$x_n^{(1)}$
2	$x_1^{(2)}$	$x_2^{(2)}$	$\cdots$	$x_n^{(2)}$
$\vdots$	$\vdots$	$\vdots$		$\vdots$
n	$x_1^{(m)}$	$x_2^{(m)}$	$\cdots$	$x_n^{(m)}$

亦即

$$\{X_1^{(0)}(t)\},\{X_2^{(0)}(t)\},\cdots,\{X_m^{(0)}(t)\} \quad (t=1,2,\cdots,N) \tag{4-1}$$

式 (4-1) 中,N 为各序列的长度即数据个数,这 m 个序列代表 m 个因素(变量)。

另设定时间序列:

$$\{X_0^{(0)}(t)\} \quad (t=1,2,\cdots,N) \tag{4-2}$$

时间序列为母序列,上述 m 个时间序列为子序列。经数据变换的母数列记为 $\{X_0(t)\}$,子数列记为 $\{X_i(t)\}$,则在时刻 $t=k$ 时母序

列 $\{X_0(k)\}$ 与子序列 $\{X_i(k)\}$ 的关联系数 $L_{0i}(k)$ 为

$$L_{0i}(k) = \frac{\Delta_{\min} + \rho \Delta_{\max}}{\Delta_{0i}(k) + \rho \Delta_{\max}} \qquad (4-3)$$

式（4-3）中 $\Delta_{0i}(k)$ 表示 k 时刻两比较序列的绝对差，即 $\Delta_{0i}(k) = |x_0(k) - x_i(k)|(1 \leq i \leq m)$；$\Delta_{\max}$ 和 $\Delta_{\min}$ 表示所有比较序列各个时刻绝对差中的最大值与最小值，一般 $\Delta_{\min} = 0$；ρ 称为分辨系数，$\rho \in (0, 1)$，一般情况下可取 0.1~0.5。

关联系数反映两个被比较序列在某一时刻的紧密（靠近）程度。如在 $\Delta_{\min}$ 时刻，$L_{0i} = 1$，而在 $\Delta_{\max}$ 时刻则关联系数为最小值。因此，关联系数的范围为 $0 < L \leq 1$。

关联度分析本质上是对时间序列数据进行几何关系比较，若两序列在各个时刻点均重合，则关联系数为 1，两序列的关联度等于 1。此外，两比较序列在任何时刻不可垂直，关联系数均大于 0，故关联度也均大于 0。因此，两序列的关联度以两比较序列各个时刻的关联系数之平均值计算，即

$$r_{0i} = \frac{1}{N} \sum_{k=1}^{N} L_{0i}(k) \qquad (4-4)$$

根据 2006—2013 年青浦区集约农业投入和产出表，按照上述步骤得到各因素与农业总产值的综合关联度及其排序（见表 4-2）。

表 4-2 2006—2013 年青浦区农业总产值综合关联度

因素	种植面积/hm²	劳动力/人	化肥折纯量/t	机械总动力/kW	农药施用量/t
关联度	0.9937	0.6855	0.9282	0.8911	0.6566
排序	1	4	2	3	5

青浦区各农业投入因素对农业增长的关联作用各不相同，关联作用都比较明显（>0.60）。种植面积、化肥折纯量对农业增长的关联作用较大（>0.90），农业总产值与各投入因素的关联度大小依次为：种植面积>化肥折纯量>机械总动力>劳动力>农药施用量。

种植面积是影响青浦区农业生产的重要因素，其与农业生产的关联度最高，为 0.9937。土地是农业生产的基础，随着青浦区经济的快速发展，青浦区建设用地面积连年增加，耕地大量非农化，后备耕地

资源严重不足，人地矛盾日益凸显，耕地资源紧缺的现状已经成为制约青浦农业经济进一步发展的重要因素，严重影响了农业总产值的增长。因此，提高有限的土地利用效率已成为缓解青浦区耕地资源紧缺的重要途径。切实保护耕地，提高复种指数，稳定播种面积在一定合理范围内，提高农业土地利用率，确保农业生产稳定和粮食安全。

化肥折纯量对农业总产值的影响非常明显，其关联系数为 0.9282，说明青浦区农业总产值的增加是以化学化为特征的高集约化，以过量的化肥投入来代替日益增长的人力成本，维持农业总产值的增加。然而，化肥在维持青浦区农业生产的同时给环境带来了严重的挑战。机械化是农业总产值增长的另一个重要因素，其关联系数为 0.8911，青浦区农业机械化程度较高，农业机械发挥的作用越来越大。青浦区适度规模经营、家庭农场和农业机械互助合作社等农业土地利用管理和经营模式走在中国前列，也加速了农业机械化的普及。以化肥高投入及机械化的适度规模经营的集约农业土地利用模式，提高了农业生产效率，大量的农村剩余劳动力向二、三产业转移，使得劳动力投入数量对农业总产值的影响较小，劳动力推动农业经济增长的贡献率越来越低。农药对农业经济增长的影响不明显，其关联系数仅为 0.6566。青浦区自 2007 年以来，农药的使用严格按照青浦区农技站的统一测报，提高了农药使用效率，从而减少了农药用量。

综上所述，本研究采用灰色关联分析方法对青浦区农业投入要素和农业增长进行灰色关联度分析，研究发现，青浦区农业发展呈现如下特点：农业播种面积和化肥对农业生产的影响非常显著，关联度均大于 0.9。劳动力和农药投入量对农业生产的影响相对较小。耕地资源的紧缺已严重影响了青浦区农业产值的增长，提高有限的土地利用效率已成为缓解青浦区耕地资源紧缺的重要途径。青浦区通过化肥投入量的增加和农业机械化的普及，带动了青浦区农业总产值的增长，青浦区农业生产的资源投入成本在持续增高，农业土地利用呈现化肥高投入、高度机械化特征，是典型的高投入高产出和高环境风险的"三高"集约化农区。为构建投入减量与低环境风险的土地利用模式，探讨如何在保证农业经济发展的同时提高土地利用效率，减少资源浪费和降低环境污染,已成为当前青浦区农业土地利用最紧迫的任务。

4.3 集约农业土地利用系统的环境效应分析

系统分析和 MFA 方法可以量化土地利用过程中物质输入、输出,详细描述农业生产与环境之间的关系,以减少资源消耗和环境污染。本研究以农业土地利用系统中主要营养元素氮和磷为研究对象,基于物质流调控理论,结合氮足迹和灰水足迹分析方法,构建区域农业土地利用系统的环境效应分析框架。

4.3.1 研究方法

(1) 农业土地利用系统氮足迹的计算方法

农业土地利用系统氮足迹是指人类在进行农业生产的土地利用过程中投入各种资源所直接占用和排放的活性氮总量。为全面评价农业土地利用过程中氮素的流动特征,本书在 N – Calculator 模型的基础上,对其进行修正。构建区域农业土地利用系统氮足迹分析框架(见表 4 – 3)。所涉及的计算包括:农业土地利用系统氮足迹、输入氮足迹(种子、肥料、沉降、固氮和灌溉);污染氮足迹,指在农业土地利用过程中所导致的不被作物吸收的活化氮排放,包含地表径流(总氮)、淋溶(总氮)、氨挥发、N_2O 直接排放及农业燃油 NO 和 NO_2 排放途径损失的活性氮。依据物质守恒原理及数据收集的难易程度,以输入氮足迹和燃油氮足迹之和作为农业土地利用系统氮足迹。

(2) 农业土地利用系统灰水足迹的计算方法

类比粮食生产灰水足迹的概念[5],农业土地利用系统灰水足迹是指以现有水质标准为基础,以用于消纳、稀释农业土地利用过程排放到环境中的污染物所需淡水量[6]。以稀释关键污染物所需的最大淡水量作为农业土地利用系统灰水足迹,这种稀释污染物的淡水量并非真实消耗掉了,只是一种虚拟水的形式。以国际水足迹网络出版的 *Grey water footprint accounting*:*Tier 1 supporting guidelines* 为依据[7],计算氮肥灰水足迹和磷肥灰水足迹(见表 4 – 3)。

表4-3 农业土地利用系统氮足迹与灰水足迹评价指标

评价项目	评价指标	计算公式
氮足迹	输入氮足迹	输入氮足迹 = 人为氮输入 + 环境氮足迹
		人为氮输入 = 种子氮 + 肥料氮
		环境氮输入 = 氮干湿沉降 + 生物固氮 + 灌溉氮
	污染氮足迹	污染氮足迹 = 地表径流氮 + 地下淋溶氮 + 氨挥发 + N_2O 直接排放 + 燃油氮排放
灰水足迹	氮肥灰水足迹	氮肥灰水足迹 = 农田氮流失量/(水环境最大容许氮浓度 - 水环境本底氮浓度)
		氮肥灰水足迹 = 农田氮流失率×氮肥施用量/(水环境最大容许氮浓度 - 水环境本底氮浓度)
	磷肥灰水足迹	磷肥灰水足迹 = 农田磷流失量/(水环境最大容许磷浓度 - 水环境本底磷浓度)
		磷肥灰水足迹 = 农田磷流失率×磷肥施用量/(水环境最大容许磷浓度 - 水环境本底磷浓度)
	农业土地利用系统氮足迹	农业土地利用系统氮足迹 = 输入氮足迹 + 燃油氮足迹
	农业土地利用系统灰水足迹	农业土地利用系统灰水足迹 = max [氮肥灰水足迹, 磷肥灰水足迹]

注：水环境本底氮和磷浓度常假设为0，青浦区金泽镇、朱家角镇和练塘镇水环境最大容许磷浓度和最大容许氮浓度分别为0.1mg/L、0.5mg/L；其他各乡镇（街道）分别为0.2mg/L、1.0mg/L。

以中国《地表水环境质量标准》（GB 3838—2002）为标准，依据《上海市水环境功能区划（2011年修订版）》的规定，位于青浦区西部的金泽镇、练塘镇和朱家角镇执行Ⅱ类水质标准，其余乡镇（街道）执行Ⅲ类水质标准，以Ⅱ类和Ⅲ类水质标准中TN、TP浓度限值作为氮、磷污染物在水体中的环境浓度标准，分别计算氮肥灰水足迹和磷肥灰水足迹。

4.3.2 参数及数据来源

参数取值及数据来源见表4-4。

表4-4 参数取值及数据来源

项目	计算公式	参数及其含义	取值	依据
氮肥总折纯量 (F_N)	$F_N = F_{total} \times C_1 + F_{total} \times C_2 \times f_N$	F_{total}：化肥总纯量（t）；C_1：氮肥占比（%）；C_2：复合肥占比（%）；f_N：复合肥含氮量（%）	$C_1=59.12\%$，$C_2=22.5\%$	F_{total}：《上海市青浦区统计年鉴》（2007—2014年）和《上海统计年鉴》；C_1、C_2、C_3、C_4 见参考文献[8]
磷肥总折纯量 (F_P)	$F_P = (F_{total} \times C_3 + F_{total} \times C_2 \times f_P) \times C_4$	C_3：磷肥占比（%）；f_P：复合肥中 P_2O_5 含量（%）；C_4：P_2O_5 折算成 P 的系数	$C_3=12.64\%$，$f_P=26.96\%$，$C_4=0.4366$	
各类作物肥料分配（F_{Nk}、F_{Pk}）	$F_{Nk} = F_N \times S_k \times f_{Nk} / \sum S_k f_{Nk}$ $F_{Pk} = F_P \times S_k \times f_{Pk} / \sum S_k f_{Pk}$	F_{Nk}：各作物施氮量；S_k：各作物种植面积的比值（$k=1$，2，3，4，5，6；1为水稻，2为小麦，3为水生蔬菜，4为旱地蔬菜，5为水果，6为其他）；F_{Pk}：各作物施磷量（t）；f_{Pk}：各作物施磷量之比	S_k、f_{Nk}、f_{Pk} 取值于对应乡镇的当年数据	S_k：《上海市青浦区统计年鉴》（2007—2014年）；f_{Nk}、f_{Pk}：青浦区农业技术推广站农户定点投肥调查数据与农户王兴仁等人编著的肥料分配方法参照《中国农化服务肥料与施肥手册》[9]

续表

项目	计算公式	参数及其含义	取值	依据
地表径流氮流失 (N_{runoff})	$N_{runoff} = \sum F_{Nk} \alpha_{Nk}$	N_{runoff}: TN 流失总量（t）; α_{Nk}: 各类作物的农田氮肥径流流失系数（%）	$\alpha_{N1} = 0.875$, $\alpha_{N2} = 1.052$, $\alpha_{N3} = 1.441$, $\alpha_{N4} = 1.464$, $\alpha_{N5} = 0.855$, $\alpha_{N6} = 0.959$	α_{Nk}、β_{Nk}: 第一次全国污染源普查——农业污染源肥料流失系数手册[10]
地下淋溶氮流失 (N_{leach})	$N_{leach} = \sum F_{Nk} \beta_{Nk}$	N_{leach}: TN 淋溶流失总量（t）; β_{Nk}: 各类作物的农田氮肥淋溶流失系数（%）	$\beta_{N2} = 0.562$, $\beta_{N4} = 2.329$, $\beta_{N5} = 0.987$, $\beta_{N6} = 3.29$	
氨挥发损失 ($N_{volatilization}$)	$N_{volatilization} = \sum F_{Nk} \lambda_{Nk}$	$N_{volatilization}$: 氨挥发氮损失总量（t）; λ_{Nk}: 各类作物的农田氨肥氨挥发系数（%）	$\lambda_{N1} = 12$, $\lambda_{N2} = 3$, $\lambda_{N3} = 25$, $\lambda_{N4} = 25$, $\lambda_{N5} = 11.7$, $\lambda_{N6} = 7$	λ_{Nk}: 见参考文献 [11, 12]
N_2O 直接排放 (N_{N_2O})	$N_{N_2O} = \sum F_{Nk} \delta_{Nk}$	N_{N_2O}: N_2O 直接排放损失总量（t）; δ_{Nk}: 各类作物的农田 N_2O 直接排放系数（%）	$\delta_{N1} = 0.003$, $\delta_{N2} = 0.003$, $\delta_{N3} = 0.003$, $\delta_{N4} = 0.0075$, $\delta_{N5} = 0.0075$, $\delta_{N6} = 0.0074$	δ_{Nk}: 参考 2005 中国温室气体清单研究[13]
农用燃油氮排放 (N_{fuel})	$N_{fuel} = Q \times \varepsilon$	N_{fuel}: 农用燃油氮排放总量（t）; Q: 农用燃油使用量（t）; ε: 燃油氮排放系数（%）	$\varepsilon = 3.1$	Q:《上海市青浦区统计年鉴》(2007~2014 年), 青浦区农业委员会、青浦区农业技术推广站; ε: 见参考文献 [14]

续表

项目	计算公式	参数及其含义	取值	依据
地表径流磷流失（P_{runoff}）	$P_{runoff} = \sum F_{Pk}\alpha_{Pk}$	P_{runoff}：TP 流失总量（t）；α_{Pk}：各类作物的农田磷肥径流失系数（%）	$\alpha_{P1}=0.182$，$\alpha_{P2}=0.41$，$\alpha_{P3}=0.256$，$\alpha_{P4}=0.873$，$\alpha_{P5}=0.514$，$\alpha_{P6}=0.867$	α_{Pk}、β_{Pk}：第一次全国污染源普查——农业污染源肥料流失系数手册[10]
地下淋溶磷流失（P_{leach}）	$P_{leach} = \sum F_{Pk}\beta_{Pk}$	P_{leach}：TP 淋溶流失总量（t）；β_{Pk}：各类作物的农田磷肥淋溶流失系数（%）	$\beta_{P2}=0.3$，$\beta_{P4}=0.198$，$\beta_{P5}=0.278$，$\beta_{P6}=0.014$	
氮肥灰水足迹（GWF_{TN}）	$GWF_{TN} = (N_{runoff}+N_{leach})/(C_{TNmax}-C_{TNnat})$	GWF_{TN}：氮肥灰水足迹；C_{TNmax}：水体中允许 TN 的最大浓度（mg/l）；C_{TNnat}：水体中 TN 的本底浓度（mg/l）	$C_{TNmax}=0.5$（Ⅱ级）或者 $C_{TNmax}=1.5$（Ⅳ级）；$C_{TNnat}=0$	各乡镇水体中 TN 和 TP 允许最大浓度：《地表水环境质量标准》（GB 3838—2002），《上海市水环境功能区划（2011 年修订版）》，参考文献[15]
磷肥灰水足迹（GWF_{TP}）	$GWF_{TP} = (P_{runoff}+P_{leach})/(C_{TPmax}-C_{TPnat})$	GWF_{TP}：磷肥灰水足迹；P_{leach}：TP 淋溶损失总量；C_{TPmax}：水体中允许 TP 的最大浓度（mg/l）；C_{TPnat}：水体中 TP 的本底浓度（mg/l）	$C_{TPmax}=0.1$（Ⅱ级）或者 $C_{TPmax}=1.5$（Ⅳ级）；$C_{TPnat}=0$	

4.3.3 结果分析

(1) 氮足迹的空间分析

农业土地利用系统是人类生存最为重要的陆表生态系统之一,对陆地氮素的初级转化起重要的作用。青浦区农业土地利用所产生的氮足迹反映了农业土地利用过程中各种资源所直接占用或排放的活性氮总量。2006—2013 年青浦区各乡镇(街道)农业土地利用系统氮足迹为 211.11~3127.08t/a,年均最大值和最小值的乡镇(街道)分别为白鹤镇(3127.08t/a)和徐泾镇(211.11t/a)。各乡镇(街道)农业土地利用系统氮足迹跨度较大,总体呈现青西区域高于其他区域,金泽镇、朱家角镇和练塘镇农业土地利用系统氮足迹分别高于青浦区平均水平(1240.93t)45.70%、56.63%、137.10%。青浦其他区域农业土地利用系统氮足迹呈两极分化的态势,位于青浦北部的白鹤镇农业土地利用系统氮足迹远高于区域平均值 151.99%,然而位于青浦东部和中部的徐泾镇、盈浦街道、夏阳街道农业土地利用系统氮足迹却在 300t/a 以下。

农业土地利用系统污染氮足迹反映了农业土地利用活性氮的输出总量,其空间分布与农业土地利用系统氮足迹的空间分布相似,整体呈"西高东低"的态势。2006—2013 年年均最大值和最小值的乡镇(街道)分别为白鹤镇(898.47t/a)和盈浦街道(38.72t/a),青西三镇农业土地利用系统污染氮足迹均在 300t/a 以上。青浦区各乡镇(街道)污染氮足迹均以气体型流失为主,氨挥发是污染氮足迹最主要的排放途径,其次为径流和淋溶途径。

(2) 氮足迹的年际变化

2006—2013 年青浦区农业土地利用系统氮足迹为 12765.91~15621.25t,平均值为 13650.28t(见表 4-5)。总体来看,青浦区农业土地利用系统氮足迹呈现波动下降的趋势,自 2007 年的最高值 15621.25t 下降至 2013 年的 12765.91t,减少 18.28%。2006 年以来,青浦区农业土地利用出现了大规模的流转,集约化规模经营方式有利于农业规划的有效"落地",同时有利于农技部门进行农业技术推广,

表4-5 青浦区2006—2013年农业土地利用系统氮足迹的年际变化

(单位：t)

年份	人为氮足迹 种子	人为氮足迹 肥料	环境与土地利用过程氮足迹 沉降	环境与土地利用过程氮足迹 固氮	环境与土地利用过程氮足迹 灌溉	污染氮足迹 燃油排放	污染氮足迹 径流和淋溶	污染氮足迹 氨挥发	污染氮足迹 氧化亚氮直接排放	农业土地利用系统氮足迹	单位土地利用氮足迹 /(t/hm²)	农副产品输出
2006	33.87	11012.50	455.74	1011.75	480.46	58.26	1329.95	1719.45	59.96	13052.57	0.45	5098.09
2007	35.65	13584.36	465.93	999.95	489.48	45.88	1299.63	2086.83	73.33	15621.25	0.54	4971.35
2008	39.76	12198.74	463.31	1003.46	495.30	82.88	1284.34	1878.74	68.78	14283.45	0.50	5342.87
2009	42.02	11194.03	499.07	952.97	511.27	62.31	1126.49	1553.67	63.12	13261.68	0.54	5166.35
2010	38.36	11077.96	518.29	1142.86	522.41	53.95	1149.91	1679.98	60.72	13353.82	0.54	4867.13
2011	45.53	11380.93	549.09	999.12	539.96	61.29	1255.58	1652.05	65.89	13575.92	0.55	5052.69
2012	40.92	11241.40	521.05	931.39	494.52	58.35	1274.22	1673.81	64.91	13287.63	0.53	4823.35
2013	35.91	10607.57	682.08	845.63	539.54	55.18	1181.42	1596.98	61.62	12765.91	0.50	4332.69
年均	39.00	11537.19	519.32	985.89	509.12	59.76	1237.69	1730.19	64.79	13650.28	0.52	4956.82

有效降低了化肥尤其是氮肥的使用，导致了氮足迹的逐年下降。在这一时期，单位土地利用氮足迹为 0.45~0.55t/hm²，平均值为 0.52t/hm²。总体上，以 2011 年为转折点，单位土地利用氮足迹整体呈先波动上升后下降的趋势。2006—2013 年，白鹤镇、金泽镇、重固镇、夏阳街道农业土地利用系统氮足迹总体下降，占青浦乡镇总数的 36.36%。其他街道均呈总体上升。结构上，氮足迹以人为氮输入为主，2006—2013 年其所占比重年均值为 84.74%。环境氮足迹比重年均值为 14.82%，能源氮排放所占比重最小，年均值在 0.5% 以下。

2006—2013 年，青浦区农业土地利用系统输入氮足迹整体变化趋势与土地利用系统氮足迹趋势基本相同，总量从 2007 年最高值的 15575.37t 降至 12710.73t，主要归功于化肥量的缩减。整个时期不同的输入方式对氮足迹输入总量的贡献呈非线性的变化。种子、灌溉、生物固氮保持稳定，三者的氮输入量在 1421.08~1703.63t 范围内变动。自然沉降呈逐年上升的趋势，所引起的氮输入由 2006 年的 455.74t 逐步上升至 2013 年的 682.08t。然而，通过化肥所引起的氮输入由 2006 年的 11012.5t 下降至 2013 年的 10607.57t。化肥已成为青浦区农业土地利用系统最主要的氮输入源。研究表明，2006—2013 年，青浦区农业生产对化肥的高依赖性，改变了农业土地利用系统氮的输入模式，肥料氮输入已经主导了青浦区农业土地利用系统输入氮足迹。

单位土地利用输入氮足迹反映了农业土地利用单位耕地面积氮的输入强度。2006—2013 年，青浦区单位土地利用输入氮足迹整体波动相对不大，处于 0.45~0.55t/hm² 之间，年均 0.52t/hm²。其间，单位土地利用化肥氮足迹达到 0.438t/hm²，超出国际公认的化肥施用量安全上限 0.225t/hm² 的 94.67%，高强度的化肥投入增加了活性氮的损失风险。

随着系统内氮素的大量输入，农业土地利用系统氮的利用率并未随着输入的增长而增长。这意味着，农业土地利用过程中大量的氮损失或累积在农田土壤中。在高投入条件下，过量的活性氮进入环境，成为区域空气质量、气候变化和非点源污染的主要贡献者之一。2006—2013年青浦区农业土地利用系统污染氮足迹在2805.59~3505.68t之间波动，年均值为3092.44t，占到了农业土地利用系统氮足迹的22.65%。单位土地利用污染氮足迹反映了单位土地利用面积活性氮的排放强度，2006—2013年青浦区单位土地利用污染氮足迹在0.11~0.12t/hm²之间波动，年均值为0.117t/hm²。

青浦区各乡镇（街道）污染氮足迹均以气体型流失为主。氨挥发是污染氮足迹最主要的排放途径。氨是导致酸雨的主要污染物质之一，进一步还会导致水体富营养化的发生；同时氨也是PM2.5形成的重要推手，氨能够与大气中的二氧化硫、氮氧化物的氧化产物反应，生成硝酸铵、硫酸铵等二次颗粒物，而这些二次颗粒物正是PM2.5的重要来源[16]。2006—2013年，氨挥发损失的氮占污染氮足迹的比重平均值为55.95%。

随淋溶和径流损失的氮是引起农田周边水质恶化的主要途径，青浦区农业生产对氮肥较高的依赖性，导致了各乡镇（街道）随淋溶和地表径流排放的氮总量仅次于氨挥发排放。2006—2013年，年均排向水体的活性氮总量在1126.49~1329.95t之间波动，年均值为1237.69t。氧化亚氮直接排放与燃油释放的氮相对较小，年均总量占污染氮足迹比重的3%以下。然而，N_2O是温室气体之一，其增温潜势是CO_2的310倍[16]，2006—2013年青浦区农田N_2O直接排放年均值为64.79t，相当于向大气释放20085.03t的CO_2。研究表明，农业土地利用系统已成为大气污染和非点源污染的主要贡献者之一。

综上所述，青浦区以高氮肥投入为特征的农业土地利用模式，严重影响了农业土地利用系统的可持续发展。优化土地利用结构、科学适量的氮肥投入模式和增加技术投入，提高氮素利用效率应成为青浦区农业土地利用系统优化与调整的重点方向之一。

（3）灰水足迹的空间分析

灰水足迹作为农业生产对水资源影响的关键指标，其数值越大反映了农业生产对稀释水的需求量越高。青浦区各乡镇（街道）农业土地利用系统灰水足迹为0.11亿~3.98亿m³，2006—2013年年均最大值和最小值的乡镇（街道）分别为朱家角镇（3.98亿m³）和盈浦街道（0.11亿m³）。各乡镇（街道）农业土地利用系统灰水足迹跨度较大，除白鹤镇外，整体呈现青西地区高于青东地区的空间分异格局。盈浦街道、赵巷镇因农业土地利用面积较小，农业土地利用系统灰水足迹在0.2亿m³以下。根据"短板原理"，灰水足迹由关键污染物的稀释水量决定，2006—2013年，青浦区各乡镇（街道）氮肥灰水足迹均高于磷肥灰水足迹，农业土地利用系统灰水足迹取氮肥灰水足迹计算值。青浦区各乡镇（街道）磷肥灰水足迹为0.033亿~2.047亿m³，2006—2013年年均最大值和最小值的乡镇（街道）分别为朱家角镇（2.047亿m³）和盈浦街道（0.033亿m³）。磷肥灰水足迹的空间分布与农业土地利用系统灰水足迹的空间分布特征类似，除白鹤镇外，整体呈现青西地区高于青东地区的空间分异格局。研究表明，活性氮流失的增长造成的稀释水量增加是农业土地利用系统灰水足迹增长的关键因素，由于磷素不易淋失的特点，磷肥灰水足迹明显小于氮肥灰水足迹。

（4）灰水足迹的历史序列分析

2006—2013年青浦区农业土地利用系统灰水足迹为13.40亿~15.28亿m³，平均值为14.50亿m³。总的来看，青浦区农业土地利用系统灰水足迹经历了先下降后回升的过程（见图4-2）。磷肥灰水足迹相对比较稳定，在5.75亿~6.98亿m³之间波动，年均值为6.53亿m³。单位土地利用灰水足迹反映了单位农田面积对稀释水的需求程度，2006—2013年青浦区单位土地利用灰水足迹呈现波动上升的趋势，从2006年的5.17万m³/hm²上升至6.09万m³/hm²，年均5.52万m³/hm²。2010年单位土地利用灰水足迹是湖南省桃江县单位农业土地利用系统灰水足迹的2.30倍，农业生产的水环境代价正在增强。

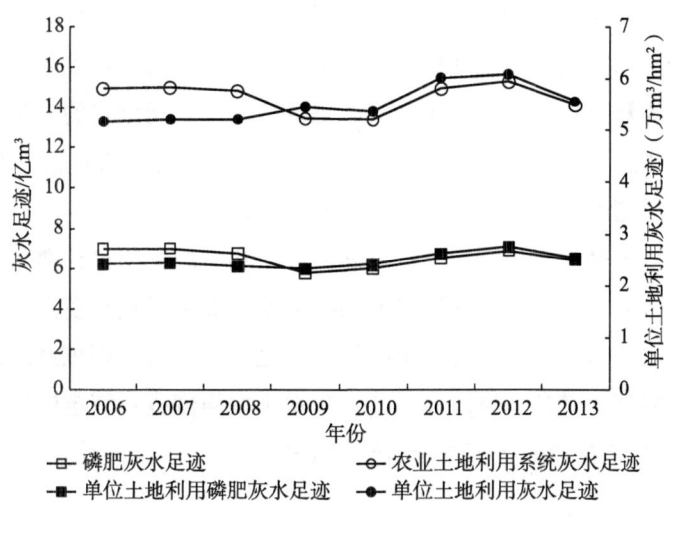

图 4-2　青浦区农业土地利用系统灰水足迹的年际变化

（5）青浦区农业土地利用系统灰水足迹的环境效应评价

在上述分析的基础上，应用水环境压力（Water Environmental Pressure，WEP）指标[6]，分析县域尺度多年平均径流量情景下农业土地利用系统灰水足迹的水环境压力。2006—2013 年青浦区水环境受农业生产的影响较大，全区农业土地利用的年均 WEP 为 5.74；农业土地利用产生对稀释水的需求已经远远超出了青浦区天然地表径流量。同时需要指出的是，青浦区水资源存在"既多又少"的矛盾现象。青浦区多年平均补给地表水资源总量由三部分组成，其中本地径流为 2.53 亿 m^3，占 1.63%，上游太湖流域来水占 45.45%，潮水占 52.92%，其总量达到了 155.1 亿 m^3，丰富的水资源保障了社会经济用水需求。然而如果考虑环境用水，特别是农业生产的环境用水，水资源则严重短缺，农业生产导致的水质恶化引起生态用水的增大，这是上海青浦区水资源出现水质性缺水的重要原因之一。

（6）氮生产力、氮排放强度、环境氮循环率与灰水排放强度分析

为进一步分析氮输入和输出的因子与农业经济发展的关系，评估氮在农业生态经济系统中的流动特征，进而对氮流动方向及流量进行调控，减少资源消耗和废物排放，在氮足迹和灰水足迹分析的基础

上，借鉴物质流分析的相关方法，引入氮生产力、氮排放强度、环境氮循环率和灰水排放强度概念。氮生产力指特定时空尺度下农业总产值与人为氮足迹的比值，用来测度每单位氮投入所创造的单位经济价值。氮排放强度指在特定时空尺度下污染氮足迹与农业总产值的比值，用来测度每单位产值下氮的污染排放强度。

环境氮循环率指特定时空尺度内环境和土地利用过程氮足迹与污染氮足迹之比，用来表征环境氮的循环率，如果通过环境和土地利用过程输入的氮总量与环境输出的氮总量之比为1时，则该系统的生态稳定性越高，其环境风险亦越低。灰水排放强度指在特定时空尺度下灰水足迹与农业总产值的比值，用来测度每单位产值下灰水排放强度。

根据本章研究的尺度和边界，本章的农业仅指种植业，相应的农业总产值为种植业总产值，且历年种植业产值以2006年不变价格计算。基于上述定义，得到氮生产力、氮排放强度、环境氮循环率和灰水排放强度的2006—2013年年均值的青浦区各乡镇（街道）空间分布和2006—2013年青浦区各指标的年际变化（见表4-6）。氮生产力、氮排放强度、环境氮循环率及灰水排放强度呈现显著的空间分异特征，氮生产力相对较高的乡镇（街道）主要分布于青浦区东部的徐泾镇、重固镇、华新镇及青西地区的朱家角镇，其中徐泾镇氮生产力最高，2006—2013年年均值达20.77万元/t，其环境氮循环率也相对较高，2006—2013年年均值为1.01，同时氮排放强度和灰水排放强度相对较低，显示了其良好的农业土地利用的生态稳定性和土地利用的可持续性。氮排放强度最高的乡镇（街道）为香花桥街道，达0.036t/万元。由于执行了不同的水环境保护标准，金泽镇、练塘镇和朱家角镇灰水排放强度高于其他乡镇，尤其是金泽镇高达1.83t/万元。

从表4-6可以看出，氮生产力、氮排放强度、环境氮循环率及灰水排放强度，无明显上升或下降趋势，总体呈波动变化的态势。2006—2013年青浦区氮生产力为9.67~11.64万元/t，年均值为10.93万元/t；环境循环率较高，在0.56~0.74之间波动，年均值为0.66，这意味着仍有34%的人为氮输入通过各种途径进入周边环境，给水体、大气带来潜在威胁。氮排放强度与灰水排放强度的年际变化相对稳定，年均值分别为 0.025t/万元、1.151t/万元。

表 4-6 青浦区 2006—2013 年氮生产力、氮排放强度、环境氮循环率及灰水排放强度的年际变化

年份	氮生产力/（万元/t）	氮排放强度/（t/万元）	环境氮循环率	灰水排放强度/（t/万元）
2006	11.64	0.02	0.61	1.16
2007	9.67	0.03	0.56	1.14
2008	10.76	0.03	0.59	1.13
2009	11.12	0.02	0.70	1.08
2010	11.30	0.02	0.74	1.07
2011	10.81	0.02	0.69	1.21
2012	11.23	0.02	0.63	1.21
2013	10.85	0.03	0.71	1.22

综上所述，通过足迹类指标的耦合，评价农业土地利用系统的环境效应。研究结果表明，在土地利用系统分析的基础上，依据氮足迹和灰水足迹理论的双重足迹分析方法可以定量分析农业土地利用对活性氮排放和非点源污染的影响，是农业土地利用系统中关键元素测算和关键环境问题评估的综合指标。将氮足迹、灰水足迹理论应用于农业土地利用系统环境效应评价，能够准确量化农业土地利用过程对环境的多重负面影响，进而为调整农业土地利用方式，降低农业土地利用的负面效应等方面提供重要的理论支撑和决策依据。

农业土地利用系统的养分迁移与转化是一个极为复杂的生物、物理和化学过程，受时间、土壤、坡度、天气、作物等诸多因素的影响。本书对氮足迹和灰水足迹的计算均未考虑以上因素带来的影响，在具备详细基础数据的地区可选择合适的模型对氮足迹与灰水足迹进行更深层次的计算和评价。此外，基于本书研究目标，修正后的 N-calculator 模型未予考虑农业土地利用隐含氮足迹的计算与分析。

区域农业土地利用系统氮足迹与灰水足迹及其环境效应受诸多因素的影响，如土地利用方式、农户投入行为、生产管理模式、环境因

子背景、环境变化等。既有人类活动的因素，也有自然环境的因素；既有点上的问题，也有面上的问题。减少氮足迹和灰水足迹及其环境的负面效应从土地利用系统的角度出发，构建氮足迹与灰水足迹调控的理论、技术与政策体系，通过多尺度、一系列的途径和措施来实现。

1）建立资源高效化、投入减量化的农田管理与氮肥施用技术体系。在高集约化农区和农业非点源污染高环境风险区，积极发展低氮农业，采用多种措施降低灰水排放强度。通过增加技术投入，大力推广测土配方施肥技术，优化和平衡施肥，研制和推广新型肥料等途径提高肥料利用率；实施肥料投入总量控制，修正不合理的土地利用行为和生产管理方式，降低肥料流失率，从源头上减少氮足迹和灰水足迹。

2）构建基于氮足迹和灰水足迹低环境风险的农业土地利用系统设计体系。根据农业土地利用系统中氮足迹与灰水足迹的时空分布规律，科学合理地规划农业土地利用的时空布局，优化土地利用结构，促进肥料的循环利用。此外，从生态工程设计的角度，设置生态缓冲带与隔离沟等措施，有效降低氮足迹与灰水足迹对环境的负面影响。

4.4 集约农业土地利用效率评估

综合评价高集约化农业土地利用效率、准确定位农业发展水平，是实现资源优化配置，构建可持续农业土地利用模式的重要前提。由前文分析可知，青浦区已普遍实行了高集约化的农业土地利用模式，生产资料的过度投入，大量未被有效利用的养分流失到环境中，导致农业土地利用系统的物质平衡被破坏和由此引发的环境风险日益增大。科学评判农业生产水平，探讨集约农业土地利用效率和环境效率，可为物质减量化及环境风险降低潜势评估提供依据。因此，本节首先在输入-输出特征和灰色关联度分析的基础上，采用经典数据包络（DEA）分析方法进行青浦区农业土地利用效率分析，然后结合氮足迹和灰水足迹指标，采用非期望产出的SBM窗式分析方法进行集约农业土地利用环境效率评估。

4.4.1 研究方法

有关土地利用效率分析的方法，从早期的定性描述，到协调度模型、回归分析法和 DEA 等定量分析方法。DEA 分析方法可以针对多项投入和产出指标，具有不需要假设具体的生产函数形式等优点，已在复杂系统分析、决策分析、评价技术等领域大量应用。

（1）窗口 CCR 模型和窗口 BCC 模型

根据 DEA 的评价原理和研究目的，本研究首先运用 DEA 方法中对面板数据的效率分析方法——窗式分析（Windows Analysis），将青浦区各乡镇（街道）农业土地利用系统 2006—2013 年的各投入产出的面板数据代入窗口 CCR 模型和窗口 BCC 模型，以评价不同决策单元（Decision Making Unit，DMU）的相对生产效率。

（2）变异系数

变异系数表示 DMU 的农业土地利用效率的变动差异程度，其计算公式为

$$V = \frac{1}{X}\sqrt{\frac{\sum_{i=1}^{k}(X_i - X)^2}{k}} \qquad (4-5)$$

式中，V 为变异系数；X_i 为青浦区各乡镇（街道）（DMU）农业土地利用效率值；X 为各乡镇（街道）2006—2013 年年均效率值；k 为样本数。

4.4.2 指标选取

在前文分析的基础上，综合相关文献的研究成果[17-19]选取影响农业生产的关键投入和产出指标，农业产值按照 2006 年不变价列入计算；非期望产出选取污染氮足迹和灰水足迹。具体农业土地利用环境效率指标体系见表 4-7。

表 4-7 青浦区农业土地利用环境效率评价指标体系

指标	变量	参数取值	单位
投入	耕地	种植业播种面积	hm^2
	劳动力	农林牧渔从业人员×种植业产值占农林牧渔总产值比重	人
	化肥	农用化肥施用量（折纯量）	t
	农机	农业机械总动力	kW
期望产出	农业产值	种植业产值	万元
非期望产出	非点源污染	灰水足迹	万 m^3
	农业土地利用活性氮排放	污染氮足迹	t

4.4.3 基于经典 DEA 的窗式分析

为评估农业土地利用系统的经济产出效率，首先采用 DEA 经验的 CCR 模型和 BCC 模型进行青浦区农业土地利用效率分析。

（1）空间分析

选择投入主导型窗口 CCR 模型对所选择的数据进行计算，得到青浦区 11 个乡镇（街道）2006—2013 年的农业土地利用综合效率（见表 4-8）。结合 BCC 模型，将综合效率进一步分解为纯技术效率（见表 4-9）和规模效率（见表 4-10）。

表 4-8 2006—2013 年青浦区各乡镇（街道）农业土地利用综合效率

年份	白鹤	重固	华新	金泽	练塘	香花桥	夏阳	徐泾	盈浦	赵巷	朱家角
2006	1.0000	1.0000	1.0000	0.6052	0.6905	0.3550	0.8629	1.0000	0.4686	0.7212	0.6359
2007	0.9376	0.9660	0.8649	0.6715	0.7794	0.4083	0.8631	0.7148	0.7023	0.8209	0.7875
2008	1.0000	0.8973	0.9914	0.7265	0.6707	0.5683	0.9570	0.8617	0.4771	0.7074	0.9562
2009	1.0000	0.8499	1.0000	0.7601	0.6620	0.5000	0.7649	0.6707	0.4266	0.6488	0.9157
2010	0.8760	0.8201	0.8913	0.7020	0.6213	0.4290	0.9609	0.6713	0.4780	0.5958	0.8884
2011	0.8282	0.7067	1.0000	0.8941	0.5920	0.3308	0.6175	0.7227	0.3639	0.6334	0.8562
2012	0.8747	0.7819	1.0000	0.8662	0.6609	0.5334	0.5427	0.6443	1.0000	0.7738	0.7315
2013	0.9310	0.6651	0.8261	0.8390	0.6959	0.6268	0.6015	0.6438	1.0000	0.6639	0.6884
平均	0.9309	0.8359	0.9467	0.7581	0.6716	0.4690	0.7713	0.7412	0.6146	0.6956	0.8075

表4-9 2006—2013年青浦区各乡镇（街道）农业土地利用纯技术效率

年份	白鹤	重固	华新	金泽	练塘	香花桥	夏阳	徐泾	盈浦	赵巷	朱家角
2006	1.0000	1.0000	1.0000	0.6132	0.7167	0.4360	0.9419	1.0000	1.0000	0.8807	0.7060
2007	0.9643	0.9941	0.8714	0.6766	0.8155	0.4330	0.9780	1.0000	0.9836	0.9760	0.9042
2008	1.0000	0.9448	0.9983	0.7643	0.7407	0.6074	1.0000	0.9147	0.8177	0.8729	1.0000
2009	1.0000	0.8998	1.0000	0.7870	0.6839	0.5580	0.8602	0.7847	0.7864	0.8184	0.9895
2010	0.8780	0.8815	0.9012	0.7113	0.6451	0.4340	0.9991	0.8182	0.8224	0.7411	0.9427
2011	0.8342	0.7825	1.0000	0.9540	0.6303	0.3431	0.7164	0.8855	0.8466	0.7380	0.9204
2012	0.8749	0.8267	1.0000	1.0000	0.7648	0.5368	0.6076	0.9131	1.0000	0.8572	0.8927
2013	0.9445	0.7637	0.8623	0.9856	0.7571	0.6390	0.6450	0.9952	1.0000	0.8012	0.7572
平均	0.9370	0.8867	0.9542	0.8115	0.7193	0.4984	0.8435	0.9139	0.9071	0.8357	0.8891

表4-10 2006—2013年青浦区各乡镇（街道）农业土地利用规模效率

年份	白鹤	重固	华新	金泽	练塘	香花桥	夏阳	徐泾	盈浦	赵巷	朱家角
2006	1.0000	1.0000	1.0000	0.9869	0.9634	0.8143	0.9161	1.0000	0.4686	0.8188	0.9007
2007	0.9722	0.9717	0.9926	0.9926	0.9558	0.9430	0.8826	0.7148	0.7140	0.8411	0.8710
2008	1.0000	0.9497	0.9931	0.9505	0.9054	0.9356	0.9570	0.9421	0.5835	0.8103	0.9562
2009	1.0000	0.9445	1.0000	0.9658	0.9680	0.8961	0.8892	0.8546	0.5425	0.7928	0.9255
2010	0.9977	0.9303	0.9890	0.9870	0.9631	0.9885	0.9617	0.8205	0.5812	0.8040	0.9424
2011	0.9928	0.9031	1.0000	0.9373	0.9393	0.9642	0.8620	0.8162	0.4298	0.8582	0.9302
2012	0.9998	0.9458	1.0000	0.8662	0.8641	0.9937	0.8932	0.7056	1.0000	0.9027	0.8195
2013	0.9857	0.8709	0.9581	0.8513	0.9192	0.9809	0.9325	0.6469	1.0000	0.8286	0.9092
平均	0.9935	0.9395	0.9916	0.9422	0.9348	0.9395	0.9118	0.8126	0.6650	0.8321	0.9068

从表4-8~表4-10可以看出，2006—2013年青浦区农业土地利用综合效率、纯技术效率和规模效率分别占DMU总数（88个）的12.50%（11个）、18.18%（16个）、12.50%（11个）。出现农业土地利用综合效率为1的DMU乡镇（街道）频次分别为华新镇（4次）、白鹤镇（3次）、盈浦街道（2次）、徐泾镇（1次）和重固镇（1次），这表明，土地、劳动力、化肥、机械总动力投入得到了充分利用和合理配置，同时获得了较好的经济产出，其他乡镇则需要通过减少投入或者追加产出进而提高农业土地利用效率。

平均值的大小表示DMU农业土地利用效率的高低，2006—2013年年均综合效率排名靠前的乡镇（街道）为：华新镇、白鹤镇、重固镇和朱家角镇。

青浦区农业土地利用综合效率较高的（>0.9）华新镇和白鹤镇，其种植高经济价值的草莓和蔬菜提高了土地利用的经济产出效率；而香花桥街道农业土地利用综合效率年均值只有0.469，农业土地利用极为粗放。从纯技术效率看，华新镇、白鹤镇、徐泾镇及盈浦街道等乡镇2006—2013年纯技术效率较高，且纯技术较高的区域主要分布在青东区域，青西区域的金泽、练塘和朱家角则相对稳定，保持在0.71~0.89之间。香花桥的纯技术效率最低，年均值仅为0.4984。青浦区农业土地利用的规模效率整体较高，72.73%的乡镇（街道）规模效率均在0.9以上。

变异系数表示DMU的农业土地利用效率的波动差异程度。总体上，青浦区农业土地利用规模效率相对波动差异程度较小，年均值为0.07，除徐泾镇和盈浦街道外，其他各乡镇规模效率的变异系数均在0.06以内。农业土地利用综合效率和纯技术效率波动差异程度相对较高，变异系数年均值分别为0.15和0.12。香花桥街道、夏阳街道、盈浦街道及徐泾镇农业土地利用综合效率的波动差异程度较高。纯技术效率的波动差异程度较高的为香花桥街道、夏阳街道及金泽镇。需要指出的是，土地利用一直处于高效率的白鹤镇，其综合效率、纯技术效率和规模效率的变异系数均较低。

（2）年际变化

2006—2013年青浦区农业土地利用综合效率的平均值为0.749，在2008年达到最高水平时也只有0.801，青浦区农业土地利用综合效率处于较低水平。然而2011年的综合效率值仅为0.686，这意味着如果把当前生产要素的潜力全部发挥出来，可以使农业产出在当前水平再增加近31.4%。2006—2013年，农业土地利用综合效率整体呈"凹"字形波动（见图4-3），纯技术效率变化趋势同土地利用综合效率大致保持相同特征，年均值为0.836，高于土地利用综合效率年均值。在此期间规模效率相对比较稳定，在0.876~0.908之间波动，年均值为0.897。2006—2013年整体上农业土地利用的规模效率>纯技术效率>综合效率。

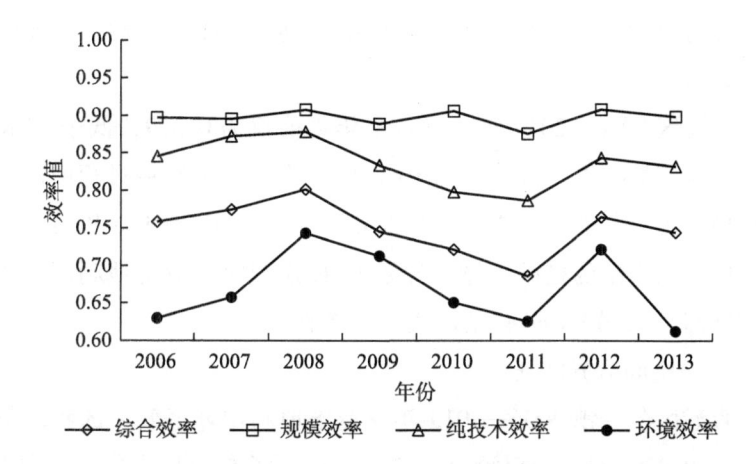

图 4-3　2006—2013 年青浦区农业土地利用效率和环境效率的年际变化

土地利用效率受到纯技术效率和规模效率的共同作用。通过计算纯技术效率、规模效率同综合效率的相关系数，分别为：0.872、0.460，说明纯技术效率对土地利用综合效率的影响和制约能力强于规模效率。因此，纯技术效率的提升，是青浦区农业土地利用综合效率提高的关键。青浦区需要在保持和稳步推进适度规模经营的同时，重点提升农业土地利用管理水平，推广和普及农艺措施，采用新技术，严格控制土地的粗放和低效使用，以提高纯技术效率。

4.4.4　基于非期望产出的 SBM 模型的窗式分析

经典的径向 DEA 模型无法考虑"松弛变量"对效率值的影响，也未考虑兼顾期望产出增加和非期望产出减少的技术变化。为评估农业土地利用系统的环境效率，本研究采用非期望产出的 SBM 模型的 DEA 窗式分析，进行青浦区农业土地利用系统的环境效率分析。

（1）青浦区农业土地利用环境效率的年际变化

在 SBM – Undesirable 模型的窗式分析下，基于 CRS 假设，计算出青浦区农业土地利用环境效率。从青浦区总体来看（见图 4-3），2006—2013 年农业土地利用环境效率呈波动的态势，在 0.612～0.743 之间波动，最高值出现在 2008 年，为 0.743，处于较低水平；而 2013 年农业土地利用环境效率值为 0.612，这意味着如果把当前生产要素的潜力全部发挥出来，可以使农业土地利用的环境效率再增长近38.8%。

青浦区2006—2013年环境效率年均值仅为0.669，低于CCR窗式分析测度的结果，整体降幅10.68%。农业土地利用过程中产生的非期望产出对其效率存在一定的负面影响，且经典的CCR模型因没有考虑投入产出的松弛问题，导致CCR模型对农业土地利用环境效率测度高于SBM-Undesirable模型测度值。

（2）空间分异特征

青浦区各乡镇2006—2013年农业土地利用环境效率的年均值在0.341~0.929之间，环境效率最高和最低的乡镇分别为华新镇和香花桥街道。按照涂正革[20]对环境技术效率的分类方法，将青浦区各城镇分为高效率区（0.9~1]、较高效率区（0.8~0.9]、中等效率区（0.7~0.8]、较低效率区（0.6~0.7]和低效率区（0~0.6]。2006—2013年高效率的乡镇（街道）仅有华新镇，较高效率的乡镇（街道）分别是位于青东区域的白鹤镇、重固镇和位于青西区域的朱家角镇。而低效率的乡镇（街道）数量为4个，占总数的36.4%，分别为香花桥街道、盈浦街道、赵巷镇和练塘镇。

（3）空间格局演变

为直观地分析研究期内青浦区农业土地利用环境效率的空间演化格局，基于前文SBM模型分析结果，利用2006年、2008年、2011年和2013年各乡镇（街道）窗口数据，分析环境效率的空间格局演变。总体来看，2006—2013年青浦区各乡镇（街道）土地利用环境效率整体呈现波动变化的趋势。2006年农业土地利用环境高效率乡镇（街道）的数量为4个，均位于青浦区东部，分别为：白鹤镇、重固镇、华新镇和徐泾镇；在非有效乡镇中，平均效率为0.418，低于平均水平0.629，其中花香桥仅为0.261，农业土地利用极为粗放。2008年，环境高效率的DMU增加至6个，金泽镇也由2006年的低效率区上升为较低效率区，效率值增至0.696。2011年环境高效率的DMU数量回落至4个，金泽镇土地利用环境效率上升至高效率区，白鹤镇、重固镇和夏阳街道下降至较低效率区和低效率区。2013年青浦区除盈浦街道处于高效率区外，总体呈现下降的态势，总体平均环境效率也由 2011 年的 0.625 下降至 2013 年的 0.612。

4.5 集约农业土地利用系统的物质减量及环境风险降低潜势评估

降低物质投入与减少环境输出，实现农业生态经济系统的有效增长，是高集约农业土地利用系统物质减量化与低环境风险分析的关键，本节在对青浦区 2006—2013 年农业土地利用系统氮足迹、灰水足迹及数据包络分析的基础上，构建物质量化与污染物减排模型，探讨青浦区农业土地利用系统物质减量化趋势及环境风险降低潜势。

4.5.1 研究方法

农业土地利用系统输入和输出的物质量越大，人类给予生态环境的压力就越大，因此需要从始、末端减少物质输入和环境输出，以实现物质减量化与低环境风险的集约可持续农业土地利用的目标。通过构建关键要素的输入减量、输出减排潜力与输入减量、输出减排的潜在规模模型，可为科学调控农业投入和环境输出提供关键参数。根据 SBM – Undesirable 模型，当效率值 <1 时，DMU 无效（即存在效率损失），松弛变量可反映农业土地利用无效率的改善途径。根据 SBM – Undesirable 模型窗式分析数据，构建投入减量、输出减排潜力 MRP_j 和投入减量、输出减排规模 MRS_j，计算公式为

$$MRP_j = \frac{S_j}{AP_j} \tag{4-6}$$

$$MRS_j = \frac{S_j}{\sum_{j=1}^{n} S_j} \tag{4-7}$$

式中，MRP_j 代表第 j 个 DMU 的某一投入指标的投入减量潜力或非期望产出的输出减排潜力；S_j 代表第 j 个 DMU 的投入冗余或非期望产出冗余的松弛变量；AP_j 代表第 j 个 DMU 的实际投入或产出量；

MRS_j 代表某一指标的投入减量或者输出减排规模。MRP 反映了农业土地利用某一投入指标或非期望产出指标的减量投入或减排的改善空间，MRS 反映了农业土地利用某一投入指标或者非期望产出指标对研究区该指标减投或减排的潜在规模的贡献和影响程度。

4.5.2 结果分析

本研究根据式（4-6）和式（4-7），计算了 2006—2013 年年均投入指标劳动力、肥料和机械的投入减量潜力和减排规模非期望产出指标灰水足迹和污染氮足迹的减排潜力和减排规模。整体来看，各乡镇（街道）减投和减排对全区的贡献和影响程度不尽相同。

（1）减投减排潜力

从物质减投潜力来看，2006—2013 年青浦区年均劳动力、肥料和机械动力的潜在缩减规模分别为 32.21%、25.70% 和 38.21%，污染氮足迹和非点源污染灰水足迹的潜在减排规模分别为 12.32% 和 32.18%。机械动力、劳动力、肥料施用量和灰水足迹的减投减排潜力相对较高，机械、劳动力和肥料未能有效利用、资源配置相对低效，非点源污染物排放相对较高。青浦区各乡镇（街道）普遍存在投入冗余和环境污染的现象，各乡镇（街道）投入规模和结构尚不尽合理，资源无效利用，非期望产出过多。盈浦街道、香花桥街道和赵巷镇存在劳动力过剩、肥料施用量过高及机械投入冗余的现象。金泽镇、香花桥街道和朱家角镇，非点源污染排放强度较高，具有较大的非点源污染减排潜势。香花桥街道和盈浦街道活性氮排放强度较高，存在较大的活性氮风险。华新镇资源配置较为合理，各指标缩减潜势相对较低，土地利用效率和环境效率较高，除劳动力的缩减潜势为 11.55% 外，其他指标的缩减潜势均在 7% 以内。

（2）减投减排的潜在规模

2006—2013 年全区年均人力、肥料和机械动力的潜在缩减总量分别为 8104 人、4501.59t、27928.44kW；灰水足迹和污染氮足迹的潜在减排总量分别为 52046.88 万 m^3 和 381.04t。从各乡镇（街道）的潜在缩减规模来看（见表 4-11），白鹤镇和香花桥街道污染氮足迹的潜在减排规模对青浦区的活性氮减排具有较大影响，分别占青浦区活性氮潜在缩减总量的 26.39% 和 22.18%。练塘镇劳动力、肥料、机械动力和灰水足迹的缩减规模对青浦区的资源节约和非点源污染减排具有较大的影响，分别占青浦区潜在缩减总量的 29.30%、34.59%、30.72% 和 35.56%，练塘镇农业生产主要以水生蔬菜种植为主，其高人力投入、化肥过量施用等土地利用模式造成了资源的低效利用，农业非点源污染物输出总量较高，应成为青浦区农业资源节约和污染减排的重点区域。

表 4-11 青浦区 2006—2013 年关键指标的潜在缩减规模

乡镇（街道）	潜在缩减规模/%			潜在减排规模/%	
	劳动力	肥料	机械动力	灰水足迹	污染氮足迹
白鹤	28.67	10.55	0.53	3.44	26.39
重固	13.25	0.45	1.57	1.06	1.92
华新	2.45	1.70	0.50	0.93	5.93
金泽	2.39	18.09	13.23	19.38	11.84
练塘	29.30	34.59	30.72	35.56	6.28
香花桥	5.73	15.47	23.98	6.77	22.18
夏阳	4.32	1.04	5.91	1.93	6.84
徐泾	2.20	0.15	3.40	0.49	1.21
盈浦	1.85	3.07	4.79	0.66	3.51
赵巷	2.97	4.22	7.79	0.56	6.30
朱家角	6.87	10.67	7.57	29.22	7.61

4.6 小结与政策建议

土地利用系统分析与评价是土地利用系统设计与规划的基础与核心之一，准确识别高集约农业土地利用系统各投入因素对农业产值增长的影响，科学评判农业土地利用水平、农业生产投入产出特征及其关键投入因素的环境效应，是实现投入减量化与低环境风险的农业土地利用模式的重要前提。因此，本章首先分析青浦区不同生产投入因素对农业产值增长的影响及其环境的潜在危害，然后分别从土地利用效率、氮足迹与灰水足迹、环境效率的角度评估农业土地利用的投入产出特征及其环境效应，在此基础上进行物质减量化及环境风险降低潜势分析。主要结论如下[21]：

（1）农业总产值与各投入因素的关联度大小依次为：种植面积＞化肥使用量＞机械总动力＞农药投入＞劳动力。农业播种面积和化肥对农业产值的影响非常显著，提高有限的土地利用效率已成为缓解青浦区耕地资源紧缺的重要途径。

（2）氮足迹和灰水足迹分析表明，青浦区氮排放和灰水足迹存在显著的时空差异性，以高氮肥投入为特征的农业土地利用模式，严重影响了农业环境质量。优化土地利用结构、科学适量的氮肥投入模式和增加技术投入，提高氮素利用效率应成为青浦区农业土地利用系统优化与调整的重点方向之一；农业生产导致的水质恶化引起生态用水的增大，这是上海青浦区水资源出现水质性缺水的重要原因之一。

（3）基于经典DEA分析，青浦区各乡镇（街道）土地利用综合效率、土地利用技术效率和纯技术效率存在空间分异和时间波动性，青浦区农业土地利用纯技术效率的提升，是青浦区农业土地利用综合效率提高的关键。青浦区需要在保持和稳步推进适度规模经营的同时，重点提升农业土地利用管理水平，推广和普及农艺措施，采用新技术，严格控制土地的粗放和低效使用，以提高纯技术效率。

（4）结合氮足迹、灰水足迹指标，采用非期望产出的SBM模型窗式分析方法，构建物质量化与污染物减排模型。2006—2013年，从物质减投潜力来看，2006—2013年青浦区年均劳动力、肥料和机械动力的潜在缩减规模分别为32.21%、25.70%和38.21%，污染氮足迹和非点源污染灰水足迹的潜在减排规模分别为12.32%和32.18%。全区年均人力、肥料和机械动力的潜在缩减总量分别为8104人、4501.59t、27928.44kW；灰水足迹和污染氮足迹的潜在减排总量分别为52046.88万m³和381.04t。

本章参考文献

[1] 王磊. 土地利用变化的多尺度模拟研究 [D]. 北京：北京大学, 2011.

[2] 上海市农业技术推广服务中心，青浦区农业委员会，青浦区农业技术推广服务中心. 上海市青浦区耕地地力调查与质量评价 [M]. 上海：上海科学技术文献出版社, 2008.

[3] 黎雪林, 吕永成. 广西农业投入与农业增长灰色关联分析 [J]. 广西科学院学报, 2004, 20 (2)：88 - 91.

[4] 王云. 农业投入与农业增长的灰色关联分析 [J]. 当代经济管理, 2010, 32 (10)：46 - 49.

[5] 曹连海, 吴普特, 赵西宁, 等. 内蒙古河套灌区粮食生产灰水足迹评价 [J]. 农业工程学报, 2014, 30 (1)：63 - 72.

[6] 付永虎, 刘黎明, 起晓星, 等. 基于灰水足迹的洞庭湖区粮食生产环境效应评价 [J]. 农业工程学报, 2015, 31 (10)：152 - 160.

[7] Franke, Hoekstra, Boyacioglu. Grey water footprint accounting：Tier 1 supporting guidelines. 2013.

[8] 王新新. 基于农田氮磷平衡的太湖流域环境风险评估 [D]. 北京：中国农业大学, 2015.

[9] 王兴仁, 张福锁, 张卫峰, 等. 中国农化服务肥料与施肥手册 [M]. 北京：中国农业出版社, 2013.

[10] 国务院第一次全国污染源普查领导小组办公室. 第一次全国污染源普查——农业污染源肥料流失系数手册 [R]. 2009.

[11] 遆超普. 不同空间尺度区域氮素收支 [D]. 南京：南京农业大学, 2011.

[12] 谷保静. 人类 - 自然耦合系统氮循环研究：中国案例 [D]. 杭州：浙江大学, 2011.

[13] 国家发展和改革委员会应对气候变化司. 2005 中国温室气体清单研究 [M]. 北京：中国环境科学出版社, 2014.

[14] 周涛, 王云鹏, 王芳, 等. 广东省农业氮足迹分析 [J]. 中国环境科学, 2014, 34 (9)：2430 - 2438.

[15] 郭春霞. 平原河网地区农村面源污染重点源和区的识别筛选：以上海青浦区为例 [J]. 农业环境科学学报, 2011 (8)：1652 - 1659.

[16] Aneja V P, Schlesinger W H, Erisman J W. Effects of agriculture upon the air quality and climate: research, policy, and regulations [J]. Environmental Science & Technology, 2009, 43 (12): 4234-4240.

[17] 田伟, 杨璐嘉, 姜静. 低碳视角下中国农业环境效率的测算与分析: 基于非期望产出的 SBM 模型 [J]. 中国农村观察, 2014 (5): 59-71.

[18] 封永刚, 彭珏, 邓宗兵, 等. 面源污染、碳排放双重视角下中国耕地利用效率的时空分异 [J]. 中国人口·资源与环境, 2015, 25 (8): 18-25.

[19] 梁流涛, 曲福田, 王春华. 基于 DEA 方法的耕地利用效率分析 [J]. 长江流域资源与环境, 2008, 17 (2): 242-246.

[20] 涂正革. 环境、资源与工业增长的协调性 [J]. 经济研究, 2008 (2): 93-105.

[21] 付永虎, 刘黎明, 王加升, 等. 高集约化农区投入减量化与环境风险降低潜势的时空分异特征 [J]. 农业工程学报, 2017, 33 (2): 266-275.

第5章 粮食主产区农业土地利用系统分析与效应评价

5.1 县域尺度农业土地利用系统环境效应综合评价

氮足迹和灰水足迹作为定量分析人类活动对活性氮排放及水资源影响的指标,为农业土地利用系统环境效应评价提供了新的理论与途径。本节在氮足迹和灰水足迹理论的基础上,构建了县域尺度农业土地利用系统氮足迹与灰水足迹理论分析框架,以湖南省桃江县为研究区,计算了农业土地利用系统氮足迹与灰水足迹。氮足迹与灰水足迹综合评价方法能有效地识别区域农业土地利用过程对环境的负面效应,研究成果可为降低农业土地利用过程的环境风险、制订农业土地利用系统优化方案提供参考。

5.1.1 研究背景

自20世纪80年代以来,为满足日益增长的粮食需求,中国已普遍实行了高集约化的农业生产模式,由于农业生产资料的过度投入,大量未被有效利用的养分流失到环境中,常引发一系列的生态环境问题。尤其是随着氮肥输入的增加,农业生态系统的氮平衡被破坏,大量的活性氮进入环境,造成农业非点源污染加剧、酸雨、臭氧层破坏等问题,严重影响了高集约化农业土地利用系统的可持续性[1]。如何系统分析和评价农业土地利用对环境的负面效应已成为当前环境科学和土地科学重要的研究方向之一。

足迹研究是当前生态经济学和可持续发展研究领域的热点之

一[2]。足迹类指标为评估农业土地利用资源消耗和废弃物排放等提供了新的理念和途径。氮足迹是为定量评价人类活动对活性氮排放的影响而提出的。2010年Galloway等人在第5次国际氮素大会上提出了氮足迹计算模型及其应用，受到了全世界的广泛关注[3,4]。以Galloway和Leach为首的研究团队做了概念界定及计算模型等开创性的工作[5,6]。秦树平等在此基础上将氮足迹定义为：某种产品或者服务在其生产、运输、存储以及消费过程中直接和间接排放的活性氮的总和[7]。氮足迹研究从量化人类活动影响活性氮排放的角度，为指导人类生产方式，减少人为活性氮排放提供理论和数据支撑。国内外已有学者从家庭、国家等不同尺度评价人类活动对活性氮排放的影响，尤其侧重于对食物的生产、消费，能源消耗等活性氮流动的定量分析[8-11]。

灰水足迹于2008年由Hoekstra和Chapagain首次提出，该理论定义灰水足迹是稀释污染物所需要的水量，通常情况下换算成将污水稀释至符合当地区域规定的水质标准所需的淡水体积。灰水足迹实现了从水量的角度评价水污染程度的目的，直观地反映了水污染对可用水资源量的影响[12]。近几年国外灰水足迹研究发展迅速，一些学者分别从全球、国家、区域层面评估了主要作物生产、消费的灰水足迹[13-16]。国内部分学者基于灰水足迹理论与方法评估了辽宁、宁夏、山西等区域粮食生产与消费的灰水足迹[17-20]。

对农业土地利用系统环境影响的准确度量是可持续土地利用评价的核心内容之一。通过氮足迹与灰水足迹的计算，能够全面且深入地分析农业土地利用过程对关键污染物（活性氮）排放、关键环境问题（非点源污染）的影响，为农业土地利用系统环境效应综合评价提供了定量化指标。本书选取粮食主产区湖南省桃江县为研究区，以农业土地利用系统为研究对象，在氮足迹和灰水足迹理论与模型的基础上，构建区域尺度氮足迹和灰水足迹综合分析框架，综合评价桃江县农业土地利用系统对生态环境形成的压力，为转变人类不合理的农业土地利用方式、调整农业土地利用结构、优化与设计低环境风险的农业土地利用系统提供指导。

5.1.2 研究方法和数据处理

5.1.2.1 农业土地利用系统边界定义

农业土地利用系统是由各种生产要素输入、土地利用过程和各种输出组成的，在农业生产活动过程中所形成的人与自然的耦合系统。本研究选取湖南省桃江县作为研究区，农业土地利用系统主要指种植业，包括桃江县行政区内的旱地和水田。农业土地利用过程从生产要素、环境要素在农田的输入开始，经过田间管理至农产品收获为止。

5.1.2.2 计算方法

1. 农业土地利用系统氮足迹的计算方法

农业土地利用系统氮足迹是指人类在进行农业生产的土地利用过程中投入各种资源所直接占用和排放的活性氮总量。为全面评价农业土地利用过程中氮素的流动特征，本书在 N - calculator 模型的基础上，结合农业土地利用系统的投入与产出特征，对其进行修正。构建了区域农业土地利用系统氮足迹分析框架（见表5-1）。所涉及的计算包括：农业土地利用系统氮足迹、输入氮足迹（种子、有机肥、化肥、沉降、固氮和灌溉）；污染氮足迹，指在农业土地利用过程中所导致的不被作物吸收的活化氮排放，包含地表径流（总氮）、淋溶（总氮）、氨挥发、N_2O 直接排放及农业燃油 NO 和 NO_2 排放途径损失的活性氮。依据物质守恒原理及数据收集的难易程度，以输入氮足迹和燃油氮足迹之和作为农业土地利用系统氮足迹。

2. 农业土地利用系统灰水足迹的计算方法

类比粮食生产灰水足迹的概念[17]，农业土地利用系统灰水足迹是指以现有水质标准为基础，用于消纳、稀释农业土地利用过程排放到环境中的污染物所需的淡水量。以稀释关键污染物所需的最大淡水量作为农业土地利用系统灰水足迹，这种稀释污染物的淡水量并非真实消耗掉了，只是一种虚拟水的形式。以国际水足迹网络出版的 *Grey water footprint accounting*: *Tier 1 supporting guidelines*[21]为依据，计算氮肥灰水足迹和磷肥灰水足迹（见表5-1）。

表 5-1 农业土地利用系统氮足迹与灰水足迹评价指标

评价项目	评价指标	计算公式
氮足迹	输入氮足迹	输入氮足迹 = 人为氮输入 + 环境氮输入
		人为氮输入 = 种子 + 有机肥 + 化肥
		环境氮输入 = 干湿沉降 + 生物固氮 + 灌溉
	污染氮足迹	污染氮足迹 = 地表径流 + 地下淋溶 + 氨挥发 + N_2O 直接排放 + 燃油排放
灰水足迹	氮肥灰水足迹	氮肥灰水足迹 = 农田氮流失量/(水环境最大容许氮浓度 − 水环境本底氮浓度)
		氮肥灰水足迹 = 农田氮流失率 × 氮肥施用量/(水环境最大容许氮浓度 − 水环境本底氮浓度)
	磷肥灰水足迹	磷肥灰水足迹 = 农田磷流失量/(水环境最大容许磷浓度 − 水环境本底磷浓度)
		磷肥灰水足迹 = 农田磷流失率 × 磷肥施用量/(水环境最大容许磷浓度 − 水环境本底磷浓度)
	农业土地利用系统氮足迹	农业土地利用系统氮足迹 = 输入氮足迹 + 燃油氮足迹
	农业土地利用系统灰水足迹	农业土地利用系统灰水足迹 = max[氮肥灰水足迹, 磷肥灰水足迹]

5.1.2.3 研究区概况及数据来源

湖南桃江县位于湖南省中部偏北位置，处于资江中下游，地理坐标为 28°12′~28°40′N，111°36′~112°19′E。桃江县属亚热带大陆性季风气候，县境热量充足，雨水充沛，无霜期平均 260 天，年均气温 16.6℃，年均降水量为 1041~2255 mm。全县耕地 4.45 万 hm^2，占土地总面积的 21.53%；园地 0.53 万 hm^2，占土地总面积的 2.55%；林地 11.47 万 hm^2，占土地总面积的 55.45%；其他农用地 1.76 万 hm^2，占土地总面积的 8.53%。桃江属典型粮食主产区，以水稻种植为主，其播种面积占总粮食作物播种面积的 93%，其秸秆还田率达 68%。桃江畜牧业较为发达，2010 年桃江生猪出栏数已达 4371.65 万头。因其规模化养殖率低，农户散养较多，猪粪还田比率相对较高。

（1）氮足迹的计算

本书涉及的作物秸秆含氮系数、作物秸秆籽粒比等数据主要来源于《中国有机肥料养分志》[22]。氮肥施用量、磷肥施用量、作物产量、降水量、作物播种面积、禽畜数量、燃油使用量等来源于《桃江县统计年鉴》和《湖南农村统计年鉴》。畜禽粪便排泄系数和养分含量参照参考文献[23]，其中羊和兔的粪便排泄系数及氮磷含量参照参考文献[24]。有机肥还田率50%，秸秆还田率68%，通过入户调研获得。蔬菜产量通过桃江农业局获得。地表径流（总氮）和地下淋溶（总氮）、生物固氮系数、雨水含氮系数、反硝化系数通过参考文献[25-28]获得。农用地 N_2O 的排放根据 IAP-N 模型计算 N_2O 的直接排放量，水田与旱地的直接排放因子分别取值0.003、0.00745[29]。此外，根据桃江农业局提供的数据，燃油氮足迹以农用柴油使用量计算，排放系数参照参考文献[10]。

（2）灰水足迹的计算

以中国《地表水环境质量标准》（GB 3838—2002）中Ⅴ类水总氮、总磷浓度限值作为氮、磷污染物在水体中的环境浓度标准，分别计算农业土地利用系统氮肥灰水足迹和磷肥灰水足迹。

5.1.3 结果分析

农业土地利用系统是人类生存最为重要的陆表生态系统之一，对陆地氮素的初级转化及水资源的消耗起重要的作用。桃江县农业土地利用所产生的氮足迹和灰水足迹反映了农业土地利用对活性氮排放及主要污染物稀释水的需求。1980—2010年，桃江县农业土地利用系统中产生的氮足迹和灰水足迹呈稳步增加的趋势（见表5-2）。两类足迹从1980年的15135.09t、4.35亿 m^3 增加到了2010年的30599.40t、10.27亿 m^3，分别增长了1.02倍和1.36倍，年均增速2.30%、2.81%。在这一时期，单位土地利用面积氮足迹和灰水足迹分别由1980年的 $0.35t/hm^2$、1.01万 m^3/hm^2 提高至2010年的 $0.70t/hm^2$、2.33万 m^3/hm^2，年均增速2.23%和2.75%。与氮足迹相比，灰水足迹的上涨更为剧烈。

表5-2 桃江县农业土地利用系统氮足迹与灰水足迹

年份	农业土地利用面积/hm²	氮足迹/t				单位土地利用面积氮足迹/(t/hm²)	灰水足迹/亿m³			单位土地利用面积灰水足迹/(万m³/hm²)
		人为氮输入	环境氮输入	燃油氮排放	总氮足迹		氮肥灰水足迹	磷肥灰水足迹	总灰水足迹	
1980	43166.67	9757.67	5326.56	50.86	15135.09	0.35	4.35	1.88	4.35	1.01
1985	42646.67	12961.17	5596.95	13.02	18571.14	0.44	5.70	1.87	5.70	1.34
1990	41700	13993.33	6036.18	10.42	20039.93	0.48	6.14	3.03	6.14	1.47
1995	41190	13894.56	6993.43	12.30	20900.29	0.51	6.29	2.63	6.29	1.53
2000	40500	15287.55	6354.97	14.47	21656.99	0.53	6.99	3.38	6.99	1.73
2005	37890	16494.92	6383.19	23.15	22901.26	0.60	7.61	4.01	7.61	2.01
2010	44000	22364.27	8187.12	48.01	30599.40	0.70	10.27	5.92	10.27	2.33

结构上，氮足迹以人为氮输入为主，1980—2010年其所占比重由64.47%增至73.09%，年均增长2.71%。环境氮输入相对稳定，其所占比重在26.76%~35.19%之间波动。燃油氮排放所占比重最小，各年均在1%以下。每年氮肥灰水足迹均高于磷肥灰水足迹，根据表5-1计算公式，其所需稀释水量由最大的污染物决定，因此选取氮肥灰水足迹作为农业土地利用系统灰水足迹。

5.1.3.1 农业土地利用系统输入氮足迹

1980—2010年，桃江县农业土地利用系统输入氮足迹总量从15084.23t增长至30551.39t，净增15467.16t，年均增速2.30%，主要归功于化肥、有机肥和自然沉降（见表5-3）。整个时期不同的输入方式对氮足迹输入总量的贡献呈非线性的变化（见图5-1）。种子、灌溉、生物固氮保持稳定，三者的氮输入量在3030.06~

4098.77t 范围内变动。然而，通过化肥、有机肥和自然沉降所引起的氮输入由 1980 年的 10985.47t 逐步升至 2010 年的 26846.24t，增幅 144.38%，年均增速 2.92%。肥料氮输入（化肥和有机肥）从 1980 年的 9598.62t 增至 2010 年的 22217.11t，贡献率从 63.63% 增至 72.72%，年均增速 2.74%。尤其是 2005 年以后，随着湖南省取消了农业税并对种粮农民进行四项补贴（直接补贴、良种补贴、农机具购置补贴和农业生产资料综合补贴），极大地促进了农民在土地利用中的肥料投入。2005—2010 年化肥氮输入增长较快，平均增速 6.81%。肥料氮输入占输入氮足迹的比重已由 1980 年的 63.63% 上升至 2010 年的 72.72%，成为桃江县农业土地利用系统最主要的氮输入源。此外，通过自然沉降氮输入的量也大幅增加，从 1980 年的 1386.85t 增加到 2010 年的 4629.13t，增长了 2.34 倍。研究表明，1980—2010 年，桃江县化肥、有机肥输入的大幅增长，改变了农业土地利用系统氮的输入模式，肥料氮输入已经主导了桃江县农业土地利用系统输入氮足迹。

表 5-3　1980—2010 年桃江县农业土地利用系统输入氮足迹

（单位：t）

年份	人为氮输入			环境氮输入			输入氮足迹总量	单位土地利用面积输入氮足迹 /(t/hm²)
	种子	有机肥	化肥	沉降	固氮	灌溉		
1980	159.05	3243.01	6355.61	1386.85	2836.63	1103.08	15084.23	0.35
1985	150.41	4404.76	8406.00	1836.88	2689.33	1070.74	18558.12	0.44
1990	154.05	5425.80	8413.48	2170.47	2787.80	1077.91	20029.51	0.48
1995	145.35	4265.21	9484.00	3471.92	2510.65	1010.86	20887.99	0.51
2000	137.88	5454.67	9695.00	3154.55	2256.80	943.62	21642.52	0.53
2005	121.08	6569.09	9804.75	3474.21	2066.85	842.13	22878.11	0.60
2010	147.16	7658.06	14559.05	4629.13	2569.05	988.94	30551.39	0.69

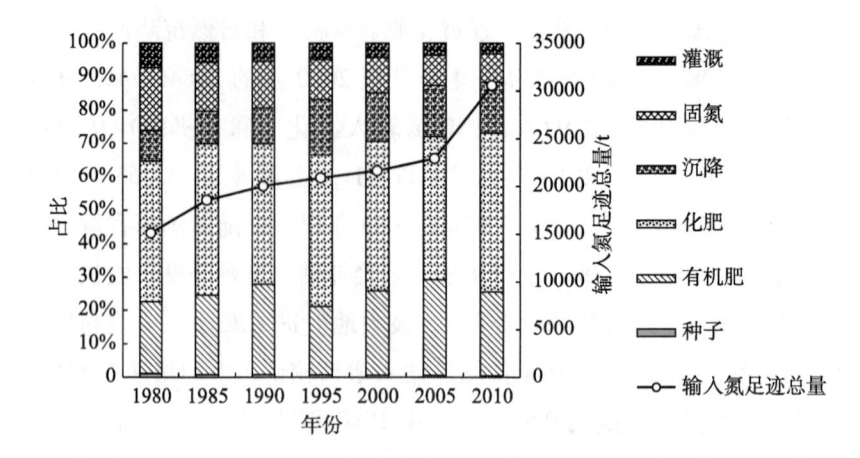

图 5-1　1980—2010 年桃江县农业土地利用系统输入氮足迹

单位土地利用面积输入氮足迹反映了农业土地利用单位耕地面积氮的输入强度。1980—2010 年，桃江县单位土地利用面积输入氮足迹从 0.35t/hm² 增至 0.69t/hm²，年均增长 2.24%。其间，肥料的年均增速为 2.68%，超过了单位土地利用面积氮输入的增长速度。2010 年，单位土地利用面积化肥氮足迹达到 0.331t/hm²，是 1980 年的 2.25 倍，超出国际公认的化肥施用量安全上限 0.225t/hm² 的 47.11%。高强度的化肥投入增加了活性氮的损失风险。

5.1.3.2　农业土地利用系统污染氮足迹

随着系统内氮素的大量输入，农业土地利用系统氮的利用率并未随着输入的增长而增长（见表 5-4）。这意味着，农业土地利用过程中大量的氮损失或累积在农田土壤中。在高投入与技术水平相对落后的桃江县，过量的活性氮进入环境，成为区域空气质量、气候变化和非点源污染的主要贡献者之一。随着输入氮足迹的增加，污染氮足迹也逐步上升，由 1980 年的 4385.24t 增长至 2010 年的 10032.79t，增加了 128.79%。按单位土地利用面积污染氮足迹，已由 0.10t/hm² 增至 0.23t/hm²，2010 年农业污染氮足迹占总氮足迹的比重达到了 32.84%。

表 5-4　1980—2010 年桃江县农业土地利用系统污染氮足迹

(单位：t)

年份	农副产品氮输出	污染氮足迹					单位土地利用面积污染氮足迹/（t/hm²）
		地表径流	地下淋溶	氨挥发	氧化亚氮直接排放 N_2O	燃油排放	污染氮足迹总量	
1980	9740.52	530.38	338.67	3428.94	36.39	50.86	4385.24	0.10
1985	13815.12	694.07	445.16	4401.41	48.26	13.02	5601.92	0.13
1990	14399.22	748.05	480.17	4713.89	51.57	10.42	6004.1	0.14
1995	13270.89	762.83	496.1	4989.87	50.76	12.3	6311.86	0.15
2000	11966.90	849.51	549.05	5327.33	55.85	14.47	6796.21	0.17
2005	11174.12	922.09	600.8	5740.94	58.74	23.15	7345.72	0.19
2010	15781.82	1235.01	819.57	7851.86	78.34	48.01	10032.79	0.23

结构上，桃江县农田活性氮的流失以气体型流失为主。氨挥发是污染氮足迹最主要的排放途径。氨是导致酸雨的主要污染物质之一，进一步还会导致水体富营养化的发生；同时氨也是 PM2.5 形成的重要推手，氨能够与大气中的二氧化硫、氮氧化物的氧化产物反应，生成硝酸铵、硫酸铵等二次颗粒物，而这些二次颗粒物正是 PM2.5 的重要来源[30]。1980—2010 年，氨挥发损失的氮占污染氮足迹的比重平均为 78.43%。氨挥发导致的氮损失逐步增长，由 3428.94t 增至 7851.86t，年均增速 2.71%。

随淋溶和径流损失的氮是引起农田周边水质恶化的主要途径，桃江县农业土地利用对氮肥较高的依赖性，导致了随淋溶和地表径流排放的氮总量仅次于氨挥发排放，然而年均增长速度高于氨挥发的增长，为 2.81%；2010 年已达到 2054.58t，是 1980 年的 2.36 倍。日益增长的活性氮流失到周边水体，增加了水质恶化和富营养化的风险。

氧化亚氮直接排放与燃油释放的氮相对较少，年均总量占污染氮足迹比重 2% 以下。然而，N_2O 是温室气体之一，其增温潜势是 CO_2 的 310 倍[30]。2010 年桃江县农田 N_2O 直接排放为 78.34t，相当于向大气释放24285.40t的CO_2。研究表明，农业土地利用系统已成为大气污染和非点源污染的主要贡献者之一。

5.1.3.3 桃江县农业土地利用系统灰水足迹

作为农业土地利用系统对水资源污染的指标，灰水足迹数值越大，反映农业土地利用系统对水资源的负面影响越强。按照表5-1计算方法得出农业土地利用系统灰水足迹，1980—2010年每年氮肥灰水足迹均高于磷肥灰水足迹（见图5-2）。因此，农业土地利用系统的灰水足迹取氮肥灰水足迹计算值。桃江县1980—2010年农业土地利用系统灰水足迹呈逐步上升的趋势，灰水足迹总量从4.35亿m^3稳步增长至10.27亿m^3，年均增长2.81%，特别是2005年以后灰水足迹增速加快，年均增长达5.12%。尽管桃江县从2006年开始推行测土配方施肥技术，但农业税的取消及种粮补贴政策的实施刺激了肥料的过度投入，大量未被作物有效利用的养分进入环境，导致了灰水足迹的持续增加，引起周边水体污染的风险增强。研究表明，活性氮流失的增长造成的稀释水量增加是农业土地利用系统灰水足迹增长的关键因素。由于磷素不易淋失的特点，磷肥灰水足迹明显小于氮肥灰水足迹。1980—2010年磷肥灰水足迹呈整体上升的趋势，由1.88亿m^3增长至5.92亿m^3。

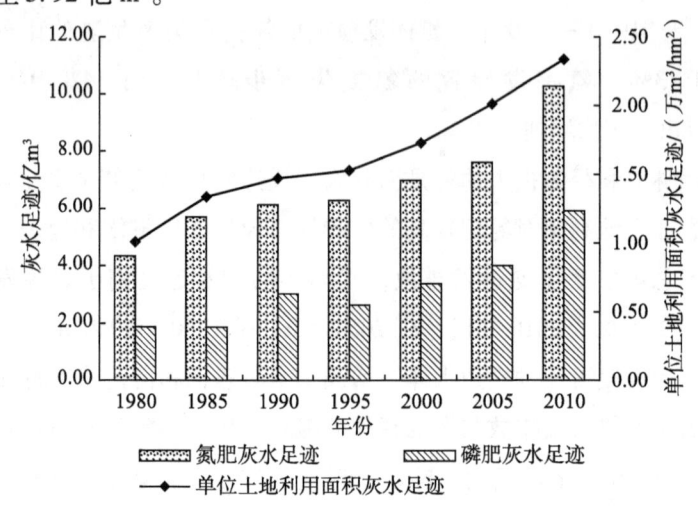

图5-2 1980—2010年桃江县农业土地利用系统灰水足迹

桃江县单位土地利用面积灰水足迹从 1980 年的 1.01 万 m^3/hm^2 增加到 2010 年的 2.33 万 m^3/hm^2，增幅 130.69%。单位面积土地利用氮素输入强度的增加，所需的稀释水逐年增多，导致了单位土地利用面积灰水足迹呈现增加的趋势，农业土地利用强度对水资源的负面影响正在持续上升。

5.1.3.4 氮足迹、灰水足迹与农业经济发展水平的关系

农业生产总值与农业土地利用系统的环境效应关系密切。一方面经济增长使得更多的资金购买农资用于生产物资的投入，进而获取更高的粮食产量；另一方面过高的人为投入打破了原有农业土地利用系统物质平衡，导致污染物质排放的增加。从图 5-3 可以看出，1980—2010 年桃江县农业土地利用系统氮足迹、灰水足迹随着农业生产总值的增长逐步上升。经济的发展促进了输入氮足迹的增加，特别是 2005 年以后实施了农业税费改革的惠民政策，减轻了农民经济负担，促进了肥料投入，人类过高物质投入介导着农业土地利用系统的

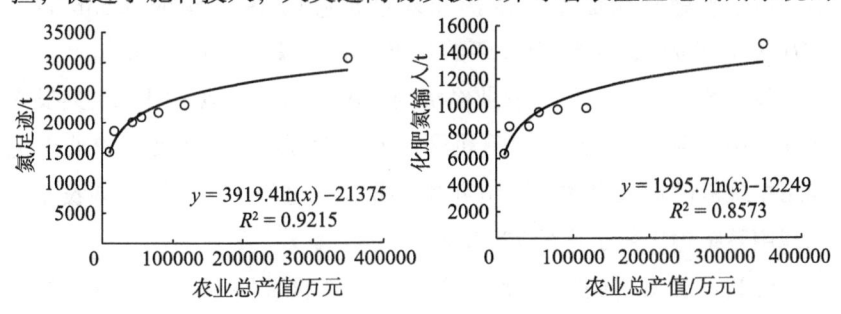

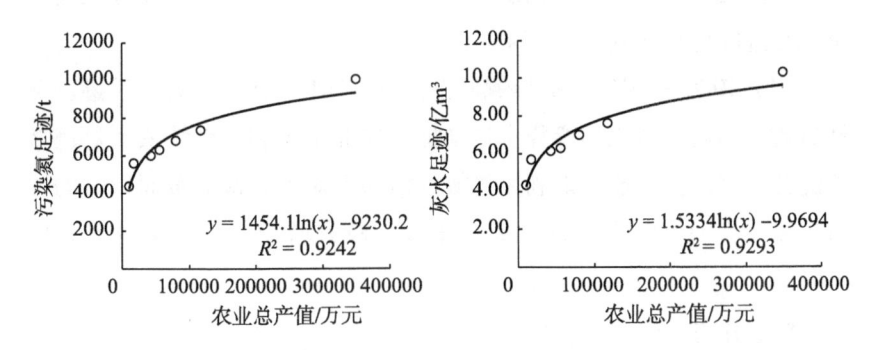

图 5-3 氮足迹、化肥氮输入、污染氮足迹、灰水足迹与农业总产值的关系

物质流动,导致了农业土地利用系统对外界大气质量及水体的负面影响持续增加。研究表明,桃江县以高氮肥投入为特征的农业土地利用模式,严重影响了农业土地利用系统的可持续发展。优化土地利用结构、科学适量的氮肥投入模式和增加技术投入,提高氮素利用效率应成为桃江县农业土地利用系统优化与调整的重点方向之一。

5.1.4 小结与政策建议

5.1.4.1 小结

本书应用氮足迹、灰水足迹理论,以粮食主产区湖南省桃江县为研究区,结合农业土地利用系统的物质投入与产出过程,进行县域农业土地利用系统氮足迹和灰水足迹评价。主要研究结论如下:

(1)农业土地利用系统氮足迹与灰水足迹的总量、单位土地利用面积的氮足迹和灰水足迹均呈逐年上升的趋势。1980—2010年,桃江县农业土地利用系统氮足迹与灰水足迹分别增长了1.02倍和1.36倍。单位土地利用面积氮足迹和灰水足迹由1980年的0.35t/hm^2、1.01万m^3/hm^{2}提高至2010年的0.70t/hm^2、2.33万m^3/hm^2。

(2)随着政策调整与农业经济的发展,农业土地利用的人类投入介导作用逐渐增强。化肥、有机肥输入的大幅增长,改变了农业土地利用系统氮的输入模式,2010年肥料氮输入已经主导了桃江县农业土地利用系统输入氮足迹的72.72%。

(3)桃江县污染氮足迹随输入氮足迹的增加而逐步上升,2010年污染氮足迹较1980年增长了1.29倍,达10032.79t,污染氮足迹占总氮足迹的比重达到了32.84%。

(4)1980—2010年每年氮肥灰水足迹均高于磷肥灰水足迹,活性氮流失的增长造成的稀释水量增加是农业土地利用系统灰水足迹增长的关键因素。农业土地利用排放的活性氮对大气造成负面影响的同时,以径流和淋溶途径进入周边水体,极大增加了水体富营养化的风险。

5.1.4.2 政策建议

本书通过足迹类指标的耦合,评价农业土地利用系统的氮足迹与灰水足迹，以桃江为案例区进行了初步尝试。研究结果表明，基于氮足迹和灰水足迹理论的双重足迹分析方法可以定量分析农业土地利用对活性氮排放和非点源污染的影响，是农业土地利用系统中关键元素测算和关键环境问题评估的综合指标。将氮足迹、灰水足迹理论应用于农业土地利用系统环境效应评价，能够准确量化农业土地利用过程对环境的多重负面影响，进而为调整农业土地利用方式、降低农业土地利用的负面效应等方面提供重要的理论支撑和决策依据。

农业土地利用系统的养分迁移与转化是一个极为复杂的生物、物理和化学过程，受时间、土壤、坡度、天气、作物等诸多因素的影响。本书对氮足迹和灰水足迹的计算均未考虑以上因素带来的影响，在具备详细基础数据的地区可选择合适的模型对氮足迹与灰水足迹进行更深层次的计算和评价。此外，基于本书研究目标，修正后的 N-calculator 模型未予考虑农业土地利用隐含氮足迹的计算与分析。

氮足迹、灰水足迹与区域工业化水平、农业经济发展水平及农业政策等密切相关，自 20 世纪 80 年代以来，桃江县经历了改革开放、城镇化、工业化、农业税减免等政策调整过程，一系列政策的实施促进了氮足迹和灰水足迹呈增长的态势。在这一时期，工业化程度不断提高，矿物燃料的使用引起了排放到大气中的氮氧化物不断增加，导致大气氮沉降的强度和影响范围持续增大；同时随着农业机械化水平的提高和农村经济的发展，劳动和土地机会成本的增长速度高于化肥和机械要素价格的增长，农民为达到利润最大化（或成本最小化）的目标，采用过量投入化肥特别是氮肥的方式来替代日益增长的人力成本，从而导致了氮足迹和灰水足迹的持续增加。此外，湖南省一系列农业惠民政策的逐步实施，减轻了农民的经济负担，刺激了氮肥投入。由于以上因素的影响，2010 年桃江县农业土地利用系统氮足迹和灰水足迹与 1980 年相比分别增长了 102.18% 和 136.09%。氮足迹和灰水足迹的增长，对农业土地利用系统的环境可持续性形成严峻挑战。

区域农业土地利用系统氮足迹与灰水足迹及其环境效应受诸多因素的影响，如土地利用方式、农户投入行为、生产管理模式、环境因子背景、环境变化等；既有人类活动的因素，也有自然环境的因素，既有点上的问题,也有面上的问题。减少氮足迹和灰水足迹及其环境的负面效应从土地利用系统的角度出发,构建氮足迹与灰水足迹调控的理论、技术与政策体系,通过多尺度、一系列的途径和措施来实现。

(1) 建立资源高效化、投入减量化的农田管理与氮肥施用技术体系。通过增加技术投入,大力推广测土配方施肥技术、优化和平衡施肥、研制和推广新型肥料等途径提高肥料利用率;实施肥料投入总量控制,修正不合理的土地利用行为和生产管理方式,降低肥料流失率,从源头上减少氮足迹和灰水足迹。

(2) 构建基于氮足迹和灰水足迹低环境风险的农业土地利用系统设计体系。根据农业土地利用系统中氮足迹与灰水足迹的时空分布规律,科学合理地规划农业土地利用时空布局,优化土地利用结构,促进肥料的循环利用。此外,从生态工程设计的角度,设置生态缓冲带与隔离沟等措施,有效降低氮足迹与灰水足迹对环境的负面影响。

5.2 基于灰水足迹的洞庭湖区粮食生产的环境效应评价

灰水足迹从稀释水量的角度评价水污染的总体程度,直观地反映了粮食生产对区域水环境的影响。为评估粮食生产对区域环境的负面影响,本节以洞庭湖粮食主产区35个县(市、区)为案例区,应用灰水足迹理论,分析了1994—2012年粮食生产灰水足迹的时空变化特征,以水环境压力(Water Environment Pressure,WEP)和离散型灰色(Discrete Grey Model,DGM) DGM(1,1)模型为支撑建立了多年平均径流量情景下粮食生产对水环境负面影响的评价方法,评价了2015年和2020年县域尺度粮食生产灰水足迹的环境可持续性。

5.2.1 研究背景

粮食和水是人类生存与发展必要的物质基础,支撑着人类健康和社会稳定。自20世纪80年代以来,为减缓因人口增长引起的粮食安全问题,中国已普遍实行了高集约化的农业生产模式,在劳动力和耕地数量不断减少的背景下,增加化肥与农药投入已成为粮食增产的主要途径[31]。然而,由于化学物质的过量投入,大量未被有效利用的养分和农药流失到环境中,造成了严重的水环境污染,农业非点源污染已成为重要的环境污染源和粮食生产的制约因素。如何系统地分析和评价粮食生产对水环境产生的负面效应是当前环境科学和可持续农业发展的研究热点之一。

足迹研究是当前生态经济学和可持续发展研究领域的热点之一[32]。足迹类指标为评价农业生产资源消耗和废弃物排放等活动提供了新的理念和途径。Hoekstra 和 Chapagain 于 2008 年首次提出灰水足迹,引起了国际学者的广泛关注[33,34]。依照国际水足迹网络出版的《水足迹评价手册》,灰水足迹被定义为以自然本底浓度和现有水质标准为基准,将一定的污染物负荷吸收同化所需淡水的体积[35]。水污染的程度和规模可以通过稀释该污染物至无害的水量来反映,这种稀释污染物的淡水量并非真实消耗掉了,而是一种虚拟水的形式。灰水足迹实现了从水量的角度评价水污染程度的目的,直观地反映了水污染对可用水资源的影响[36]。近几年国外灰水足迹研究发展迅速,一些学者分别从全球、国家、区域层面评价了主要作物生产、消费的灰水足迹[34,37,38]。在我国,农业生产活动导致的化肥和农药流失是水环境污染的主要因素,有近60%的灰水足迹来自农业生产[39],部分学者基于灰水足迹理论与方法计算了我国华北平原、新疆、内蒙古、黑龙江、山东、湖南等主要的粮食作物生产与消费的灰水足迹现状[40-48],并提出了减少灰水足迹的方法和措施。然而,上述研究大多从宏观角度出发,计算指标比较单一;且大多数仅停留在现状的评价,对未来情景下粮食生产的水环境效应缺乏深入的研究。通过灰水足迹历史序列的分析,对将来粮食生产灰水足迹的发展趋势进行研判,进而评价粮食生产的环境可持续性,可为环境风险管理与农业规划提供理论依据和数据支撑。

综上所述,从我国国情来看,在未来相当长的一段时间内,为保障粮食安全,大量投入农用化学品的现象依然不可避免。准确度量和综合评价粮食生产的水环境效应已成为可持续农业研究的重要内容之一。本节基于灰水足迹理论,选取粮食主产区洞庭湖区 35 个县(市、区)为案例区,分析县域尺度粮食生产灰水足迹及其时空变化特征;在此基础上,构建未来一般情景下粮食生产对水环境影响的评价方法,评价各县(市、区)粮食生产灰水足迹的环境可持续性。为指导降低粮食生产过程的水环境风险、制定农业可持续发展规划及农业产业政策提供参考。

5.2.2 研究区概况

本研究选取环洞庭湖的长沙、株洲、湘潭、岳阳、常德和益阳 6 市 35 个县(市、区)作为研究单元,地理坐标为 26°3′~31°8′N,110°29′~114°15′E。洞庭湖区地处太平洋西岸季风湿润区域,属于亚热带季风湿润气候区,四季分明,降水充沛,降水分布差异显著,干湿季节明显,年平均降水量为 1215~1548mm,多年平均气温为 16~18℃,日照 1348~1792h,无霜期 263~286 天。该区域以中国第二大淡水湖洞庭湖为中心,水网密布、湖垸众多,耕地比重大,农业生产集约化程度高,是重要的国际天然湿地和我国商品粮生产基地,对保障长江流域水生态安全和国家粮食安全有重要意义。洞庭湖区土地总面积约 7.35 万 km^2,占湖南省土地总面积的 34.7%。主要粮食作物有水稻、玉米等,近十年其年均粮食产量占湖南省粮食总产量的 50% 左右。近年来,随着高投入、高产出农业生产模式的推行,洞庭湖水体日益受到总氮(TN)和总磷(TP)的污染[49]。已有研究表明,农业非点源污染是导致洞庭湖向富营养化发展的主要原因之一[50],其中 TN 和 TP 主要来源于耕地,尤其是水田[51]。

洞庭湖区 1994—2012 年用于粮食生产的化肥(折纯)、农药施用量,除 2001—2003 年因粮食播种面积的下降引起化肥和农药投入出现低谷外,其他年份均呈波动增长的趋势。化肥以氮肥和磷肥为主,1994 年化肥施用量(折纯)为 47.04 万 t,到 2012 年增至 72.46 万 t,增幅 54.04%,年均增长 2.30%。其中氮肥施用量(折纯 N)由 1994 年的 29.06 万 t,增至 2012 年的 36.91 万 t,增幅 27.01%,年均增长 1.27%;磷肥(折纯 P$_2$O$_5$)由 1994 年的 9.18 万 t 增加至 2012 年的

15.27万t,增长幅度高于氮肥,增幅达66.34%,年均增速2.72%,磷肥对化肥增长的贡献率由1994年的19.51%增至2012年的23.97%。1994—2012年农药施用量由1994年的2.33万t增加至2012年的3.76万t,增幅达61.37%,年均增速2.55%。

5.2.3 研究方法与参数选取

5.2.3.1 灰水足迹的估算方法

1. 灰水足迹的估算

(1) 农业非点源污染灰水足迹

农业非点源污染是指农业生产活动中,农田中土粒,氮、磷等营养物质,农药和其他有机或无机污染物质,通过农田的地表径流、农田排水和农田地下渗漏,使大量污染物进入水体形成的环境污染,如化肥污染、农药污染等[52]。农业非点源污染较点源污染计算复杂,本书采用《水足迹评价手册》推荐的一级简单模型计算区域氮肥灰水足迹、磷肥灰水足迹及农药灰水足迹[35]。计算公式为

$$GWF_i = \frac{L_i}{C_{max_i} - C_{nat_i}} = \frac{\alpha_i \times Appl_i}{C_{max_i} - C_{nat_i}} \quad (5-1)$$

式中,GWF_i代表第i种非点源污染灰水足迹(m^3);L_i代表第i种污染物排放负荷(kg);α_i代表第i种使用的化学物质进入淡水的比例,即淋溶、径流损失率(%);$Appl_i$代表第i种化学物质在粮食生产过程中的使用量(kg);C_{max_i}代表第i种非点源污染环境允许最大浓度(kg/m^3);C_{nat_i}代表第i种非点源污染在环境中的本底浓度(kg/m^3)。

(2) 区域粮食生产部门灰水足迹

依照灰水足迹的理论,区域粮食生产部门灰水足迹符合"短板原理"[43],即以区域稀释关键污染物所需的淡水量作为区域粮食生产部门灰水足迹。计算公式为

$$GWF_{area-grain} = \max(GWF_{TN}, GWF_{TP}, GWF_{pesticide}) \quad (5-2)$$

式中,$GWF_{area-grain}$代表区域粮食生产部门灰水足迹(m^3);GWF_{TN}代表氮肥灰水足迹(m^3);GWF_{TP}代表磷肥灰水足迹(m^3);

$GWF_{\text{pesticide}}$代表农药灰水足迹（m^3）。

（3）粮食生产灰水足迹

粮食生产灰水足迹是指把一个粮食生产周期内单位粮食产量新增污染物稀释到环境临界浓度所需要的水量[43]。即地区粮食生产部门灰水足迹除以粮食总产量。计算公式为

$$GWF_{\text{grain}} = \frac{GWF_{\text{area-grain}}}{Y} \qquad (5-3)$$

式中，GWF_{grain}代表粮食生产灰水足迹（m^3/kg）；Y代表区域粮食总产量（kg）。

2. 相关参数的确定

（1）环境最大允许浓度

本研究以我国《地表水环境质量标准》（GB 3838—2002）为标准，依据《湖南省主要地表水系水环境功能区划》的规定，洞庭湖区大部分水域水质要求达到Ⅲ类水质指标。Ⅲ类水 TN、TP 浓度限值作为氮、磷污染物在水体中的环境浓度标准，C_{Nmax}为 1.0 mg/l，C_{Pmax}为 0.05 mg/l，农药以石油类计算，$C_{\text{pesticide\_max}}$为 0.05 mg/l，C_{nat}常假设为 0。

（2）化肥、农药进入淡水比例

根据李高明的研究，洞庭湖区的氮肥流失率占常规施肥量的 7.49% ~ 22.5%，稻田平均流失率为 9.37%，旱地流失率为 19.77%；磷肥的流失率为 0.95% ~ 3.39%，稻田平均流失率为 2.39%，旱地平均流失率为 2.77%[25]。氮磷的平均流失率是综合了湘北洞庭湖区 5 个实验点的平均值，具体县域尺度总流失率的计算根据水稻播种面积与旱地粮食播种面积的比值确定。

洞庭湖区占湖南省 25.8% 的耕地面积，却使用了湖南省 36.37% 的农药[50]。农药的实际利用率因剂型的不同而有所差异，粉剂农药实际利用率一般小于 10%，液剂农药实际利用率为 20% ~ 30%。未有效利用的农药有 5% ~ 30% 挥发到大气中，40% ~ 60% 洒落农田地表，约 25% 残留于土壤中，随降雨而流失至水体[53]。结合洞庭湖区实际，为便于比较流失率统一确定为 75%[43]。

对于 $Appl$ 的计算，由于收集到的数据是县域尺度所有作物总的施

肥量，缺少粮食作物分开的施肥量数据。本书通过参照粮食播种面积与农作物播种面积的比值和入户调研各类作物常规施肥量确定县域尺度粮食生产的化肥和农药总施用量。洞庭湖区使用的农药主要有三类：一是有机磷类，主要有乐果、对硫磷、甲拌磷和甲胺磷等；二是拟除虫脂类，主要有溴氢菊酯、高效氯氰菊酯等；三是氨基甲酸酯，主要有呋喃丹、灭多威等。杀虫剂占农药总量的54.60%[54]，假设杀虫剂的25%为脂类，有效含量10%，可得到用于粮食生产的脂类杀虫剂的县域使用量。

5.2.3.2 环境可持续评价方法

为评价未来一般水资源情景下，粮食生产对区域水环境的负面效应。本书在历史序列分析的基础上，以离散灰色预测模型DGM（1，1）和区域水环境压力（WEP）为支撑建立了多年平均径流情景下粮食生产对水环境影响的评价方法。

1. 灰水足迹的预测

影响化肥、农药使用量变化的因素多而复杂，很难通过化肥、农药施用量与某些指标之间的关系建立模型预测未来化肥、农药使用量的变化情况。县域化肥淋溶和径流损失率与农业土地利用类型紧密相关，根据2015年和2020年的水田和旱地粮食生产播种面积的预测结果，可估算化肥淋溶和径流损失率。灰色系统理论是一种研究小样本、贫信息的不确定性系统分析方法，本研究基于灰色系统理论建模软件GTMS3.0应用离散型灰色模型DGM（1，1）分别预测2015年❶和2020年化肥、农药使用量及水田、旱地播种面积。

2. 区域粮食生产的水环境压力

粮食生产的水环境压力（WEP）是指区域粮食生产部门灰水足迹与可容纳污染物的径流量的比值［见式（5-4）］。$WEP=1$意味着污染物稀释到当地环境标准要求的浓度所需的淡水体积正好等于区域所有水资源的数量，区域水环境受粮食生产的影响处于重度压力状态。

---

❶ 本研究完成早于2015年，故为预测研究。

$WEP>1$ 则说明区域可更新的水资源量不能满足稀释粮食生产的污染物达到当地水质标准，水质超出了水质标准，即当地粮食生产部门灰水足迹的环境不可持续。计算公式为

$$WEP_{grain} = \frac{GWF_{area-grain}}{R_{act}} \qquad (5-4)$$

式中，WEP 代表粮食生产的水环境压力（无量纲）；$GWF_{area-grain}$ 代表区域粮食生产部门灰水足迹（m³）；R_{act} 代表年实际径流量（m³）。

5.2.3.3 数据来源

洞庭湖区的基础数据主要来源于《湖南省农村统计年鉴（1995—2013年）》《湖南省统计年鉴（1995—2013年）》《长沙市统计年鉴（1995—2013年）》《株洲市统计年鉴（1995—2013年）》《湘潭市统计年鉴（1986—2013年）》《益阳市统计年鉴（1995—2013年）》《常德市统计年（1995—2013年）》《岳阳市统计年鉴（1995—2013年）》，部分数据来源于湖区各县市的统计年鉴以及统计公报。多年平均径流量数据来源于《2013湖南省水资源公报》及各地级市水资源公报，部分县（市、区）缺少多年平均径流量数据，通过《2013湖南省水资源公报》和各县（市、区）集水面积进行估算。

5.2.4 结果分析

5.2.4.1 粮食生产灰水足迹的空间分布

灰水足迹作为粮食生产对水资源影响的关键指标，其数值越大反映粮食生产对稀释水的需求量越高。洞庭湖区各县（市、区）粮食生产部门灰水足迹为1.19亿~23.61亿 m³，1994—2012年年均最大值和最小值的县（市、区）分别为湘潭县（23.61亿 m³）和湘潭市辖区（1.19亿 m³）。各县（市、区）粮食生产部门灰水足迹跨度较大，但68.57%的县（市、区）主要集中在6亿~15亿 m³。临近洞庭湖的县（市、区）灰水足迹主要分布在10亿~15亿 m³ 之间。长沙市辖区、湘潭市辖区、株洲市辖区、韶山市和津市市因粮食播种面积较小，粮食生产部门灰水足迹在5亿 m³ 以下。

洞庭湖区各县（市、区）粮食生产灰水足迹为 1.06~5.58m³/kg，最大值和最小值的县（市、区）分别为石门县（5.58m³/kg）和湘潭市辖区（1.06m³/kg）。除部分县（市、区）外，临近洞庭湖的县（市、区）粮食生产灰水足迹主要分布在 2.4~3.6m³/kg 之间。

5.2.4.2 粮食生产灰水足迹的历史序列分析

1994—2012 年洞庭湖区粮食生产部门灰水足迹为 273.0 亿~438.08 亿 m³，19 年平均值为 347.65 亿 m³（见图 5-4）。总的来看，洞庭湖区粮食生产部门灰水足迹、化肥灰水足迹经历了先下降后回升的过程。2001—2003 年随着城镇化的推进与农村经济的发展，粮食种植机会成本的日益增高，双季稻改单季稻和耕地落荒现象普遍，导致了粮食播种面积下降从而引起化肥投入量出现低谷，全区粮食生产部门灰水足迹呈下降的趋势。此后随着湖南省取消了农业税并对种粮农民进行四项补贴（直接补贴、良种补贴、农机具购置补贴和农业生产资料综合补贴）等一系列的农业税费改革的惠民政策，减轻了农民的经济负担，促进了肥料投入，导致了灰水足迹的回升；2006 年湖南省开始推行测土配方施肥技术，科学施肥的普及降低了化肥投入量，2010—2012 年全区粮食生产部门灰水足迹略有下降。

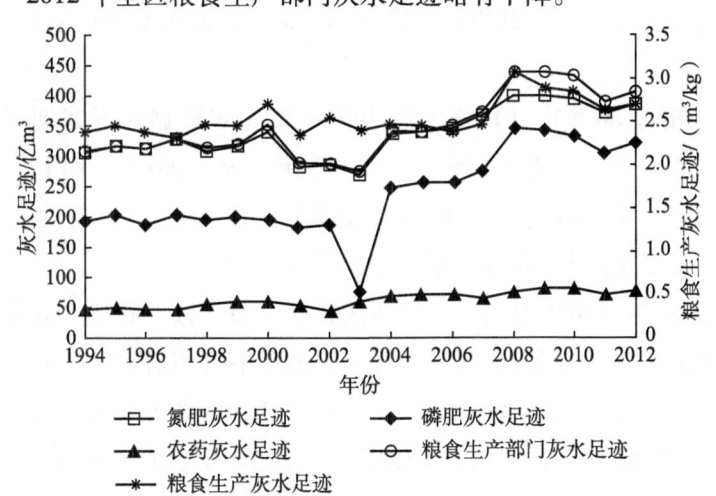

图 5-4　洞庭湖区 1994—2012 年粮食生产部门灰水足迹和粮食生产灰水足迹的变化

根据"短板原理",灰水足迹由关键污染物的稀释水量决定[43],1994—2007年,洞庭湖区绝大多数县(市、区)氮肥灰水足迹均高于磷肥灰水足迹,粮食生产部门灰水足迹取氮肥灰水足迹计算值。因此,全区化肥灰水足迹的波动趋势与粮食生产部门灰水足迹基本保持一致。2007—2012年由于部分县(市、区)磷肥投入的快速增长,其所需稀释水量逐步超过了氮肥,全区粮食生产部门灰水足迹总量超过了氮肥灰水足迹。

1994—2012年洞庭湖区粮食生产灰水足迹为2.3~3.06m^3/kg,平均值为2.54m^3/kg。除2006—2008年灰水足迹呈上升趋势外,其他年份总体相对比较稳定,粮食生产灰水足迹的最大值和最小值分别出现在2008年和1997年。

5.2.4.3 洞庭湖区粮食生产部门灰水足迹的预测

为验证DGM(1,1)模型模拟结果是否可靠,在案例区6个地级市中各选取1个县级单元,模拟这6个单元2012年的化肥、农药投入量和水田、旱地播种面积,然后与当年实际数据进行对比分析,进而检验该方法的模拟精度与可靠性。结果如表5-5所示,该6个县级单元的化肥、农药投入量和水田、旱地播种面积的预测值与实际值之间的差异率较小,其绝对值均在10%以内,说明该模型的模拟方法可靠。

采用DGM(1,1)模型以1994—2012年数据对洞庭湖区各县(市、区)化肥(氮肥、磷肥)、农药和粮食播种面积(水田与旱地)进行预测,并用残差法进行检验;如果给定α,当平均相对误差$\Delta<\alpha$且$\Delta<\alpha$成立,则预测结果是可靠的[28]。

由表5-6可以看出,洞庭湖区各县(市、区)化肥和农药使用量、水田和旱地面积的DGM(1,1)模型平均相对误差α均≤0.1,根据灰色模型精度检验等级[28],本模型预测精度为3级,可用于预测。根据洞庭湖区化肥、农药使用量及水田和旱地面积预测值,参照式(5-2)和式(5-3)即可得到2015年和2020年的县域尺度的粮食生产部门和粮食生产灰水足迹。

表 5-5 2012 年化肥、农药投入量和水田、旱地播种面积的预测值与实际值的对比分析

地区	氮肥投入 预测值/t	氮肥投入 实际值/t	差异率/%	磷肥投入 预测值/t	磷肥投入 实际值/t	差异率/%	农药投入 预测值/t	农药投入 实际值/t	差异率/%	水田面积 预测值/$10^3 hm^2$	水田面积 实际值/$10^3 hm^2$	差异率/%	旱地面积 预测值/$10^3 hm^2$	旱地面积 实际值/$10^3 hm^2$	差异率/%
安化县	3849.79	4060.45	-5.19	1484.12	1567.50	-5.32	297.38	291.29	2.09	26.19	28.38	-7.72	17.92	18.96	-5.49
澧县	13121.24	12184.21	7.69	5172.36	4774.28	8.34	985.97	910.25	8.32	65.41	71.27	-8.22	14.181	15.43	-8.09
平江县	7096.19	7610.83	-6.76	3948.3	3660.14	7.87	681.2	627.97	8.48	67.2	65.39	2.77	8.28	7.76	6.70
韶山市	1187.13	1284.00	-7.54	194.72	178.17	9.29	64.58	59.06	9.35	10.05	9.69	3.72	0.173	0.16	8.13
茶陵县	8310.18	8018.23	3.64	1666.14	1613.49	3.26	344.98	373.41	-7.61	44.95	43.59	3.12	1.52	1.67	-8.98
浏阳市	6791	7303.09	-7.01	5252.87	4987.51	5.32	1022.54	1117.00	-8.46	65.9	72.49	-9.09	8.01	8.48	-5.54

注:差异率 =(预测值 - 实际值)/实际值 ×100%。

表5-6 2015年、2020年洞庭湖区各县(市、区)化肥、农药使用量,水田、旱地面积的预测结果,检验指标及灰水足迹

县 (市、区)	氮肥投入预测模型 检验指标 平均相对误差	氮肥投入预测模型 预测结果 2015年	氮肥投入预测模型 预测结果 2020年	磷肥投入预测模型 检验指标 平均相对误差	磷肥投入预测模型 预测结果 2015年	磷肥投入预测模型 预测结果 2020年	农药投入预测模型 检验指标 平均相对误差	农药投入预测模型 预测结果 2015年	农药投入预测模型 预测结果 2020年	水田预测模型 检验指标 平均相对误差	水田预测模型 预测结果 2015年	水田预测模型 预测结果 2020年	旱地预测模型 检验指标 平均相对误差	旱地预测模型 预测结果 2015年	旱地预测模型 预测结果 2020年	灰水足迹/亿m³ 2015年	灰水足迹/亿m³ 2020年
长沙市辖区	0.10	4442.29	4026.02	0.10	2273.33	2271.82	0.10	601.48	444.23	0.10	19.06	22.01	0.10	1.55	1.67	4.8	4.8
长沙县	0.09	8134.44	7872.75	0.10	5758.14	6992.10	0.10	1696.92	1909.69	0.05	79.80	81.31	0.09	7.12	6.44	12.18	14.77
望城县	0.07	5328.99	4669.53	0.10	1702.04	1531.23	0.10	754.23	635.69	0.08	49.80	45.90	0.10	6.03	5.12	5.59	4.86
宁乡县	0.10	17866.56	17897.30	0.10	11311.36	14875.85	0.10	2325.41	2306.62	0.04	118.82	118.36	0.10	6.17	4.59	23.8	31.24
浏阳市	0.06	6149.54	5094.03	0.10	5336.95	5492.72	0.10	944.07	816.08	0.09	57.05	50.06	0.07	10.60	9.87	11.42	11.77
株洲市辖区	0.10	1365.79	1586.46	0.10	653.26	761.84	0.10	462.47	362.18	0.10	18.39	20.20	0.10	1.87	2.36	1.41	1.66
株洲县	0.09	5724.01	6035.41	0.10	4712.35	5156.05	0.05	537.35	434.31	0.08	42.07	42.29	0.09	0.78	0.49	9.87	10.78
攸县	0.06	14625.19	16407.32	0.06	6112.39	7935.43	0.07	298.13	226.10	0.04	68.19	71.02	0.10	2.05	1.70	14.15	16.63
茶陵县	0.03	8564.01	8844.19	0.10	1709.40	1784.01	0.10	116.56	45.81	0.03	45.27	45.81	0.10	1.86	1.49	8.38	8.58
炎陵县	0.09	1158.39	1115.79	0.10	806.67	848.21	0.10	116.56	116.56	0.02	11.28	10.18	0.10	2.82	3.14	1.74	1.84
醴陵市	0.06	7175.59	6855.93	0.10	7379.42	10857.30	0.10	2242.46	2242.46	0.04	65.52	68.18	0.09	3.55	3.23	15.53	22.83

续表

县(市、区)	氮肥投入预测模型 检验指标 平均相对误差	氮肥投入预测模型 预测结果 2015年	氮肥投入预测模型 预测结果 2020年	磷肥投入预测模型 检验指标 平均相对误差	磷肥投入预测模型 预测结果 2015年	磷肥投入预测模型 预测结果 2020年	农药投入预测模型 检验指标 平均相对误差	农药投入预测模型 预测结果 2015年	农药投入预测模型 预测结果 2020年	水田预测模型 检验指标 平均相对误差	水田预测模型 预测结果 2015年	水田预测模型 预测结果 2020年	旱地预测模型 检验指标 平均相对误差	旱地预测模型 预测结果 2015年	旱地预测模型 预测结果 2020年	灰水足迹/亿 m³ 2015年	灰水足迹/亿 m³ 2020年
湘潭市辖区	0.10	2841.21	3538.40	0.10	1087.17	1549.19	0.10	285.27	296.75	0.06	6.13	6.02	0.08	0.29	0.33	2.8	3.51
湘潭县	0.08	34901.00	40965.54	0.10	8812.68	10566.03	0.10	1698.95	1698.95	0.05	114.18	116.06	0.10	3.91	3.73	33.91	39.72
湘乡市	0.06	13702.16	14487.92	0.10	5269.15	5591.11	0.10	1071.23	1225.95	0.03	76.72	78.93	0.08	2.52	2.04	13.29	13.96
韶山市	0.09	1170.61	1142.22	0.10	213.08	245.33	0.10	73.01	73.01	0.04	9.43	9.66	0.06	0.27	0.24	1.13	1.1
岳阳市辖区	0.10	7400.46	8424.84	0.10	2664.46	3156.60	0.07	415.10	320.32	0.09	47.52	59.86	0.10	12.00	15.67	8.49	9.71
岳阳县	0.09	14216.64	16464.11	0.10	4903.17	5925.61	0.10	790.90	870.99	0.08	78.37	85.89	0.09	10.58	9.52	15.08	17.14
华容县	0.10	16568.93	19447.98	0.10	7804.78	9883.41	0.10	2810.56	3120.40	0.09	105.24	133.58	0.10	2.76	2.14	16.36	20.68
湘阴县	0.10	10640.33	11230.85	0.10	3584.74	3509.87	0.10	2233.31	2233.31	0.08	96.74	112.62	0.07	16.25	20.51	11.56	12.32
平江县	0.06	6655.19	5980.26	0.09	4083.33	4300.35	0.10	1081.22	1081.22	0.03	65.99	66.46	0.09	7.88	6.99	8.67	9.11
汨罗市	0.07	17117.14	20417.20	0.09	3805.46	4774.65	0.10	3103.36	3103.36	0.05	77.67	84.68	0.09	9.58	9.65	18	21.31
临湘市	0.10	8275.66	9814.00	0.10	3354.14	4369.13	0.09	528.87	715.90	0.09	56.10	64.53	0.09	5.17	4.05	8.48	9.8
常德市辖区	0.09	20576.92	23734.60	0.10	8988.71	11637.24	0.10	1487.38	1487.38	0.09	139.52	150.72	0.10	12.41	14.76	21.03	24.64
安乡县	0.07	11815.93	13436.51	0.10	4167.35	4765.33	0.10	273.45	273.45	0.08	45.56	48.41	0.10	7.11	9.19	12.73	14.82

续表

县（市、区）	氮肥投入预测模型 检验指标 平均相对误差	氮肥投入预测模型 预测结果 2015年	氮肥投入预测模型 预测结果 2020年	磷肥投入预测模型 检验指标 平均相对误差	磷肥投入预测模型 预测结果 2015年	磷肥投入预测模型 预测结果 2020年	农药投入预测模型 检验指标 平均相对误差	农药投入预测模型 预测结果 2015年	农药投入预测模型 预测结果 2020年	水田预测模型 检验指标 平均相对误差	水田预测模型 预测结果 2015年	水田预测模型 预测结果 2020年	旱地预测模型 检验指标 平均相对误差	旱地预测模型 预测结果 2015年	旱地预测模型 预测结果 2020年	灰水足迹/亿m³ 2015年	灰水足迹/亿m³ 2020年
汉寿县	0.10	19423.72	22669.98	0.03	7236.61	7599.44	0.08	994.04	1049.73	0.09	113.62	130.91	0.10	2.87	2.56	18.7	21.7
澧县	0.08	13258.94	13501.84	0.10	5754.89	6771.84	0.09	1059.40	1169.57	0.10	60.65	60.18	0.08	14.41	15.82	15.07	15.58
临澧县	0.07	5627.45	5674.21	0.09	2809.73	3192.94	0.00	154.27	137.28	0.10	52.87	56.05	0.10	2.26	1.78	5.9	6.7
桃源县	0.09	10772.49	10363.16	0.10	3389.29	3452.13	0.08	587.73	585.96	0.08	124.90	136.21	0.07	19.24	19.55	11.59	11.07
石门县	0.10	10350.60	10136.42	0.10	6380.62	7609.30	0.10	535.81	560.31	0.08	23.30	20.68	0.08	25.05	22.33	15.28	17.2
津市市	0.09	3554.44	3848.00	0.10	1635.67	1968.39	0.10	153.85	140.87	0.09	20.68	21.72	0.10	1.63	1.47	3.6	4.15
益阳市辖区	0.10	29802.13	37464.81	0.10	11548.75	14615.80	0.10	5525.97	7298.15	0.06	127.68	141.27	0.10	12.31	13.99	30.66	38.62
南县	0.10	22126.52	26062.59	0.10	6253.65	7149.23	0.09	1986.20	2576.20	0.08	102.56	126.18	0.06	8.41	10.59	22.48	26.52
桃江县	0.09	9378.21	10218.95	0.10	3689.45	4580.27	0.10	469.81	503.98	0.10	48.70	46.42	0.06	6.79	6.59	9.98	10.9
安化县	0.04	3748.03	3601.51	0.06	1470.66	1448.50	0.02	300.69	306.29	0.07	23.44	20.94	0.10	18.22	15.43	5.22	4.96
沅江市	0.10	12490.92	13860.64	0.10	5646.02	6468.20	0.10	1234.96	1332.66	0.09	77.87	89.30	0.09	3.51	2.94	12.27	13.57

注：平均相对误差为检验DGM（1，1）模型精度的指标，均由GTMS3.0软件完成。

粮食生产部门灰水足迹总量的增长，反映出集约化粮食生产对洞庭湖受农业 TN、TP 污染的压力正持续增强。2015 年和 2020 年，长沙市辖区、株洲市辖区、湘潭市辖区、韶山市等因其粮食播种面积较小，粮食生产部门灰水足迹将持续处于低值；然而，益阳市辖区及湘潭县粮食生产部门灰水足迹将持续增长，继续保持稀释水高需求量的态势。

5.2.4.4　洞庭湖区粮食生产灰水足迹的环境可持续性评价

在上述分析的基础上，应用水环境压力（WEP）指标，以洞庭湖区 35 个县（市、区）为主要评价单元，分析县域尺度多年平均径流量情景下粮食生产部门灰水足迹的水环境压力。1994—2012 年洞庭湖区水环境受粮食生产的影响较小，全区粮食生产部门年均 $WEP = 0.6$；澧县、汨罗市等 6 个县（市、区）因粮食生产导致的 1994—2012 年均 $WEP > 1$，粮食生产对周边水环境的影响呈重度压力的态势。2015 年洞庭湖区将有 13 个县（市、区）粮食生产部门的 $WEP > 1$，这意味着占总数 37.14% 的评价单元用以稀释 TN、TP 的所需淡水量超过了多年平均径流量，其周边水环境将呈 TN 或 TP 水质恶化的趋势；其中，宁乡县、华容县由于磷肥投入增速快于氮肥，其磷肥灰水足迹总量高于氮肥灰水足迹，导致粮食生产对水环境不可持续的关键污染物为 TP，其他评价单元的关键污染物为 TN。

2020 年与 2015 年相比，粮食生产部门的 $WEP > 1$ 的县（市、区）数量将增加 2 个（醴陵市和津市市），即占全区 42.86% 的评价单元水资源将受到不同程度的 TN、TP 污染；其中受到 TP 污染的县（市、区）由 2 个增加至 7 个，占 $WEP > 1$ 评价单元的 46.67%，日益增长的 TP 已成为洞庭湖区重要的非点源污染物。2020 年除桃源县、安化县、望城县、韶山市 WEP 值较 2015 年略有降低外，其于各评价单元均有不同程度的提高。洞庭湖区 WEP 值由 1994—2012 年的均值 0.6 提高至 2015 年的 0.76 和 2020 年的 0.87，洞庭湖区水环境受粮食生产的压力逐渐增大，洞庭湖受粮食生产的负面影响正持续增强。

5.2.5 小结

本书以洞庭湖粮食主产区 35 个县（市、区）为研究单元，应用灰水足迹理论，分析了 1994—2012 年县域尺度粮食生产灰水足迹及其时空变化特征。在此基础上，以水环境压力（WEP）和离散型灰色模型 DGM（1，1）为支撑建立了多年平均径流量情景下粮食生产对水环境可持续性评价方法，预测了 2015 年和 2020 年粮食生产灰水足迹对区域水环境的压力。主要研究结论如下[55]：

（1）1994—2012 年洞庭湖区粮食生产部门灰水足迹为 273.0 亿~438.08 亿 m^3，平均值为 347.65 亿 m^3，总体上，洞庭湖区粮食生产部门灰水足迹经历了先下降后回升的过程。该区域粮食生产灰水足迹为 2.3~3.06 m^3/kg，平均值为 2.54 m^3/kg。各县（市、区）粮食生产部门灰水足迹为 1.19 亿~23.61 亿 m^3，粮食生产灰水足迹为 1.06~5.58 m^3/kg。

（2）2015 年和 2020 年洞庭湖区粮食生产部门灰水足迹将达到 431.16 亿 m^3 和 498.54 亿 m^3，35 个县（市、区）粮食生产部门平均灰水足迹分别为 12.32 亿 m^3 和 14.24 亿 m^3。洞庭湖区因粮食生产导致的 WEP 值由 1994—2012 年的均值 0.6 提高至 2015 年的 0.76 和 2020 年的 0.87，洞庭湖区水环境压力受粮食生产的负面影响正持续增强。

（3）讨论。

灰水足迹从稀释水量的角度评价水污染的总体程度，直观地反映了粮食生产导致的养分和农药流失对区域水环境的负面影响。然而，影响灰水足迹的因素诸多，且灰水足迹的计算具有时空尺度效应，如养分和农药的迁移与转化是一个极为复杂的生物、物理和化学过程，受时间、土壤、坡度、天气、作物等诸多因素的影响。此外，选取的背景浓度及环境标准对灰水足迹和水环境压力的计算也具有很大的影响。本研究采用了《水足迹评价手册》推荐的一级简单模型计算区域氮肥灰水足迹、磷肥灰水足迹及农药灰水足迹，未考虑以上因素带来的影响，在具备详细监测数据的地区可选择精准的模型对灰水足迹进行更深层次的计算和评价。本研究主要针对粮食生产过程中化肥与农药过量投入导致的农业非点源污染问题，选取洞庭湖区关键的非点源污染物（TN、TP 和脂类杀虫剂）作为县域尺度评估指标，针对具备其他指标监测数据的地区可选择更多指标如 DON、DIN、DIP、DOP 等灰水足迹的计算和评价。

针对未来情景下，粮食生产对区域水环境可持续性的评价，本书的分析结果是基于多年平均径流量情景下县域尺度的年均整体水平。$WEP<1$ 的县域说明该评价单元整体表现出未有粮食生产引起的水污染的问题，但该值不能反映评价单元内不同小区域的水环境压力。此外，在具备水资源调查数据详细的区域可以进行多情景下的水污染水平的评价。

区域水污染水平受农业、工业、居民生活等多部门和多种污染物的影响，本书的出发点在于通过可相互比较的水环境压力指标分析各评价单元粮食生产对水环境的负面效应。针对区域水环境的可持续性评价则需要对区域内所有部门的灰水足迹进行核算，通过区域灰水足迹与水资源量的比值确定区域水污染程度。今后应加强灰水足迹理论在农业生产中的应用研究，如探讨基于 WEP 数据，科学有效地划分粮食生产区的环境风险等级，制订关键污染物的控制指标，以有效地减少粮食生产对区域水环境的影响。

本章参考文献

[1] 向晶，唐亚. 集约化农业及其环境效应 [J]. 世界科技研究与发展，2005，27（6）：81－87.

[2] 方恺. 足迹家族：概念、类型、理论框架与整合模式 [J]. 生态学报，2015，35（6）：1－17.

[3] Xue Xiaobao, Landis Amy. Eutrophication potential of food consumption patterns [J]. Environmental Science & Technology, 2010, 44 (16): 6450－6456.

[4] Kyle S Van Houtan, Stacy K Hargrove, Balazs George H. Land use, macroalgae, and a tumor－forming disease in marine turtles [J]. Plos One, 2010, 5 (9): e12900.

[5] Leach A M, Galloway J N, Bleeker A, et al. A nitrogen footprint model to help consumers understand their role in nitrogen losses to the environment [J]. Environmental Development, 2012, 1 (1): 40-66.

[6] Leach A M, Galloway J N, Bleeker A. Online nitorgen footprint calculator [EB/OL]. (2011-01-08) [2011-01-08]. http://www.n-print.org.

[7] 秦树平, 胡春胜, 张玉铭, 等. 氮足迹研究进展 [J]. 中国生态农业学报, 2011, 19 (2): 462-467.

[8] Stevens C J, Leach A M, Dale S, et al. Personal nitrogen footprint tool for the United Kingdom [J]. Environ Science: Process & Impacts, 2014, 16 (7): 1563-1569.

[9] Pierer Magdalena, Winiwarter Wilfried, Leach Allison M, et al. The nitrogen footprint of food products and general consumption patterns in Austria [J]. Food Policy, 2014, 49: 128-136.

[10] 周涛, 王云鹏, 王芳, 等. 广东省农业氮足迹分析 [J]. 中国环境科学, 2014, 34 (9): 2430-2438.

[11] Gu Baojing, Leach Allison M, Ma Lin, et al. Nitrogen Footprint in China: Food, Energy, and Nonfood Goods [J]. Environmental Science & Technology, 2013, 47 (16): 9217-9224.

[12] 付永虎, 刘黎明, 袁承程. 农业土地利用系统氮足迹与灰水足迹综合评价 [J]. 农业工程学报, 2016, 32 (S1): 312-319.

[13] Chapagain A M, Hoekstra A Y. The blue, green and grey water footprint of rice from production and consumption perspectives [J]. Ecological Economics, 2011, 70 (4): 749-758.

[14] Shrestha Sangam, Pandey Vishnu P, Chanamai Chawalit, et al. Green, blue and grey water footprints of primary crops production in Nepal [J]. Water Resources Management, 2013, 27 (15): 5223-5243.

[15] Mekonnen M M, Hoekstra A Y. The green, blue and grey water footprint of crops and derived crop products [J]. Hydrology and Earth System Sciences, 2011, 15 (5): 1577-1600.

[16] Mekonnen M M, Hoekstra A Y. A global and high-resolution assessment of the green, blue and grey water footprint of wheat [J]. Hydrology and Earth System Sciences, 2010, 14 (7): 1259-1276.

[17] 林靖雯, 翁翎燕, 戴毅豪. 中国灰水足迹时空格局演变及其脱钩关系研究 [J]. 水利科技与经济, 2019, 25 (9): 14-21.

[18] 齐娅荣, 张嗣翠, 唐莲, 等. 宁夏固原市主要作物生产水足迹分析 [J/OL]. 水资源与水工程报: 1-7 [2019-11-18]. http://kns.cnki.net/kcms/detail/61.1413.TV.20191112.1033.002.html.

[19] 付国睿, 黄子淇, 景海钊, 等. 基于生产水足迹的粮食作物种植结构优化研究: 以辽宁省铁岭市为例 [J]. 资源开发与市场, 2019, 35 (11): 1362-1367, 1374.

[20] 张鑫, 李磊, 甄志磊, 等. 时空与效率视角下汾河流域农业灰水足迹分析 [J]. 中国环境科学, 2019, 39 (4): 1502-1510.

[21] Franke, Boyacioglu, Hoekstra. Grey water footprint accounting: Tier 1 supporting guidelines [R]. 2013.

[22] 全国农业推广服务中心. 中国有机肥料养分志 [M]. 北京: 中国农业出版社, 1999: 53-142.

[23] 郭冬生, 王文龙, 彭小兰, 等. 湖南省畜禽粪污排放量估算与环境效应 [J]. 中国畜牧兽医, 2012, 39 (12): 199-204.

[24] 王方浩, 马文奇, 窦争霞, 等. 中国畜禽粪便产生量估算及环境效应 [J]. 中国环境科学, 2006, 26 (5): 614-617.

[25] 李高明. 湖南农业面源污染中氮、磷损失的影响因素研究 [D]. 长沙: 湖南农业大学, 2009.

[26] Xiang Bao, Watanabe Masataka, Wang Qinxue, et al. Nitrogen budgets of agricultural fields of the Chang Jiang River basin from 1980 to 1990 [J]. Science of the Total Environment, 2006, 363: 136-148.

[27] 鲁如坤, 刘鸿翔, 闻大中, 等. 我国典型地区农业生态系统养分循环和平衡研究 I: 农田养分支出参数 [J]. 土壤通报, 1996, 27 (4): 145-150.

[28] 王激清, 马文奇, 江荣风, 等. 中国农田生态系统氮素平衡模型的建立及其应用 [J]. 农业工程学报, 2007, 23 (8): 210-215.

[29] 国家发展和改革委员会应对气候变化司. 2005 中国温室气体清单研究 [M]. 北京: 中国环境科学出版社, 2014: 203-230.

[30] Aneja Viney P, Schlesinger William H, Erisman Jan Willem. Effects of agriculture upon the air quality and climate: research, policy, and regulations [J]. Environmental Science & Technology, 2009, 43 (12): 4234-4240.

[31] 周亮, 徐建刚, 蔡北溟, 等. 淮河流域粮食生产与化肥消费时空变化及对水环境影响 [J]. 自然资源学报, 2014, 29 (6): 1053 – 1064.

[32] 方恺. 环境足迹的核算与整合框架: 基于生命周期评价的视角 [J]. 生态学报, 2016, 36 (22): 7228 – 7234.

[33] Liu Cheng, Kroeze Carolien, Hoekstra Arjen Y, et al. Past and future trends in grey water footprints of anthropogenic nitrogen and phosphorus inputs to major world rivers [J]. Ecological Indicators, 2012, 18: 42 – 49.

[34] Mekonnen M M, Hoekstra A Y. The green, blue and grey water footprint of crops and derived crop products [J]. Hydrology and Earth System Sciences, 2011, 15 (5): 1577 – 1600.

[35] Hoekstra, Chapagain, Aldaya, et al. 水足迹评价手册 [M]. 刘俊国, 曾昭, 赵乾斌, 等译. 北京: 科学出版社, 2012.

[36] 曾昭, 刘俊国. 北京市灰水足迹评价 [J]. 自然资源学报, 2013, 28 (7): 1169 – 1178.

[37] Shrestha Sangam, Pandey Vishnu P, Chanamai Chawalit, et al. Green, blue and grey water footprints of primary crops production in Nepal [J]. Water Resources Managment, 2013, 27 (15): 5223 – 5243.

[38] Mekonnen M M, Hoekstra A Y. A global and high – resolution assessment of the green, blue and grey water footprint of wheat [J]. Hydrology and Earth System Sciences, 2010, 14 (7): 1259 – 1276.

[39] 中国科学院地理科学与资源研究所世界自然基金会. 中国生态足迹报告 2012 [R]. 世界自然基金会 (WWF) 与中国科学院地理科学与资源研究所, 2012.

[40] 张宇, 李云开, 欧阳志云, 等. 华北平原冬小麦 – 夏玉米生产灰水足迹及其县域尺度变化特征 [J]. 生态学报, 2015, 35 (20): 1 – 10.

[41] 于成. 基于 cropwat 的山东省主要粮食作物生产水足迹区域差异研究 [D]. 济南: 山东师范大学, 2014.

[42] 段佩利, 秦丽杰. 吉林省玉米生长过程水足迹研究 [J]. 资源开发与市场, 2014, 30 (7): 810 – 812.

[43] 曹连海, 吴普特, 赵西宁, 等. 内蒙古河套灌区粮食生产灰水足迹评价 [J]. 农业工程学报, 2014, 30 (1): 63 – 72.

[44] 张郁, 张峥, 苏明涛. 基于化肥污染的黑龙江垦区粮食生产灰水足迹研究

[J]. 干旱区资源与环境, 2013, 27 (7): 28-32.

[45] 苏明涛, 张郁, 靳英华. 吉林省主要农作物的生产水足迹研究 [J]. 干旱区资源与环境, 2012, 26 (7): 26-30.

[46] 秦丽杰, 靳英华, 段佩利. 吉林省西部玉米生产水足迹研究 [J]. 地理科学, 2012, 32 (8): 1020-1025.

[47] 何浩, 黄晶, 淮贺举, 等. 湖南省水稻水足迹计算及其变化特征分析 [J]. 中国农学通报, 2010, 26 (14): 294-298.

[48] 盖力强, 谢高地, 李士美, 等. 华北平原小麦、玉米作物生产水足迹的研究 [J]. 资源科学, 2010, 32 (11): 2066-2071.

[49] 郭建平, 吴甫成, 熊建安. 洞庭湖水体污染及防治对策研究 [J]. 湖南文理学院学报（社会科学版）, 2007, 32 (1): 91-94.

[50] 范美蓉, 罗琳, 周凤霞, 等. 洞庭湖区农业面源污染现状及防治对策 [J]. 农业环境与发展, 2008 (2): 88-91.

[51] 毕雪, 王晓媛. 基于输出系数模型的洞庭湖流域面源污染分析 [J]. 人民长江, 2012, 43 (11): 74-77.

[52] 刘庆玉, 焦银珠, 艾天, 等. 农业非点源污染及其防治措施 [J]. 农机化研究, 2008 (4): 191-194.

[53] 吴磊. 三峡库区典型区域氮、磷和农药非点源污染物随水文过程的迁移转化及其归趋研究 [D]. 重庆: 重庆大学, 2012.

[54] 蔡荣. 农业化学品投入状况及其对环境的影响 [J]. 中国人口·资源与环境, 2010, 20 (3): 107-110.

[55] 付永虎, 刘黎明, 起晓星, 等. 基于灰水足迹的洞庭湖区粮食生产环境效应评价 [J]. 农业工程学报, 2015, 31 (10): 152-160.

第 6 章　基于物质流分析的农业土地利用系统碳循环效应评价

我国当前采用的高集约化农地利用方式,通过投入大量的农用物资,在实现粮食增产的同时带来了数额巨大的碳排放,因此有必要深入解析农业土地利用系统碳循环效应,探寻系统效应与利用模式之间的关系,从而为土地利用实现低碳化与可持续化服务。本书应用物质流分析理论,以我国重要的粮食主产区洞庭湖区为研究对象,构建了洞庭湖区农业土地利用系统碳循环模型,对研究区域农业土地利用系统碳循环进行测算,并从社会、经济、环境三个层面选取指标构建指标体系,对系统碳循环效应进行评价。研究结果如下:

(1) 对洞庭湖区 2005—2014 年农业土地利用系统碳循环变化特征进行研究,研究期间洞庭湖区碳吸纳量和碳排放量均呈现出波动上涨的趋势,碳吸纳量始终高于碳排放量,表明整个系统在研究期间始终处于"碳汇"的状态,系统碳储量呈现出波动减少的趋势,主要原因是以化肥为代表的农用物资的消耗量增长迅速,抵消了作物固碳带来的吸纳碳的增量。

(2) 构建了农业土地利用系统碳循环效应评价指标体系,经过计算得出研究期间洞庭湖区农业土地利用系统碳循环的综合效应处于波动下降的状态,对 35 个县(市、区)的效应得分进行计算,得出洞庭湖区碳循环综合效应得分较高的区域主要集中于南部地区,得分处于中等水平的地区主要位于洞庭湖区中部的平原地带,分值较低的区域主要出现在坡度较大的地区。

研究表明:为了改善洞庭湖区碳循环情况,一方面有必要继续推行水稻种植的"压单扩双"政策,通过先进的管理和技术手段提高粮食的产出率；另一方面依据综合效应得分情况对洞庭湖区 35 个县（市、区）进行分类研究，针对不同的县市提出相应的改善措施。

6.1 研究背景

近年来，全球范围内出现的许多危及人类生存和发展的危机都被证实与全球气候变暖有关，例如生态环境退化、极端气候事件频发、生物多样性丧失、农作物减产、陆地水循环变迁、干旱、洪涝和能源枯竭等[1]。根据 2007 年 IPCC 公布的《第四次气候变化评估报告》，在过去的一百年间全球平均温度已上升 0.74℃[2]。自工业革命以来，气候变暖与大气中的温室气体（如 CO_2、CH_4、N_2O）及含有卤族元素碳浓度的持续上升密切相关[3]，其中 CO_2 气体浓度对温度升高的贡献为 70%，被认为是主要的温室气体[4]。人类在以农业生产为目的的土地利用过程中，通过改变土地覆盖、土地利用类型和方式等因素，深刻改变并影响了陆地生态系统的地球物理化学循环。以土地利用类型改变为例，农业生产通过耕地开垦、森林采伐等人类活动剧烈改变了地表覆被情况，在此过程中土地利用类型转变伴随着大量的碳交换的实现，因此系统中有机碳蓄积量和释放量与地表覆被状况密切相关[5]。据估计，每年由农业生产所导致的温室气体排放量数目巨大，约相当于 6.1×10^9 t 的 CO_2（将 CH_4 和 N_2O 折合成 CO_2），占到了全球人为温室气体排放量的一半，占全球温室气体排放总量的 10% ~ 12%[2]。其中农业排放 CH_4 占人为的 CH_4 排放总量的 50%，N_2O 占到 60%。

农业土地利用过程中伴随着物流—能流—经济流。高粮食需求压力下，伴随着高物质投入、高物质通量和高环境输出，进而决定了农业土地利用系统消费温室气体排放量将会进一步升高[6]。采用物质流分析方法解析农业土地利用系统中的物质流动过程，深入研究农业土地利用系统碳循环过程，可准确量化系统内碳元素的迁移、转化和累积流向及流量，有助于人为调控系统的生产效率，减少碳的环境输出，从而为提高农业土地利用碳循环的社会效益、经济效益、降低环境风险提供理论依据。

有关农业生产活动在气候变化中发挥作用的研究不断得到重视，Smith 等通过研究得出农业和土地利用变化（LUC）所产生的温室气体占人类活动产生温室气体总排放量的 1/4[7]。Cheng 等从农资投入角度分析核算了 1993—2007 年中国种植业温室气体排放，结果表明化肥和灌溉电力是温室气体排放的主要来源[8]。尹钰莹等从碳输入、碳输出和固碳三个方面对 2011 年曲周县农田生态系统碳源和碳汇进行研究，并且根据实际情况重新核算并修正了碳排放系数，得到土壤呼吸、农用机械以及氮肥、磷肥的使用是造成曲周县农田生态系统碳排的主要因素[9]。陈丽等对黄淮海平原耕地利用系统固碳功能进行的研究，从耕地固碳能力、固碳优势度和固碳效率三个方面对研究区耕地固碳功能进行了评价[10]。吕志强等测算了 2000—2011 年我国 31 个省（自治区、直辖市）的区域农业净碳量，构建了农业低碳化评价指标体系并得到低碳化指数，对照农业经济发展水平的具体情况，分析了不同时期的区域间的低碳竞争力，得出区域农业净碳量的时空变化差异特征[11]。Svirejeva – Hopkins 等通过对碳元素在土地利用变化的中流量及流向的动态模拟，研究了植被碳动态与土地利用变化之间的关系[12]。

本章将基于以上研究成果，构建农业土地利用系统碳循环模型，分析农业土地利用过程中碳元素的流动、排放及其综合效应。

6.2 研究理论与方法

6.2.1 研究理论

6.2.1.1 物质流分析

物质流分析是指以质量为单位，对一定时间下某系统内部的物质流量或储存进行核算，从而对系统的效率等状况进行分析或评价[13]。

物质流分析的基本原理有三层含义[14]：一是经济环境耦合系统工作原理是输入原材料并转化为产品和服务，同时向环境输出污染和废弃物；二是人类活动对环境的影响主要来源于两个方面，包括从环境中提取自然资源的数量以及向环境中输入的废弃物的数量，前者产生资源消耗和环境扰动，后者造成环境污染；三是根据质量守恒定律，输入端物质的量等于输出端再加上系统内部存储的量。物质流分析包括 Bulk – MFA（Bulk – Material Flow Analysis）和 SFA（Substance Flow Analysis）[15]，MFA 和 SFA 的研究对象有所不同，MFA 的研究对象主要是国家经济系统，主要用来分析社会经济系统中混合物及大宗物资的流动状况，SFA 则在追踪特定元素和化合物的流动过程，研究物质利用效率以及识别环境问题等方面具有特殊的优势[16]。

物质流分析以物质质量作为输入、输出计量标准，解决了现有的以货币价值估计过于主观的问题[17]，能够准确反映物质增减量趋势和经济发展水平与资源利用效率的关系，同时也能反映活动对环境造成的破坏与压力，因而适用于农业土地利用系统的研究，对土地利用效应研究提供了一种量化方法，对资源和环境的管理具有深刻意义（见图 6 – 1）。

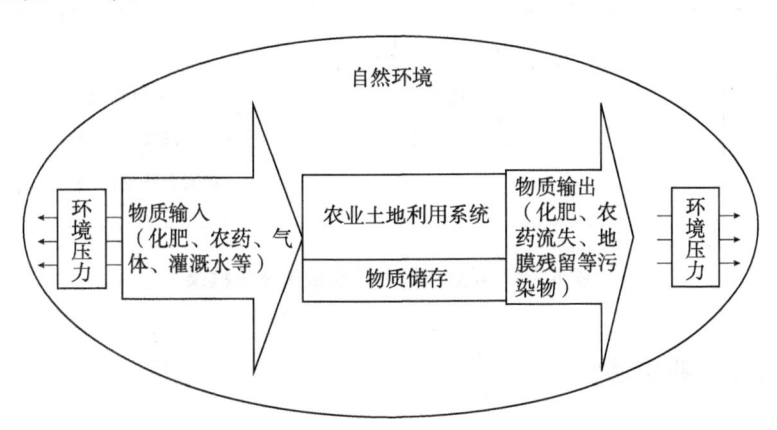

图 6 – 1　物质流分析的概念框架

6.2.1.2　农业土地利用系统碳循环

农业土地利用系统碳循环受多种因素的影响，包括气候、土壤理化性质、种植制度、农田管理措施等[18]，这些因素互相影响、互相作用，任何一个因素改变都会引起系统内碳循环的改变，共同决定了系统处于"碳源"还是"碳汇"状态。对碳的输入端而言，植物光合作用固碳是最重要的输入过程，通过光合作用大气中的碳进入植物体内生成碳化合物，一部分的碳随着生产过程转移到农产品和农副产品中，一部分随着植株枯枝落叶进入土壤碳库，经过微生物分解作用进入大气。土壤碳库碳输入端包括秸秆有机肥等输入，输出端主要是土壤呼吸释放 CO_2 进入大气，同时农田管理活动也伴随着一定的碳排放（见图6-2）。

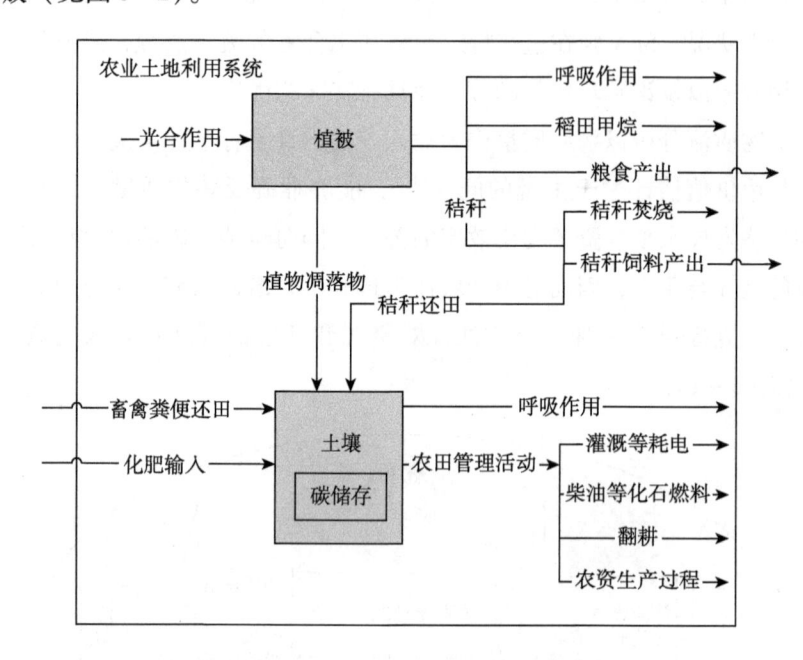

图6-2 农业土地利用系统碳循环框架

6.2.2 研究方法

6.2.2.1 研究区概况

洞庭湖区地处长江中游，境内地貌类型多样，东、西、南三面环山，北邻荆江，是一个向北开口的碟形盆地，由河、湖、港、汊以及河湖冲积平原、环湖岗地、丘陵和低山所组成。温暖湿润的气候和平原丘陵为粮食生产提供了良好的自然条件，水稻和玉米是其主要的粮食作物。研究区集合了"长株潭"城市群与洞庭湖生态经济区、粮食主产区，其农业的低碳可持续发展对保障国家粮食安全和长江流域生态安全具有重要意义。

6.2.2.2 数据来源

本研究数据来源包括：

（1）统计数据

洞庭湖区各市县的社会经济背景数据，包括研究区域行政区划、人口、农村年人均可支配收入、GDP、农用物资投入数据，各作物种植面积及产量、牲畜养殖、种植业经济产值等基础数据来自《湖南农村统计年鉴》与《湖南省统计年鉴》。

（2）研究区农户调研数据

畜禽粪便处理方式、秸秆露天焚烧比例等农户土地利用行为数据，由课题组实地问卷调研获得。

（3）文献数据

光合作用固碳、稻田甲烷排放、呼吸作用等计算参数来源于公开发表的学术论文。

6.2.2.3 农业土地利用系统碳循环输入端核算方法

（1）光合作用固碳

作物生育期内碳吸收是指农作物通过光合作用从大气中吸收固定碳，采用农作物的产量对碳吸收量进行估算是比较可行的办法。洞庭湖区主要种植作物为小麦、玉米和水稻，因此本研究主要考虑这三种作物。采用农作物经济产量法进行估算，具体方法如下：

$$C_t = \sum C_{pi} \times Y_i(1-W_i) \times (1+R_i)/H_i \qquad (6-1)$$

式中，C_t为作物生育期碳吸收量（tC）；C_{pi}为作物i碳吸收率，即作物光合作用合成1g有机质（干重）所消耗的碳；Y_i为作物i的经济产量（t）；W_i为作物i含水率（%）；R_i为作物i根冠比；H_i为作物i经济系数。相关参数见表6-1。

表 6-1　农作物碳固定量计算参数表[19-21]

种类	含碳率	水分系数	经济系数	根冠比
小麦	0.4707	0.1167	0.3632	0.3930
玉米	0.4637	0.1223	0.4628	0.1560
稻谷	0.4171	0.1186	0.4854	0.6000

需要说明的是，农作物经济产量法表征农作物扣除自养呼吸消耗后的碳累积量，即为有机体净增量和凋落物之和，而实际光合作用同化量等于计算所得的碳吸收量加上农作物自身呼吸作用的消耗量。

(2) 畜禽粪便还田

我国现有研究的畜禽养殖排放系数多以头为计算单位，与国外畜禽养殖排放因子进行对比，发现两者间的差异不大，造成差异的主要原因是饲料特征、采食量、畜禽大小等因素[22]，这在以 kg 为单位取代头为单位的排放因子的情况下，可以缩小差距[23]，畜禽产品单位质量碳排放因子见表 6-2。

表 6-2　畜禽产品单位质量碳排放因子（单位：kg CO_2/kg）

畜禽种类	粪便排放因子
牛	2.18
猪	1.002
羊	0.938
家禽	0.369
蛋	0.274

计算公式为

$$LM = S_i \times M_i \qquad (6-2)$$

式中，S_i 为家禽 i 的粪便排放因子；M_i 为家禽 i 的年出栏产量，$i=1,2,3,4,5$ 分别代表猪、牛、羊、家禽、蛋。根据武深树等对洞庭湖区畜禽粪便污染的研究以及农户调研结果，将畜禽粪便的还田率确定为 50%[24]，进而计算出畜禽粪便还田的碳输入量。

(3) 化肥中含碳量

化肥中含碳量主要是指施用氮肥中碳酸氢铵（NH_4HCO_3）和尿

素[CO(NH$_2$)$_2$]中含碳的量,根据统计年鉴中氮肥的投入量计算出氮肥的折纯量,根据调研获得的区域碳酸氢铵和尿素大致的施用配比计算得出施用化肥输入的含碳的量。

6.2.2.4 农业土地利用系统碳循环输出端核算方法

(1) 稻田甲烷排放

水稻是CH$_4$的重要排放源头之一,在厌氧条件下产生大量甲烷。影响稻田CH$_4$的排放因素主要有土壤理化特性、水稻品种、施肥、水分管理和耕作制度等。在王明星的研究基础上,唐红侠等[25]对全国各省区稻田甲烷排放的估算参数进行汇总整理,这里采用湖南省的计算参数(见表6-3)。计算碳排放时仅考虑甲烷中的含碳量,鉴于水稻生长周期为110天至130天,统一取中位值,以120天为准。计算方法如下:

$$CE = Area \times C \times T \times 12/16 \qquad (6-3)$$

式中,CE为稻田碳排放量;$Area$是稻田面积;C是甲烷的碳排放率;T为水稻生长周期。

表6-3 水稻碳排放与生长周期等相关参数

作物	早稻和单季稻/[g CH$_4$/(m^2·d)]	晚稻/[g CH$_4$/(m^2·d)]	单季晚稻、冬水田和麦茬稻/[g CH$_4$/(m^2·d)]
湖南	0.173	0.341	0.536
生产天数[25]	110~120	120~130	120~130

(2) 农田管理活动碳输出

农田管理活动所导致的碳排放主要来源于以下四个方面:一是由农业机械使用过程中耗费的能源引起的碳排;二是化肥、农药、农膜等农用物资投入所引起的碳排;三是农业翻耕导致的土壤含碳量流失;四是灌溉耗费电能引起的碳排。通过查找文献归纳出各类碳源的碳排放系数,见表6-4。考虑到农用物资在生产过程中因为消耗能源造成的温室气体排放,尽管这个排放不一定发生在使用农资产品的系统范围内,但是不可否认仍然对环境产生了影响,所以计入农业土地利用系统碳排放中,相当于物质流分析中的"隐藏流",即为了获得农用物资而产生的、没有进入农业土地利用系统的生态包袱。

表6-4 农田管理活动碳排放系数及参考来源

碳源	碳排放系数	参考来源
化肥	氮肥 1.3384kg/kg 磷肥 0.1685kg/kg 钾肥 0.1237kg/kg	尹钰莹等[9]
农药	4.9341kg/kg	美国橡树岭国家实验室
农膜	5.18kg/kg	南京农业大学农业资源与生态环境研究所（IREEA）
柴油	0.5927kg/kg	IPCC
翻耕	312.6kg/km²	中国农业大学生物与技术学院
灌溉	266.48kg/hm²	段华平等[26]

（3）秸秆含碳输出

根据湖南省作物秸秆实际利用情况，秸秆中的碳在系统中循环主要有三条路径：一部分经过焚烧进入大气；另一部分通过秸秆还田进入土壤；还有一部分作为饲料进入畜禽养殖系统，或者作为基料及其他原料再次利用。根据实地调研情况，确定秸秆焚烧比例为15%、还田比例为68%、用作饲料等用途比例为17%。计算公式如下：

$$C_{ji} = \lambda_i \times Y_i \times C_i \times D_i \qquad (6-4)$$

式中，C_{ji} 为作物 i 的秸秆含碳量（tC）；λ_i 为作物 i 的草谷比（t/t）；Y_i 为作物 i 的经济产量（t）；C_i 为作物 i 的秸秆含碳率（tC/t）；D_i 为作物 i 的秸秆干物质比例（t/t）。参数数值见表6-5。

表6-5 农作物秸秆碳固定量计算参数

参数	小麦	玉米	水稻	来源
草谷比 λ_i/（t/t）	1.37	2	0.62	杨乐等[27]
秸秆含碳率 C_i/（tC/t）	0.52	0.47	0.35	杨乐等[27]
秸秆干物质比例 D_i/（t/t）	0.83	0.4	0.85	北京农业大学[28]，郑重等[29]

（4）土壤呼吸产生

水稻田及旱地的土壤呼吸数值差异较大，因此计算分为水稻田和旱地作物两部分进行，不同地域的研究参数差异较大，选取时要尽可能符合研究区的实际情况。

水稻田土壤呼吸主要考虑的是土壤微生物异养呼吸的排碳量，根据相关文献对湖南省稻田土壤异养呼吸相关研究的实测值，选定稻田土壤呼吸的计算参数为 1687.1kgC/hm²[30]。旱地土壤呼吸耗氧量主要按农作物播种面积计算，每公顷农田年均耗氧量为 12.41t[31]。土壤呼吸所产生的二氧化碳的排放量由土壤呼吸消耗的氧气量来推算，计算公式为

$$C = S \times O_S \times 44/32 \qquad (6-5)$$

式中，O_S 为土壤呼吸耗氧量；C 为土壤呼吸二氧化碳排放量；S 为农田面积。土壤呼吸碳排量由二氧化碳含碳量进行计算。

6.3 结果与讨论

6.3.1 洞庭湖区农业土地利用系统碳循环变化特征

根据前文的计算方法，对洞庭湖区 2005—2014 年各年度农田生态系统碳吸收量以及排放量进行核算，结果见表 6-6。依据计算结果分析洞庭湖区农业土地利用系统碳循环变化特征。

从输入端来看，2005—2014 年，洞庭湖区农作物通过光合作用吸收碳的量逐步增加，由于洞庭湖区稻谷的种植比例要远远高于小麦、玉米以及其他农作物，所以稻谷光合作用固碳量对整个农业土地利用系统的碳输入起着决定性作用，稻谷、小麦、玉米产量的变化与播种面积变化趋势基本一致（见图 6-3）。以稻谷为例，播种面积变化的主要原因是种植单季稻和双季稻的比率发生变化。播种面积的影响因素，一方面随着化肥、农药、农膜、机耕、种子等生产资料以及人工价格的持续上涨，种田的收益比不上外出务工的收益，越来越多的农民选择不以种田为主业，兼业型农户更倾向于种植单季稻；另一方面湖南省为鼓励双季稻生产，2011 年出台了双季稻补贴政策。

表6-6 洞庭湖区2005—2014年农业土地利用系统碳循环量 (单位：万t)

年份	输入端				输出端									
	化肥含碳量	光合作用	粪便还田	粮食输出	秸秆饲料输出	稻田甲烷	秸秆焚烧	土壤呼吸	化肥	农药	农膜	灌溉	翻耕	柴油
				产品输出			环境输出				农田管理活动			
2005	24.29	1645.04	48.13	445.21	43.97	56.00	38.80	402.84	116.85	27.45	22.15	35.75	0.53	13.49
2006	24.29	1702.95	49.68	460.86	45.51	56.97	40.15	408.64	117.26	27.87	23.18	35.83	0.53	13.88
2007	25.44	1727.12	51.89	467.41	46.20	57.10	40.76	409.96	126.36	25.16	30.35	35.90	0.53	14.28
2008	25.90	1691.34	47.11	457.14	44.69	56.48	39.44	397.03	142.00	27.49	30.29	36.02	0.53	14.69
2009	25.28	1770.30	49.00	478.99	47.60	57.82	42.00	439.63	135.66	28.65	30.26	36.28	0.53	15.12
2010	25.60	1774.28	50.18	480.26	48.00	58.05	42.35	451.21	137.38	29.15	30.15	36.37	0.52	15.55
2011	26.94	1735.88	49.18	469.71	46.67	56.71	41.18	433.40	144.09	28.72	30.79	36.45	0.52	16.00
2012	27.75	1770.49	51.30	479.50	48.03	57.21	42.38	448.81	153.98	29.62	31.69	36.46	0.52	16.47
2013	27.66	1747.57	51.87	473.15	47.38	57.34	41.81	455.07	155.72	30.34	32.89	33.89	0.52	16.94
2014	27.08	1791.43	53.09	485.21	48.82	57.98	43.07	448.69	155.83	29.94	33.03	33.89	0.52	17.00

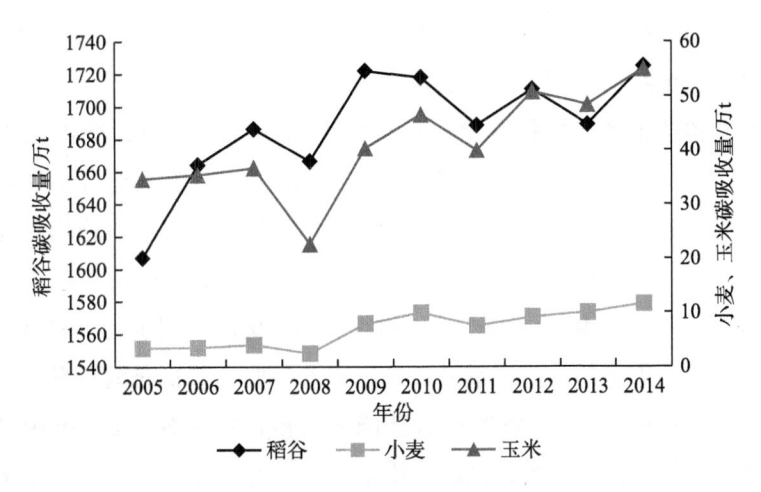

图 6-3　农作物光合作用碳吸收量

农业土地利用系统碳循环的输出端包括环境输出和产品输出，产品输出是指粮食输出和秸秆饲料输出，环境输出包括稻田甲烷、秸秆焚烧、土壤呼吸产生的碳排放，以及农田管理活动中使用化肥、农药、农膜、柴油等造成的碳排放。如图 6-4 所示，2005—2014 年，环境输出呈现波动上升状态，环境输出在研究期间增长了 105.49 万 t，和 2005 年相比增长了 15%，产品输出增长 44.84 万 t，和 2005 年相比增长了 9%。

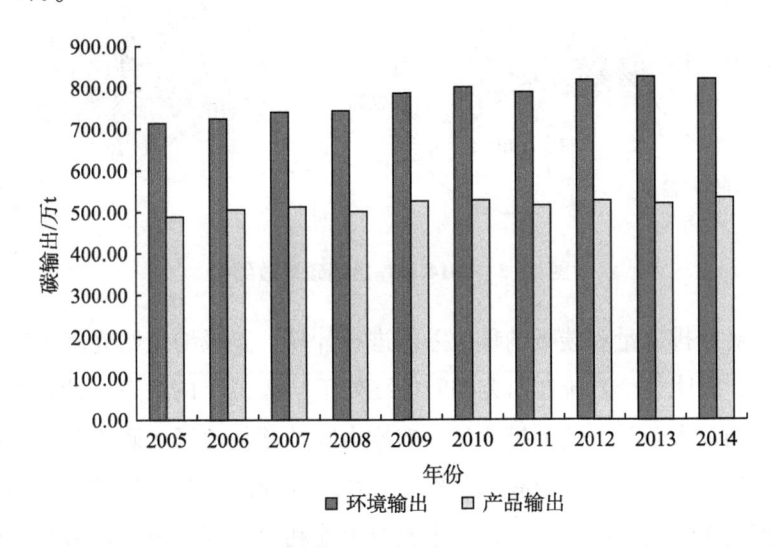

图 6-4　系统碳输出

2005—2014年碳排放结构相对稳定，如图6-5所示，以2014年碳排放输出结构为例，比重最大的是作为产品输出的农产品，含碳量36%，包括粮食和秸秆输出；其次是土壤呼吸排碳量，所占比重为33%。土壤呼吸的强度受地温、湿度、施肥、土壤扰动等许多因素共同作用，根据相关研究，秸秆还田、免耕、合理施肥等措施均有利于降低土壤呼吸强度，减少碳排放量[10]；人类农田管理活动造成的碳排占到了20%，化肥、农药、地膜等农用物资的使用量逐年递增。其中化肥施用带来的碳排比重最大，达到了12%；其次是灌溉带来的碳排，所占比例为3%；农膜和农药施用所占比例均为2%。施用氮肥带来的碳排放数量最大，氮肥施用量十年时间增长了20%，磷肥增长了42%，钾肥增长了50%，化肥施用带来的碳排放量增长了33%。地膜使用量也增长迅速，十年之间增长了49%。农田管理活动所带来的碳排放量在2005—2014年增长了25%；稻田产生甲烷造成的碳排放占到了4%，而本研究计算的仅是甲烷中的含碳量，如果考虑实际影响，1t的甲烷所引发的温室效应相当于25t的二氧化碳（约合6.82t的C）所产生的温室效应，因此这一部分的排放量不可忽视。

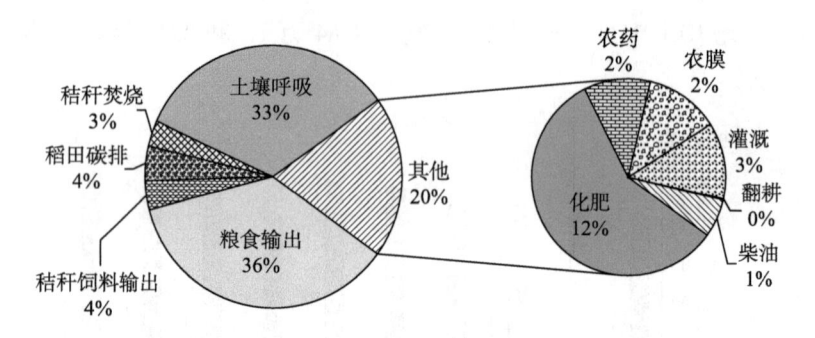

图6-5 2014年输出端碳排放结构

对碳排放量和碳吸纳量的差值进行计算，碳吸纳量始终高于碳排放量，表明整个系统在研究期间始终处于"碳汇"的状态，即系统内碳吸纳量大于系统的碳排放量，有能力吸纳其他地区的碳排放，对减少大气中温室气体的量有积极作用。系统碳吸纳量与碳排放量之间的差值代表系统碳的储存量，对于农业土地利用系统来说，这部分的碳主要存在于土壤碳库中。研究期间碳储存量的变化如图6-6所示，碳储存量呈现出波动减少的趋势，主要原因是虽然研究期间碳吸纳量和碳排放量均有所上涨，分别增长了9%和12%，但以化肥为代表的农用物资的消耗量增长迅速，化肥、农膜、柴油分别上涨了33%、49%、26%，使得碳排放尤其是作为环境输出的部分涨幅较大，从而抵消了作物固碳带来的吸纳碳的增量，使得系统碳储存量呈现出缓慢波动减少的态势。

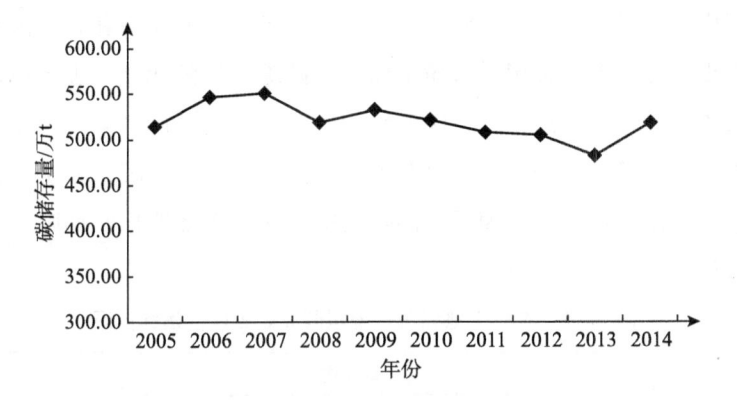

图6-6 碳储存量时序变化图

6.3.2 农业土地利用系统碳循环效应评价

6.3.2.1 指标体系构建

碳元素通过生产输入和环境输入进入农业土地利用系统，参与生产过程，转化为产品输出和环境输出，在此过程中产生了社会效应、经济效应和环境效应。通过分析，构建了表6-7所示的碳循环效应评价指标体系，来量化分析农业土地利用系统碳循环的效应问题。在经济效应方面，考虑到经济效应与农村人均收入及种植业经济产值密切相关，因此选取了农村人均可支配收入和经济效率指标，前者采用可比价格来消除价格变动因素的影响，后者用种植业经济产值与输出端碳排放量的比值来计算，表示单位碳输出创造的经济产值。在环境效应方面，考虑到环境效应主要受系统碳循环的环境输出影响，包括稻田甲烷排放、秸秆焚烧、土壤呼吸以及施用农药化肥、灌溉等农田管理活动带来的碳排放等方面，因此选取了环境效率指标和平衡系数指标，前者用系统产品输出（包括粮食输出和秸秆输出）与环境输出的比值来定义，表示单位碳环境输出带来的有效产出，后者用输入端碳吸收量和输出端碳排放量的比值来衡量，反映系统处于"碳源"还是"碳汇"的状态，相应是增加了环境的负担还是对环境产生利好的影响。社会效应考虑的主体是人，一方面体现在与粮食安全问题相关的粮食产量上，另一方面则着眼于人类活动对系统碳循环的影响，着重考虑人类活动的意义和效率，因此选取了生产转化率和人为因素生产效率指标，前者采用粮食输出输入端碳吸收量的比值，表示单位碳输入带来的粮食产出，反映碳元素的生产转化率，后者采用产品输出与农田管理活动排碳量（包括化肥、农药、地膜、灌溉、翻耕等）的比值，表示单位农田管理活动碳排放能带来的有效产出，反映了人类管理活动的生产效率。

表 6-7　农业土地利用系统碳循环效应评价指标体系

指标类型	指标	计算公式	内涵
经济效应	农村人均可支配收入	—	—
	经济效率	种植业经济产值/碳总输出	表示单位碳输出创造的经济产值
环境效应	环境效率	产品输出/环境输出	表示单位碳环境输出带来的有效产出
	平衡系数	碳吸纳量/碳总输出	反映系统处于"碳源"还是"碳汇"状态，同一区域数值越高，区域碳储存量越大
社会效应	生产转化率	粮食输出/碳吸纳量	表示单位碳输入量带来的粮食产出，反映碳生产转化率
	人为因素生产效率	产品输出/农田管理活动排碳量	表示单位农田管理活动碳排放能带来的有效产出，反映了人类管理活动的生产效率

6.3.2.2　层次分析法及熵权法确定指标权重

本研究利用层次分析法（AHP）和熵权法来对评价指标进行权重

的计算（见表6-8），以最大限度地保障社会、经济与环境方面的效应评价所需的客观信息。

表6-8　平均随机一致性指标 *RI* 取值

n	1	2	3	4	5	6	7	8	9
RI	0	0	0.58	0.90	1.12	1.24	1.32	1.41	1.45

在本研究中，邀请4位专家分别构建判断矩阵，分别计算评价指标体系的权重向量，然后通过算术平均值法得到反映专家群体意愿的最终权重向量，见表6-9。

表6-9　各因素两两比较矩阵

比较矩阵	经济	环境	社会	权重
经济	1	1/2	1/2	0.2
环境	2	1	1	0.4
社会	2	1	1	0.4
CR = 0				

熵权法（Entropy Method）是热力学研究中的重要方法，是一种通过指标所提供的信息量的大小来确定指标的权重的客观赋权方法，通过挖掘指标表达的信息状态的不确定程度，来评价指标的相对重要程度，因为指标提供的信息量与指标权重成正相关关系[32]。熵值越小，有序程度越高，所含信息量就越大，相应的权重值也就越大。

经过计算，确定各项指标权重见表6-10。

表6-10　指标权重

经济效应		环境效应		社会效应	
农村人均可支配收入 A1	经济效率 A2	环境效率 A3	平衡系数 A4	生产转化率 A5	人为因素生产效率 A6
0.11647	0.08353	0.392654	0.007346	0.159951	0.240049

6.3.2.3　综合效应分析

将标准化后的指标与其权重相乘，可以得到研究区2005—2014

年的综合效应得分情况,如图 6-7 所示。研究期间洞庭湖区农业土地利用碳循环的综合效应处于波动下降中。在 2005 年至 2014 年期间,综合效应的分值下降了 27.59%。

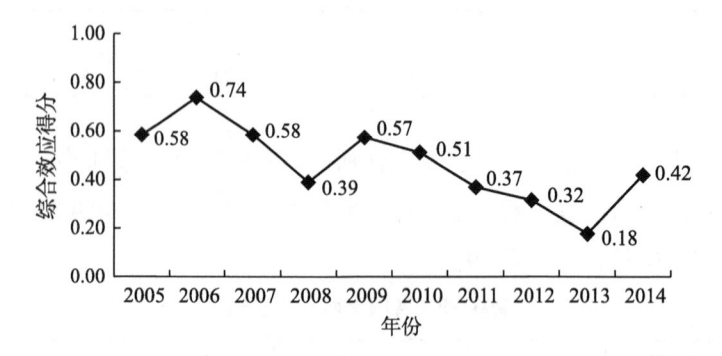

图 6-7 洞庭湖区 2005—2014 年农业土地利用系统碳循环综合效应得分

对环境效应和社会效应的指标年际变化进行分析,如图 6-8 所示。环境效率表示碳单位环境输出创造的经济产值,平衡系数表示碳吸纳量与碳排放量之间的比值,生产转化率表示单位碳输入带来的粮食产出,人为因素生产效率表示单位农田管理活动的碳排放能带来的有效产出,反映人类活动的生产效率,除了生产转化率指标变动不明显以外,其他三个指标在研究期内均呈现出降低的趋势,环境效率、平衡系数、人为因素生产效率指标分别下降了 5%、3%、12%。

同样根据各地区的数据,按照指标和权重计算出洞庭湖区 35 个县(市、区)碳循环综合效应分布图。2014 年综合效应得分较高的区域集中在南部,包括茶陵县、攸县、醴陵市、株洲县、株洲市郊区、湘潭县、湘潭市郊区、长沙县、长沙市郊区、望城县、韶山市、湘乡市共计 12 个县市(地区);综合效应处于中等水平的地区主要位于洞庭湖区中部的平原地带,区域耕地面积与农作物播种面积均较大,承担了主要的生产任务;综合效应分值较低的区域主要出现在坡度较大的地区,包括东西边缘的安化县、平江县以及北部区域。

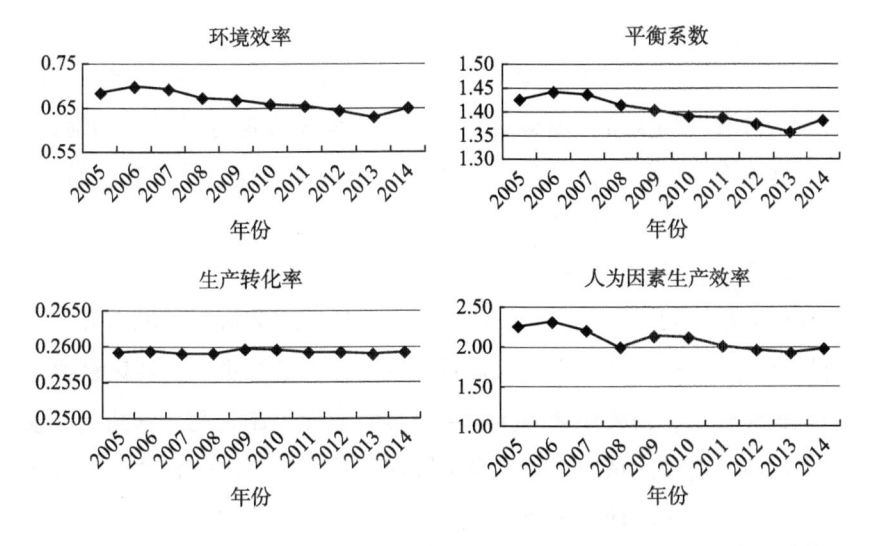

图6-8 环境效率、平衡系数、生产转化率、人为因素生产效率的年际变化

6.4 小结与政策建议

（1）通过构建农业土地利用系统碳循环分析模型，对洞庭湖区2005—2014年农业土地利用系统碳循环变化特征进行了研究。从输入端来看，为了提高农业土地利用系统的碳储存量，有必要继续推行洞庭湖区水稻种植的"压单扩双"，扩大双季稻种植面积，稳定发展水稻生产。结合调研实践，应从以下几个方面采取措施：一是推进农业机械化，通过插秧机、育秧机、收割机等机械作业来减轻劳动负担；二是大力建设农田水利工程设施，提高农业灌溉水平，改善农业生产条件，来保障双季稻的生产；三是通过土地流转及专业合作社等形式，发展适度经营规模，提高土地资源配置的效率；四是推进耕地抛荒整治，引导缺劳力、缺技术的农户流转土地承包经营权，通过先进的管理和技术手段提高粮食的产出率；五是做好水稻品种选育工作，扩大优质稻标准化生产基地面积。从输出端来看，如何减少粮食生产过程中对化肥、农药、农膜等农用物资投入的依赖显得尤为重要。

（2）构建了农业土地利用系统碳循环效应评价指标体系，根据综

合效应得分情况可以得到如下结论:

2014年综合效应得分较高的区域集中在南部,其中攸县、醴陵市、长沙县、湘乡市、湘潭县五个县市又属于碳储存量较高的地区,证明这五个县市综合效应较高主要得益于环境效应和社会效应较好,对于这样的地区为了保持较高的综合效应,应该将重心放在提高农业生产效率,合理改善种植结构,减少农用物资的投入,以更少的碳环境输出来换取粮食生产。而长沙市郊区、株洲市郊区和湘潭市郊区主要依靠较好的经济条件进入综合效应得分较高的分类,这些区域耕地面积相对较少,需要注意的问题主要是要合理控制化肥、农药、农膜等农用物资的使用情况,减少农田管理活动中带来的碳排放。综合效应处于中等水平的地区主要位于洞庭湖区中部的平原地带,区域耕地面积与农作物播种面积均较大,承担了主要的生产任务,对于这些区域,根据洞庭湖区的实际种植情况,一方面要扩大双季稻种植面积,稳定发展水稻生产;另一方面,要推进耕地抛荒整治,适度集约规模化生产,通过先进的管理和技术手段提高粮食的产出率;综合效应分值较低的区域主要出现在坡度较大的地区,同时这些地区碳储存量的值也较低,主要原因是坡度大于6°的土地面积不宜作为耕地,使得这些区域并不适于传统耕地种植,可以考虑发展林业、旅游业等,应结合自身条件因地制宜地发展。例如,安化县发展梯田与特色黑茶种植,形成了种植—加工—销售的生产链,以特色经济作物代替大部分粮食生产,取得了较为明显的收益。

本章参考文献

[1] 汪莉丽,王安建,王高尚. 全球能源消费碳排放分析 [J]. 资源与产业,2009,11 (4): 6-15.

[2] Intergovernmental Panel on Climate Change (IPCC). Climate Change 2007: The Physical Science Basis [R]. United Kingdom Meteorological Office, Bracknell, England, 2007.

[3] 丁一汇,任国玉,石广玉,等. 气候变化国家评估报告(Ⅰ): 中国气候变

化的历史和未来趋势［J］. 气候变化研究进展, 2006 (1): 3-8, 50.

［4］ 石正国, 延晓冬, 尹崇华, 等. 人类土地利用的历史变化对气候的影响［J］. 科学通报, 2007 (12): 1436-1444.

［5］ Bolin B, Sukumar R. Global perspective In: Land use, Land use change, and Forestry［M］. Cambridge: Cambridge University Press, 2000: 23-51.

［6］ Dong G, Mao X Q, Zhou J, et. al. Carbon footprint accounting and dynamics and the driving forces of agricultural production in Zhejiang Province, China［J］. Ecological Economics, 2013, 91: 38-47.

［7］ Smith P, Bustamante M, Ahammad H. Agriculture, forestry and other land use (AFOLU) In: Edenhofer O, Pichs - Madruga R, Sokona Y (Eds.), Climate Change 2014: Mitigation of Climate Change. Contribution of Working Group III to the Fifth Assessment Report of the Intergovernmental Panel on Climate Change［M］. New York: Cambridge University Press, 2014: 811-922.

［8］ Cheng K, Pan G X, Smith P, et al. Carbon Footprint of China's crop production - An estimation using agro - statistics data over 1993-2007［J］. Agriculture, Ecosystems and Environment, 2011, 142 (3-4): 231-237.

［9］ 尹钰莹, 郝晋珉, 牛灵安, 等. 河北省曲周县农田生态系统碳循环及碳效率研究［J］. 资源科学, 2016, 38 (5): 918-928.

［10］ 陈丽, 郝晋珉, 王峰, 等. 基于碳循环的黄淮海平原耕地固碳功能研究［J］. 资源科学, 2016, 38 (6): 1039-1053.

［11］ 吕志强, 庞容, 朱金盛, 等. 2000—2011 年我国农业碳循环及低碳竞争力特征分析［J］. 中国农业资源与区划, 2015, 36 (7): 1-10, 40.

［12］ Svirejeva - Hopkins A, Schellnhuber H J. Modelling carbon dynamics from urban land conversion: Fundamental model of city in relation to a local carbon cycle［J］. Carbon Balance and Management, 2006, 1 (9): 1-9.

［13］ Brunner P, Rechberger H. Practical Handbook of Material Flow Analysis［M］. Washington, DC: Lewis Publishers, 2003.

［14］ 朱彩飞. 可持续发展研究中的物质流核算方法: 问题与趋势［J］. 生态经济（学术版）, 2008 (1): 114-117.

［15］ 张晓刚, 曾辉. 从系统到景观: 区域物质流分析的景观取向［J］. 生态学报, 2014, 34 (6): 1340-1351.

[16] 袁承程. 不同尺度农业土地利用系统定量模拟研究 [D]. 北京：中国农业大学, 2017.

[17] 吴开亚. 物质流分析：可持续发展的测量工具 [M]. 上海：复旦大学出版社, 2012.

[18] Chery P, Humberto B C, Fabrice D C, et al. Conservation agriculture and ecosystem services：An overview [J]. Agriculture, Ecosystems and Environment, 2014, 187：87 – 105.

[19] 谢光辉, 王晓玉, 韩东倩, 等. 中国禾谷类大田作物收获指数和秸秆系数 [J]. 中国农业大学学报, 2011, 16 (1)：1 – 8.

[20] 谢光辉, 王晓玉, 韩东倩, 等. 中国非禾谷类大田作物收获指数和秸秆系数 [J]. 中国农业大学学报, 2011, 16 (1)：9 – 17.

[21] 李克让. 土地利用变化和温室气体净排放与陆地生态系统碳循环 [M]. 北京：气象出版社, 2000.

[22] IPCC. Chapter 4：2006 IPCC Guidelines for National Greenhouse Gas Inventories [C]. Tokyo：the National Greenhouse Gas Inventories Programme, 2006.

[23] 胡双利. 基于 LCA 的我国畜禽产品生产碳排放评估及减排潜力研究 [D]. 湘潭：湖南科技大学, 2015.

[24] 武深树, 谭美英, 龙岳林, 等. 洞庭湖区畜禽粪便中氮素污染及其环境成本 [J]. 农业工程学报, 2009, 25 (6)：229 – 234.

[25] 唐红侠, 韩丹, 赵由才. 农林业温室气体减排与控制技术 [M]. 北京：化学工业出版社, 2009.

[26] 段华平, 张悦, 赵建波, 等. 中国农田生态系统的碳足迹分析 [J]. 水土保持学报, 2011, 25 (5)：203 – 208.

[27] 杨乐, 邓辉, 李国学, 等. 新疆绿洲区秸秆燃烧污染物释放量及固碳减排潜力 [J]. 农业环境科学学报, 2015, 34 (5)：988 – 993.

[28] 北京农业大学. 农业化学（总论）[M]. 北京：中国农业出版社, 2003.

[29] 郑重, 赖先齐, 邓湘娣, 等. 新疆棉区秸秆还田技术和养分需要量的初步估算 [J]. 棉花学报, 2000, 12 (5)：264 – 266.

[30] 路壹, 黄璜, 郑华斌, 等. 水稻生产系统固碳能力与碳足迹研究：以湖南省为例 [J]. 作物研究, 2015, 29 (3)：240 – 243.

[31] 韩冰, 王效科, 欧阳志云. 中国农田生态系统土壤碳库的饱和水平及其固

碳潜力 [J]. 农村生态环境, 2005, 21 (4): 6-11.
[32] 李帅, 魏虹, 倪细炉, 等. 基于层次分析法和熵权法的宁夏城市人居环境质量评价 [J]. 应用生态学报, 2014, 25 (9): 2700-2708.

第 7 章　基于物质流分析的农业土地利用系统环境效应研究——以河南省为例

我国现阶段广泛存在的高集约化农地利用方式，通过投入大量的农用物资，在实现粮食增产的同时产生了巨大的环境影响，为研究农业生产活动给环境带来的影响，将物质流分析方法应用于农业土地利用系统，构建指标体系对 2004—2013 年河南省农业土地利用系统的输入—输出—储存物质流进行了定量测算和分析，结果表明：2004—2013 年河南省农业土地利用系统物质的输入量（DMI）和输出量（DPO）呈现同步递增趋势，控制 DPO 的关键是要从源头上减少直接物质投入。持续增加的化肥、农药、地膜等生产性物质投入一方面对粮食产量的增加起到了重要的作用；而另一方面，过多的物质投入则是造成土壤环境污染的主要原因。2009 年以来，人均消耗强度与污染物人均排放强度均有下降的趋势，说明随着人们对农田环境问题的重视与农业生产技术的进步，农业生产朝向环境友好的方向发展。

7.1　研究背景

在粮食安全问题和经济发展的持续压力之下，我国从 20 世纪 90 年代以来已经普遍实行高投入的集约化农业生产模式，具有典型的高土地利用强度、高投入－产出和高环境风险的特征。高集约化的土地利用模式是通过增加化肥、农药、农膜等生产资料的投入来换取粮食产量的提高。而过度的土地利用和生产资料的过量使用，在使得农作物产量大幅增长的同时，引发了一系列的农业生态环境问题，例如土壤污染、土壤退化、地表水富营养化以及农产品污染等，对农业生产和人类发展构成了严重威胁。根据统计数据显示，1990—2016 年，我国化肥用量由 1990 年的 2590.3 万 t 上涨到 2016 年的 5984.1 万 t，上涨了 131%，年均涨幅为 4.8%；单位播种面积上的化肥投入量由 174.59kg/hm^2 上涨到 359.08kg/hm^2，年均涨幅为 3.9%，单位面积上的化肥投入量远高于 225kg/hm^2 的国际上限标准[1]。2014 年环境保护部和国土资源部公布的《全国土壤污染状况调查公报》显示我国的土壤环境状况总体不容乐观，并且耕地土壤环境质量堪忧。土壤点位超标率为 19.4%，其中轻微、轻度、中度和重度污染点位比例分别为 13.7%、2.8%、1.8% 和 1.1%，主要污染物为镉、镍、铜、砷、汞、铅、滴滴涕和多环芳烃。其中农业等人为活动是造成土壤污染的重要原因之一[2]。因此，如何系统地分析和评价农业土地利用对环境的负面效应，成为土地学科领域关注的热点问题。农业土地利用系统是自然因素和社会因素交互作用的复杂系统，从系统论的角度定量分析农业土地利用系统资源投入与污染产出的增长趋势，以及与土地利用过程相关联的各种因素，对环境优化政策制定和实现土地可持续利用有重要意义。

  物质流分析以物质质量的输入、输出作为测度经济活动对环境影响的测度标准，能更客观地衡量资源利用效率、环境保护程度和经济发展水平之间的关系，为复杂系统的可持续发展研究提供了一种更为简洁的手段[3-6]。物质流分析方法在美国、德国、日本等发达国家得到了普遍的应用，而国内的研究主要集中在国家层面的宏观研究和企业层面的微观研究，而且多集中于经济领域，对区域层面的研究较少，而针对农业土地利用系统的物质流分析则更加欠缺。本研究将物质流分析引入河南省农业土地利用系统，对其资源输入和污染排放进行定量核算与分析，通过构建资源生产率、环境效率、生态效率等指标，对研究区域 2004—2013 年的环境效应变化趋势和环境压力状况进行分析。

7.2 研究区概况

河南位于中国中东部、黄河中下游，地势西高东低，中东部为黄淮海冲积平原，西南部为南阳盆地。河南耕地面积7179.2万hm²。全省年降水量600～1400mm，自南向北递减。无霜期为190～230天，日照时数1740～2310h。充足的光、热、水资源和肥沃的土地，为河南农业的发展奠定了良好的基础。河南是农业大省，粮、棉、油等主要农产品产量均居全国前列，是全国重要的优质农产品生产基地。而随着高投入的农业土地利用模式的实行，也不可避免地对农业生态环境造成了巨大的压力，土地污染问题日益严重。因此，如何客观地对资源利用和环境保护程度进行度量也是亟待解决的问题。

7.3 研究方法及数据来源

7.3.1 农业土地利用系统物质流分析框架

物质流分析是指以物质质量来度量可持续发展水平，通过建立相应的指标体系，对物质的投入和输出进行量化分析，并通过计算代谢吞吐量来测度经济活动对环境的影响，以及分析评价经济发展、资源利用效率的一种方法。其基本分析原理是：进入经济系统物质的数量与质量，引起了资源的耗竭和环境的退化，从而产生对环境的扰动；从经济系统排入环境的废弃物质的数量与质量，则引起环境的污染。通过追踪人类对自然资源的开采、生产、消耗、循环等过程，揭示物质在特定区域内的流动特征和转化效率，找出环境压力的直接来源，进而提出相应的减少环境压力的解决方案，为区域可持续发展目标的制订提供科学依据[3,7-10]。

农业土地利用系统是由土地利用方式、土地利用过程和自然环境等要素组成的自然生态经济系统[8]，结合物质流分析的观点，将农业土地利用系统内部与外部环境之间的物质流、能量流和信息流的交换归类如下：

（1）输入：主要包括固体、气体和液体三类投入，其中固体投入主要包括化肥、农药、地膜，气体投入主要包括土壤呼吸耗氧和作物呼吸耗二氧化碳，液体投入主要包括农业灌溉用水和农用柴油等。

（2）输出：主要包括地膜残留、化肥和农药的流失，土壤和作物呼吸排放的气体以及农用柴油燃烧排放等。

（3）储存：主要是农产品，包括粮食、棉花、油料与园林水果等。

7.3.2 分析评价指标体系

将物质流分析的方法引入农业土地利用系统中，构建评价指标体系（见表7－1）。

表7－1 农业土地利用系统物质流分析指标体系

指标	名称	指标含义	计算
DMI	直接物质投入	农业土地利用系统直接物质投入量	固体、液体、气体等物质投入
DPO	生产过程排放	农业土地利用系统污染物排放量	固体、液体、气体等物质输出
MP	资源生产率	创造单位农业经济产值所消耗的资源	MP = DMI/G
EE	环境效率	创造单位农业经济产值所产生的废弃物	EE = DPO/G
Stock	产品储存	农产品产量	粮食、油料等总量
HF	隐藏流/生态包袱	生产过程中未进入农田物质循环的物质	隐藏流系数计算
Eco－efficiency	生态效率	农业经济产值与产品的物质消耗及环境影响的比值	GDP/(DMI + DPO)

7.3.3 主要变量测算方法及数据来源

根据物质流分析的指标体系，农业土地利用系统主要输入、输出以及储存指标计算涉及的变量及数据来源见表7－2。

表 7-2　农业土地利用系统物质流分析测算方法及参数取值　（单位：10^4t）

指标类型	指标	变量	计算方法及数据来源
输入部分（A）	DMI	化肥（A1）	河南省统计年鉴
		农药（A2）	
		地膜（A3）	
		土壤呼吸耗 O_2（A4）	12.41 万 kg/hm^2 [9]
		作物呼吸耗 CO_2（A5）	由农产品产量估算[9]
		农业灌溉用水量（A6）	河南省水利厅统计公报
		农用柴油（A7）	河南省统计年鉴
输出部分（B）	DPO	地膜残留（B1）	取 25% 作为地膜残留率[11]
		农药流失（B2）	农药利用率为 25%[12]
		未被有效利用化肥（B3）	对氮肥、磷肥、钾肥、复合肥的有效利用率分别为 30%、15%、40%、30%[12,13]
		土壤呼吸排放 CO_2（B4）	分别根据呼吸消耗的 O_2 及 CO_2 计算，由 $n(CO_2)/n(O_2)$ 的比例为 $1^{[9]}$
		作物呼吸排放 O_2（B5）	
		农用柴油燃烧排放 CO_2、SO_2、NO_x 等污染物（B6）	折合为标准煤排放系数法[14]
储存部分（C）	Stock	农作物（C1）	河南省统计年鉴
隐藏流部分（D）	HF	农产品隐藏流（D1）	隐藏流系数（t/t），谷物 0.46、糖料作物 0.67、间作物 0.28[15]
		水土流失（D2）	$15t/hm^{2[9]}$

注：B6 包括 CO_2、SO_2、NO_x、PM10、CO、HC 等。

7.4　结果分析

7.4.1　物质输入输出量分析

考虑到灌溉水的输入量比其他物质输入大出若干个数量级，为了消除灌溉水对物质流的放大作用，本研究的物质输入输出量分析不包括灌溉水。根据 2004—2013 年河南省农业土地利用系统直接物质输入（DMI）、生产过程物质输出（DPO）以及隐藏流（HF）的计算结果制成折线图，如图 7-1 所示。

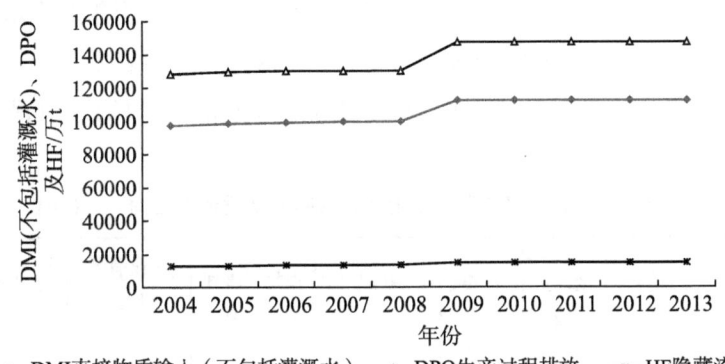

图 7-1　2004—2013 年河南省农业土地利用系统物质输入-输出（不包括农业灌溉水）变化趋势

结果显示，物质的输入和输出量呈现同步递增趋势：DMI（不包括灌溉水）从 2004 年的 97379.54 万 t 增长到 2013 年的 112372.60 万 t，增幅为 15.40%，年均增长率为 1.67%；DPO 从 2004 年的 128445.99 万 t 增长到 2013 年的 147014.84 万 t，增幅为 14.46%，年均增长率为 1.59%。

DPO 与 DMI 表现出较高的相关性，说明区域农业土地利用系统生产过程中产生的废物排放量受 DMI 的影响，控制 DPO 的关键是要从源头上减少直接物质投入。由于 HF 代表的是在生产过程中从环境中提取、但未进入生产过程物质循环、未被使用的物质，如水土流失量、农林产品生产过程中耗费的土方及枯枝落叶等[16-18]，其中水土流失平均占隐藏流的 83%。说明在关注耕地数量的同时也应对耕地质量问题如水土流失等予以足够的重视。

7.4.2　物质输入输出结构分析

从物质输入结构看（见表 7-3），河南省土地利用系统的固体投入以化肥、地膜和农药为主，平均每年占固体投入的比例分别为

95.98%、2.12%和1.89%。气体投入主要包括土壤呼吸耗氧和作物呼吸耗二氧化碳。液体投入主要包括农业灌溉用水和农用柴油,农业灌溉用水在十年间的年平均用量为1180030万t,呈现出波动的状态,这是因为农业灌溉用水量不仅与耕地面积有关,还受当年的降水量以及农田水利设施建设情况等因素的影响。农用柴油量在十年间呈现出稳步上涨的状态,这也说明了河南省农业机械化水平有了一定程度的提高。

表7-3　2004—2013年河南省农业土地利用系统物质输入结构　（单位：10^4t）

年份	化肥(A1)	农药(A2)	地膜(A3)	土壤呼吸耗O_2(A4)	作物呼吸耗CO_2(A5)	农业灌溉用水量(A6)	农用柴油(A7)
2004	493.16	10.12	10.16	89072.78	7706.46	1126500	86.86
2005	518.14	10.51	10.84	89366.89	8312.84	1034500	89.79
2006	540.43	11.16	11.84	89381.78	9180.37	1288400	93.04
2007	569.68	11.80	12.66	89375.58	9507.50	1107200	96.42
2008	601.68	11.91	13.07	89379.30	9775.49	1231200	99.24
2009	628.67	12.14	14.14	101662.72	9892.56	1277600	104.17
2010	655.15	12.49	14.70	101482.78	10023.24	1142000	107.92
2011	673.71	12.87	15.16	101289.18	10211.62	1145200	111.07
2012	684.43	12.83	15.52	101225.89	10443.22	1195500	112.25
2013	696.37	13.01	16.78	100934.25	10598.76	1252200	113.43

从物质输出结构看（见表7-4），土壤呼吸排放和作物呼吸排放占有较大的比重,两者呈现逐年递增趋势,这与河南省近年来耕地数量变化有关。十年间造成主要环境污染的地膜残留量、农药流失量、未被有效利用的化肥量的增幅分别为65.35%、28.59%和42.69%,农用柴油燃烧排放CO_2、SO_2、NO_x等污染物的量从2004年的0.32万t增加到2013年的0.42万t,增幅31.25%,这意味着关注工业排放污染的同时也不能忽略农业对环境所造成的压力。

表7-4 2004—2013年河南省农业土地利用系统物质输出结构　　（单位：10^4t）

年份	地膜残留（B1）	农药流失（B2）	未被有效利用化肥（B3）	土壤呼吸排放CO_2（B4）	作物呼吸排放O_2（B5）	农用柴油燃烧排放CO_2、SO_2、NO_x等污染物（B6）
2004	2.54	7.59	355.78	122475.07	5604.70	0.32
2005	2.71	7.88	373.58	122879.48	6045.70	0.33
2006	2.96	8.37	395.24	122899.95	6676.63	0.34
2007	3.17	8.85	409.60	122891.42	6914.55	0.36
2008	3.27	8.93	432.25	122896.54	7109.44	0.37
2009	3.54	9.11	451.60	139786.24	7194.59	0.38
2010	3.68	9.37	470.10	139538.82	7289.63	0.40
2011	3.79	9.65	483.39	139272.62	7426.63	0.41
2012	3.88	9.62	490.95	139185.60	7595.07	0.41
2013	4.20	9.76	507.68	138784.60	7708.19	0.42

7.4.3 物质投入、产出强度变化趋势

剔除灌溉水对物质输入的放大作用后，可以看到除2008—2009年由于耕地面积13.06%的增长导致人均物质输入和输出有明显的增幅以外，其他年间的变化均较为缓和，说明人均消耗强度与污染物人均排放强度在这一时期内变化潜力不大。同时，2009年以来人均消耗强度与污染物人均排放强度均有下降的趋势，说明随着人们对农田环境问题的重视与农业生产技术的进步，人均消耗强度与污染物人均排放强度这两个指标将逐步下降，农业生产活动对环境产生的不利影响将逐渐减小。人均物质输入、输出强度的变化趋势如图7-2所示。

7.4.4 资源生产率、环境效率变化趋势

资源生产率（MP）代表着创造单位农业经济产值所消耗的资源，环境效率（EE）代表着创造单位农业经济产值所产生的废弃物。

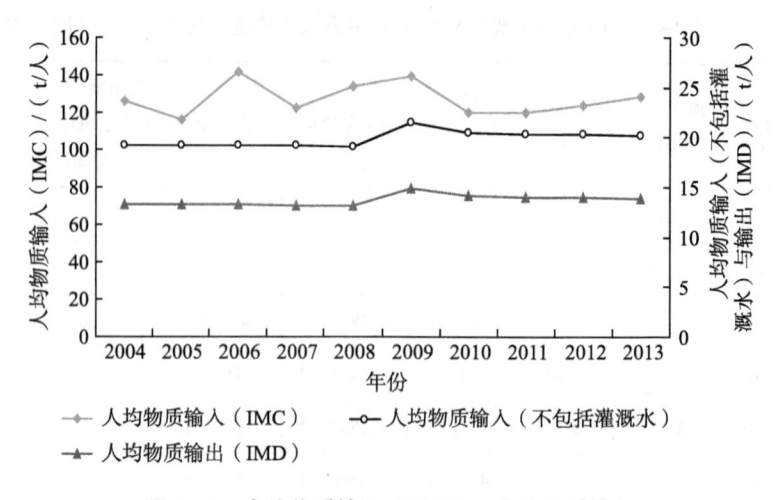

图 7-2　人均物质输入（IMC）、人均物质输入
（不包括灌溉水）、人均物质输出（IMD）的变化趋势

2004—2013 年，资源生产率由 0.0764t/元下降到 0.0325t/元，降幅为 57.46%。数据表明创造单位农业产值所消耗的资源已经开始下降，农业措施和科学技术的发展带来的生产力的提高已经初见成效。环境效率由 0.0080t/元下降到 0.0035t/元，降幅为 56.25%。资源生产率及环境效率反映的是经济发展与物质投入、污染产出的关系，因此必须重视提高农业技术水平，采用先进的耕作制度与管理模式，尽可能降低资源的消耗与废弃物的产生。资源生产率和环境效率的变化趋势如图 7-3 所示。

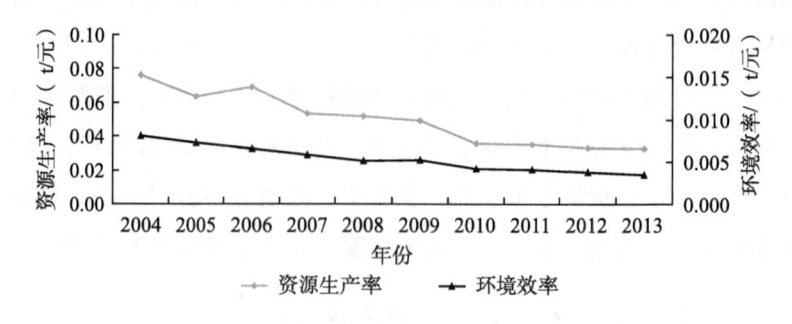

图 7-3　资源生产率与环境效率变化趋势

7.4.5 物质储存变化趋势

河南省农作物产量（包括粮食、棉花、油料、园林水果等）在 2004—2013 年间持续提高，变化趋势如图 7-4 所示。从 2004 年的 5242.49 万 t 到 2013 年的 7210.04 万 t，增幅 37.53%，平均每年比上一年增长率为 3.65%；而粮食产量与耕地面积密切相关，河南省耕地面积在十年之间增长率为 13.32%，平均每年比上一年增长率为 1.49%。农作物产量的增长率远高于耕地面积的增长率，说明持续增加的化肥、农药、地膜等生产性投入对粮食产量的增加起到了重要的作用，而过多的物质投入造成的环境污染也是不可避免的。以地膜为例，地膜覆盖技术扩大了农作物的适作区域，提高了农作物的产量和经济效益，但作为一种人工合成的高分子化合物，地膜在土壤环境中需要上百年时间才可以完全降解，因此必须关注残留在土壤中的地膜对土壤理化性质、土壤微生物等的不利影响。

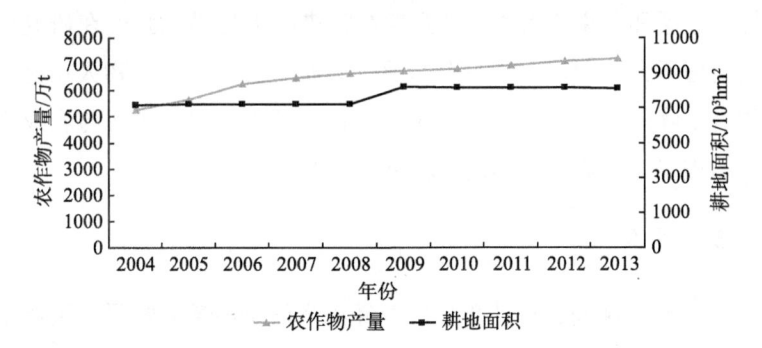

图 7-4 2004—2013 年农业土地利用系统农作物产量与耕地面积变化趋势

7.5 小结与讨论

7.5.1 小结

本研究从物质流分析的角度，对研究期间河南省农业土地利用系统的输入、输出物质进行定量估算，对农田系统生产过程中的资源消耗和污染排放关系及变化趋势进行分析，同时构建了资源生产率、环境效率、生态效率等指标，对研究区域环境效应变化趋势及环境压力状况进行分析。结果显示：

（1）研究期间河南省农业土地利用系统物质的输入量（DMI）和输出量（DPO）呈现同步递增趋势。DPO 与 DMI 变化同步，说明区域农业土地利用系统生产过程的废物排放量受 DMI 的影响，控制 DPO 的关键是要从源头上减少直接物质投入。

（2）河南省农作物产量（包括粮食、棉花、油料、园林水果等）持续提高，农作物产量的增长率远高于耕地面积的增长率，说明持续增加的化肥、农药、地膜等生产性物质投入一方面对粮食产量的增加起到了重要的作用，而另一方面，过多的物质投入则是造成土壤环境污染的主要原因。

（3）人均物质输入（不包括灌溉用水）与人均物质输出变化幅度均较为缓和，说明人均消耗强度与污染物人均排放强度在研究期间变化潜力不大；同时，2009 年以来人均消耗强度与污染物人均排放强度均有下降的趋势，说明随着人们对农田环境问题的重视与农业生产技术的进步，农业生产朝向环境友好的方向发展。

7.5.2 讨论

（1）研究期间，创造单位农业经济产值所消耗的资源（资源生产率）与创造单位农业经济产值所产生的废弃物（环境效率）均有所下降，表明农业措施和科学技术的发展带来的生产力的提高已经初见成效。

（2）生态效率十年之间增幅较大，说明过去每吨物质资源的消耗以及排放所能产生的经济价值较低，伴随着经济增长产生了较大的环境压力，处于一种粗放而非集约的增长方式。随着生态效率的不断提升，表明这种情况已经有所好转，较为明显的上升趋势可以判断河南省农业土地利用系统进一步提升生态效率的潜力很大，距离实现经济、环境与社会可持续发展的目标还需要进一步努力。

本章参考文献

[1] 中华人民共和国国家统计局. 中国统计年鉴 [M]. 北京：中国统计出版社, 2017.

[2] 全国土壤污染状况调查公报 [J]. 中国环保产业, 2014 (5)：10-11.

[3] 吴开亚. 物质流分析：可持续发展的测量工具 [M]. 上海：复旦大学出版社, 2012.

[4] 董朝阳, 童亿勤, 伍磊, 等. 基于物质流分析的宁波市经济-环境系统研究 [J]. 宁波大学学报（理工版）, 2008 (1)：86-91.

[5] Paul H, Helmut R. Practical Handbook of Material Flow Analysis [M]. Washington DC：Lewis Publishers, 2004：1-138.

[6] 黄和平, 毕军, 张炳, 等. 物质流分析研究评述 [J]. 生态学报, 2007 (11)：368-379.

[7] 贾向丹, 刘超. 基于物质流分析的可持续发展研究：以辽宁省为例 [J]. 金融教学研究, 2013 (3)：69-71.

[8] 卓东, 刘黎明, 邝琴霞, 等. 农业土地利用系统的环境风险分析与评价方法研究：以湖南省桃江县为例 [J]. 生态与农村环境学报, 2014, 30 (4)：526-532.

[9] 黄和平, 毕军, 李祥妹, 等. 区域生态经济系统的物质输入与输出分析：以常州市武进区为例 [J]. 生态学报, 2006, 26 (8)：2578-2586.

[10] Kwonpongsagoon S, et al. A substance flow analysis in the southern hemisphere：cadmium in the Australian economy [J]. Clean Technologies and Environmental Policy, 2007, 9 (3)：175-187.

[11] 蔡金洲, 张富林, 范先鹏, 等. 南方平原地区地膜使用与残留现状调查分析 [J]. 农业资源与环境学报, 2013, 30 (5)：23-30.

[12] 张从. 中国农村面源污染的环境影响及其控制对策 [J]. 环境科学动态, 2001 (4)：10-13.

[13] 赵丽莉, 钟崇林, 李有. 河南省农业面源污染现状与防治对策 [J]. 广东农业科学, 2010 (7)：186-188.

[14] 姚强, 陈超. 洁净煤技术 [M]. 北京：化学工业出版社, 2005.

[15] 徐美. 湖南省土地生态风险预警及调控研究 [D]. 长沙：湖南师范大

学，2013．

[16] 殷冠羿，刘黎明，起晓星，等. 基于物质流分析的高集约化农区环境风险评价 [J]. 农业工程学报，2015，31（5）：235－243．

[17] 唐华. 基于物质流分析法对江西省生态效率的评价 [J]. 绿色科技，2014（7）：23－25．

[18] Huang C，et al. Using material/substance flow analysis to support sustainable development assessment：A literature review and outlook [J]. Resources Conservation and Recycling，2012，68：104－116．

第 8 章　江苏省农地规模经营特征与环境效率时空分异研究

本章研究运用熵权法、SBM – Undesirable 窗式分析法评估了 2005—2016 年江苏省农地集约与规模经营特征及其环境效率时空演变特征。结果显示：①农地经营综合指数、集约度与规模度呈稳步增长的态势，综合指数呈南高北低的空间分布特征；②农业环境效率先降低后逐步上升，各投入指标与农业面源污染等标排放量的缩减潜势总体呈"凸"字形特征，宿迁市、连云港市与淮安市是农业资源节约和污染减排总量控制的重点区域；③将江苏省 13 个地级市划分为 4 种类型，并针对不同类型提出了相关发展建议。研究成果可为江苏省合理配置农业生产要素，促进农业可持续发展及改善农区环境质量提供理论与方法支撑。

8.1　研究背景

随着社会经济快速发展，农地经营模式从粗放经营逐渐向规模经营转化已成为客观规律和必然趋势，但是农地集约与规模经营模式在保障粮食安全、促进农业现代化的同时，也引发了诸多环境问题，严重制约了农业和区域可持续发展。环境效率是衡量农业可持续发展水平的重要指标，其状况不仅影响到农村人居环境质量，同时也决定了农业经营特征对资源的消耗水平和耕地保护政策的绩效[1]。随着对生态环境要求越来越高，农业的环境效率不可忽视。

针对农地集约与规模经营特征及其环境效率分析，目前研究主要集中在农地集约与规模经营的内涵界定[2,3]、模式示范[4]、评价指标体系构建[5]、实现路径[6]、影响因素及驱动力[7]等方面，例如采用线性回归法分析农地规模与农业收益相关性，表明农地经营规模对农业收益具有重要影响[8]，其他结果表明农业规模与农业可持续发展之间呈正相关[9]。在研究方法上多选取社会、经济、环境等能反映农地经营特征及环境效率的指标，例如采用随机前沿生产函数分析我国31个农垦区的农业环境效率，发现东西部区域环境效率存在显著时空差异特征[10]；用 DEA 模型测算全国农业环境效率结果表明有60%的省份农业资源利用模式为低环境效率型[11,12]。虽然农业集约度、规模经营从经济方向研究较多，但是与环境效率相结合，研究农业规模经营与环境效率之间的关系及发展过程中的问题[13,14]，相关研究却很少，因此探讨区域农地集约与规模经营特征及其环境效率，对农业可持续发展和区域环境质量提升具有重要的意义。

江苏省作为经济发达省份，农业发展经历了通过不断提高农地规模、土地利用强度和农药化肥投入的方式提升经济效益，但也给生态环境保护带来了严峻的挑战。故本研究以江苏省为研究区，系统分析农地经营集约度、规模度及环境效率的时空分异特征，综合评估农地经营中物质投入及非期望产出的缩减潜势及缩减规模，依据评价结果，采用分类矩阵方法对13个地级市划分类型，并提出合理配置农地资源、促进农业可持续发展的科学建议。

8.2 研究区概况

江苏省位于我国东部沿海地区中部，土地总面积10.72万 km^2，农业生产条件得天独厚，是中国著名的"鱼米之乡"。2015年粮食播种面积543.2万 hm^2，粮食生产已连续增产，总产量达3466万 t；第一产业产值与2005年相比，增加至4077亿元。2008年，江苏省开始推进农村土地规模流转，开展适度规模经营，2015年江苏省被农业部确定为农村土地承包经营权确权登记颁证推进试点省，土地流转加快了农村土地规模化、集约化进程，为农业经济发展提供了新动力。近年来，江苏省高度重视粮食生产规模经营，对种粮大户在政策上优惠、生产上扶持、物资上倾斜、技术上培训，粮食生产集约规模经营保持较好发展态势。随着农地经营模式的转型，农药、化肥等农资投入量也逐年提高，2015 年江苏省化肥（折纯量）施用强度为 575kg/hm²，是发达国家规定的安全施肥上限（225kg/hm²）的 2.5 倍多；农药施用强度达 10.13kg/hm²。江苏省农业转型过程中，区域生态环境保护面临着巨大压力。

8.3 研究方法

8.3.1 农地规模经营特征评价方法

8.3.1.1 农地集约与规模经营指标体系的构建

农地集约与规模经营是农业现代化的必要前提，农业集约度的提升对农地投入减量化、产出效益增加和减少环境风险具有重要意义，而规模经营则促进了土地流转，提高了土地利用效率，农地集约与规模经营是未来农业发展的主要方向。本研究在综合已有研究成果的基础上[15,16]，遵循科学性、代表性、可操作性原则，兼顾数据可获得性，构建农地集约规模指标体系（见表 8-1）。

表 8-1 农地集约与规模经营特征指标体系及其权重

指标	变量	计量方法	单位
集约度（0.582）	劳力投入（0.091）	劳动力/耕地面积	万人/10³hm²
	动力投入（0.107）	机械动力/耕地面积	万kW/10³hm²
	化肥投入（0.148）	化肥施用量/耕地面积	kt/10³hm²
	农药投入（0.057）	农药施用量/耕地面积	t/10³hm²
	复种指数（0.084）	农作物播种面积/耕地面积	%
	灌溉指数（0.095）	有效灌溉面积/耕地面积	%
规模度（0.418）	农民人均收入（0.114）	—	元
	人均耕地面积（0.107）	耕地面积/劳动力	10³hm²/万人
	地均产值（0.197）	农业产值/耕地面积	亿元/10³hm²

159

8.3.1.2 数据处理与指标权重设置

(1) 数据标准化

为消除不同指标之间的量纲差异,采用 min – max 标准化分析法对原始数据进行标准化处理。

(2) 权重设置

本研究采用熵权法为指标赋权,熵是系统无序程度的度量,熵权法根据指标的变异程度,利用信息熵计算出各指标的熵权,再通过熵权对各指标的权重进行修正,进而得出较为客观的指标权重,其权重计算结果见表 8 – 1。

(3) 集约度、规模度与综合指数计算

按照标准化的数据及各指标的权重计算江苏省农地经营集约度、规模度指数及农地经营综合指数。

8.3.2 农业环境效率评级方法

8.3.2.1 SBM – Undesirable 窗式分析法

农业环境效率反映的是农业生产对生态环境的影响或农业生产中所付出的环境代价,常用的测度方法是在等量要素或者产出条件下,其污染排放与最小污染排放的距离。本研究采用 SBM – Undesirable 窗式分析方法进行环境效率的测算。其原理如下:假设生产系统有 n 个决策单元,每个单元有 m 种投入、S_1 种期望产出和 S_2 种非期望产出,针对一个包含非期望产出的生产可能性集合:$P = \{(x, y^g, y^b) | x \geq X\lambda,$ $y^g \leq Y^g\lambda, y^b \geq Y^b\lambda, \lambda \geq 0\}$,构建 SBM – Undesirable 公式如下:

$$\begin{cases} \min\rho = \dfrac{1 - \dfrac{1}{m}\sum\limits_{i=1}^{m}\dfrac{s_i^-}{x_{i0}}}{1 + \dfrac{1}{s_1+s_2}\left(\sum\limits_{r=1}^{s_1}\dfrac{s_r^g}{y_{r0}^g} + \sum\limits_{r=1}^{s_2}\dfrac{s_r^b}{y_{r0}^b}\right)} \\ \text{s.t.} \quad x_0 = X\lambda + s^-, y_0^g = Y^g\lambda - s^g, y_0^b = Y^b\lambda + s^b \\ \qquad s^- \geq 0, s^g \geq 0, s^b \geq 0, \lambda \geq 0 \end{cases} \tag{8-1}$$

式中，P 代表有界闭集，$x \in \mathbf{R}^m$，$y^g \in \mathbf{R}^{s_1}$ 与 $y^b \in \mathbf{R}^{s_2}$；定义矩阵 X、Y^g、Y^b 为：$X = [x_1, \cdots, x_n] \in \mathbf{R}^{m \times n}$，$Y^g = [y_1^g, \cdots, y_n^g] \in \mathbf{R}^{s_1 \times n}$，$Y^b = [y_1^b, \cdots, y_n^b] \in \mathbf{R}^{s_2 \times n}$，$X > 0$，$Y^g > 0$，$Y^b > 0$。$\boldsymbol{\lambda}$ 代表权重向量，$\boldsymbol{\lambda} \in \mathbf{R}^n$，$\boldsymbol{\lambda} \geqslant 0$ 表示规模报酬可变（Variable Return to Scale，CRS）。x_0、y_0^g、y_0^b 分别代表投入、期望产出和非期望产出要素；s^-、s^g、s^b 分别代表投入、期望产出和非期望产出的松弛变量；ρ 代表环境效率值，$0 \leqslant \rho \leqslant 1$，当 $s^- = 0$，$s^g = 0$，$s^b = 0$ 时，$\rho = 1$，决策单元（Decision Making Unit，DMU）即为有效率的。

窗式分析是通过把处于不同时间段上的同一单元看作不同决策单元，采用特定时间段作为窗口宽度构建生产前沿面。窗式分析既避免了传统 DEA 分析中生产前沿面不连续的问题，也避免了跨时间分析导致的生产前沿面相同的缺陷，使得效率计算灵活，对面板数据的分析也更加准确和客观。

8.3.2.2 缩减潜势与缩减规模分析

根据 SBM – Undesirable 模型，当 $\rho < 1$ 时，DMU 存在效率损失，可用各指标的松弛变量反映农业生产过程中环境效率的改善途径。具体构建指标如下：

（1）缩减潜势 EJQ_j：

$$EJQ_j = \frac{s_j}{AP_j} \quad (8-2)$$

（2）缩减规模 SIP_j：

$$SIP_j = \frac{s_j}{\sum_{j=1}^{n} s_j} \quad (8-3)$$

EJQ_j 代表第 j 个 DMU 的某一指标的缩减潜势，其含义为某一指标投入冗余或非期望产出冗余的松弛变量与实际投入或产出量的比值；SIP_j 代表某一指标的缩减规模，其含义为某一指标投入冗余或非期望产出冗余的松弛变量与所有 DMU 该指标投入冗余或非期望产出冗余的松弛变量总和的比值。

8.3.2.3 环境效率指标体系构建

本研究综合选取投入指标包括劳动力投入、机械动力投入、化肥投入、农药投入；期望产出为农业产值。非期望产出采用农业面源污染等标排放量表示，取氮肥、磷肥的流失系数分别为8.70%、6.40%，流失系数取值是综合运用面源污染单元评估方法和IMPULSE模型，通过开展面源污染现状调查和相关文献分析进行重新核定[17,18]。参照《地表水环境质量标准》（GB 3838—2002），将TN（总氮）、TP（总磷）污染物排放标准设定为1mg/L（Ⅲ类）和0.2mg/L（Ⅲ类）。

8.4 结果分析

8.4.1 农地经营特征时空演变分析

从江苏省平均水平分析：农地经营综合指数、集约度与规模度呈现稳步增长态势（见图8-1），农地经营综合指数从0.183增长至0.258，增幅41%；集约度和规模度从0.235和0.111增加到0.269和0.246，增幅14.5%和121.6%，规模度增速较快，农地经营规模效益显著提高。近年来，江苏省农地确权登记促进了土地流转市场的发展，各项惠农政策以及农地规模经营政策的实施，提高了农业总收益，农地经营呈规模化发展的趋势。

从各地级市分析：农地集约度、规模度与综合指数总体较小。除盐城外，规模度指数总体呈"南高北低"的态势（见图8-2）。各地级市规模度指数为0.008~0.321，年均最大值和最小值分别为苏州（0.193）和连云港（0.070），总体上苏南地区高于全省平均水平。集约度指数和综合指数总体未有显著的空间分布特征，除南京与扬州集约度与综合指数较小外，其余地级市集约度均在0.14~0.25。

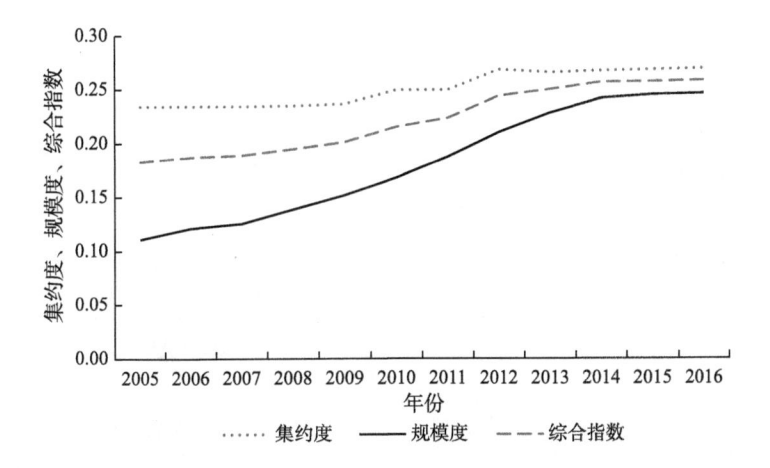

图 8-1 农地集约与规模经营指数的年际变化

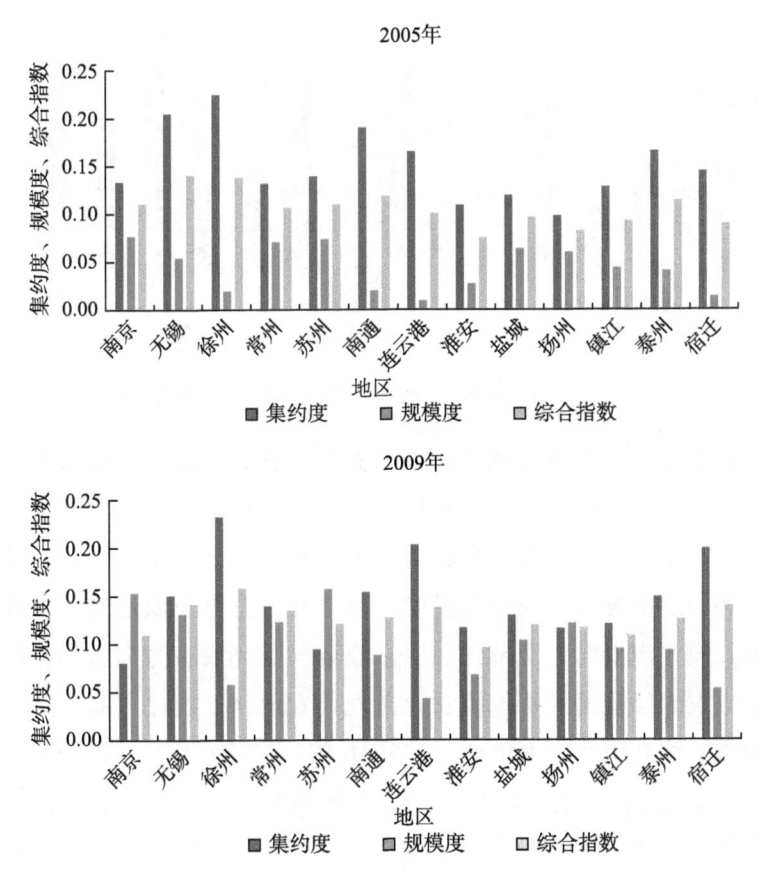

图 8-2 农地集约度、规模度与综合指数变化分布

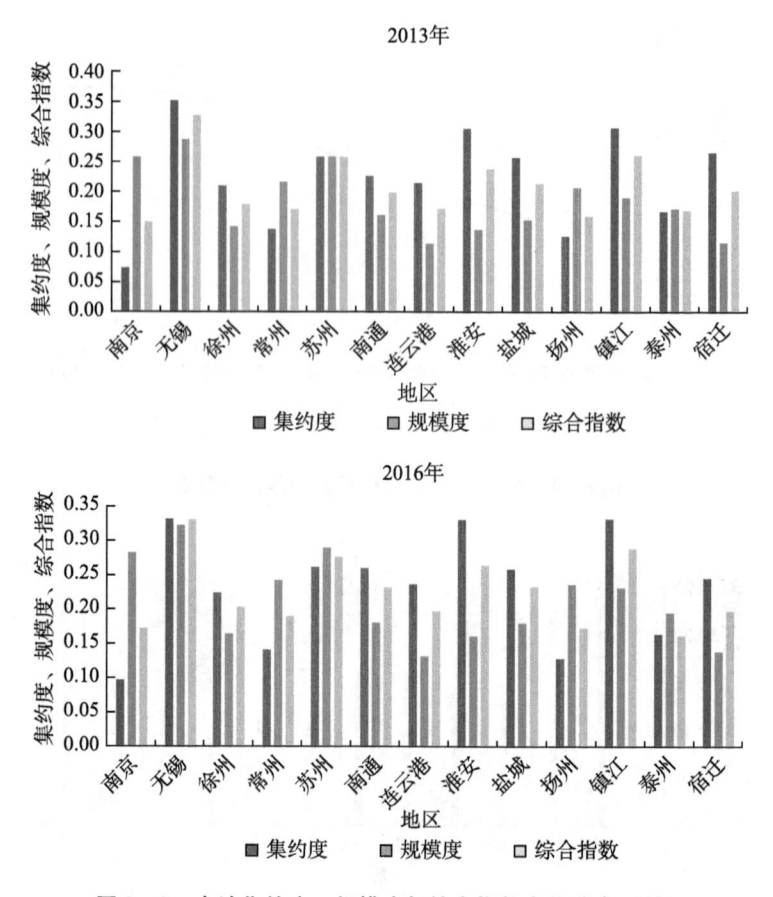

图 8-2 农地集约度、规模度与综合指数变化分布（续）

总体分析：2005 年各地市农地集约度指数、规模度指数与综合指数相对较低，除徐州外，前几位均位于长三角地区；2009 年，除无锡、南京农地经营综合指数略有下降外，其余均呈不同程度的上升态势，这主要源于农地规模度小幅提高，总体上农地经营模式逐步由高投入产出向资源节约、生态农业与观光农业方向转型；2013 年以来农地经营模式从传统农业向现代农业、规模化方向发展的速度加快，综合指数斜率增加；至 2016 年，江苏农地经营综合指数均值已达 0.258，各地区均达到了较高的指数，其中无锡、镇江与苏州农地经营综合指数分别达到了 0.331、0.288 和 0.275，处于前列。

8.4.2 农业环境效率时空演变分析

从江苏省平均水平分析：农业环境效率经历了先降后升的过程，各投入指标与农业面源污染等标排放量的缩减潜势呈"凸"字形特征（见图8-3）。至2008年，环境效率由0.630降至0.582，降幅为7.61%，农业生产方式粗放，农业机械化程度不高，化肥和农药投入量逐年增加，导致污染物排放过多，环境效率低下。2008年以后，随着农业产业结构的调整，江苏省通过加强农业面源污染防治示范区建设，推进农业面源污染综合治理，强调田间水肥综合管理技术，合理配置生产要素，发展资源节约型农业，农业环境效率逐步上升，在2010年、2012年和2013年增长速度越来越快，到2016年达0.762，各项投入指标与农业面源污染的缩减潜势也逐渐下降至0.3%以下。

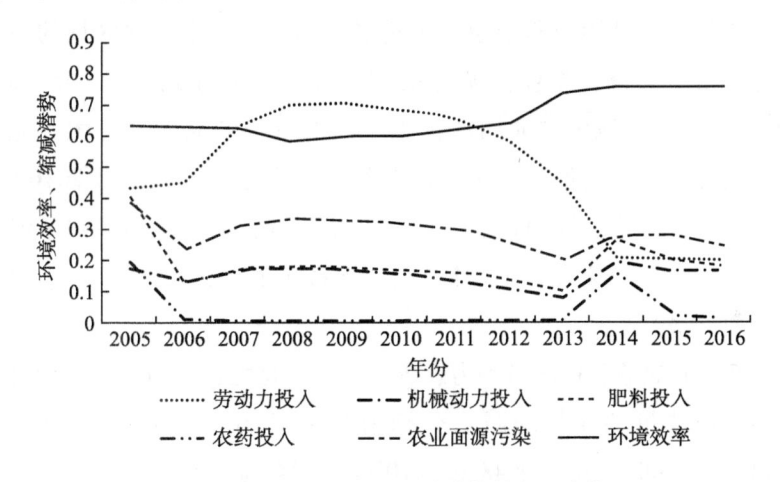

图8-3 环境效率与缩减潜势的年际变化

2005年农业环境高效率（大于0.9）地级市仅有镇江市一个，其他地级市平均效率为0.60，其中连云港仅为0.37，农业生产极为粗放；2008年，除南京与苏州外，农业环境效率均降至最低点，之后年份缓慢上升；2011年无锡上升至农业环境高效率区，盐城、南通、南京和苏州提升至较高效率区（大于0.8）；2016年农业环境效率普遍提高，高效率区的地级市数量为7个，总体平均环境效率也由2011年的0.622上升至2015年的0.762。

8.4.3　缩减潜势与缩减规模空间分析

江苏省劳动力、机械总动力、化肥、农药和农业面源污染缩减潜势平均水平如图 8-3 所示，各地区截面数据如图 8-4 所示。总体分析，江苏省各地级市劳动力、机械动力、化肥、农药和农业面源污染的平均缩减潜势分别为 49.38%、15.19%、19.30%、3.64% 和 19.12%，农业面源污染、化肥及劳动力的缩减潜势相对较高，表明劳动力未能有效利用，化肥投入过高，资源配置相对低效，农业面源污染问题突出。

从各地级市的缩减潜势分析，总体呈北高南低的特点。徐州市、连云港市、宿迁市、淮安市、扬州市、泰州市各指标的缩减潜势较高，普遍存在投入冗余和环境污染的现象，投入规模和结构不尽合理、资源无效利用、非期望产出过多等问题，其中苏北区域的宿迁市缩减潜势最高，农业面源污染等标排放量实际冗余达 $161.70 \times 10^8 m^3$，反映出该市农业面源污染排放的改善空间潜力巨大，应成为农地经营模式转型过程中资源节约重点引导的区域。至 2016 年，南京市、无锡市、苏州市、南通市、盐城市、镇江市和徐州市缩减潜势趋近于 0，表明在当前环境制约下农业生产要素配置较为合理，环境效率最高。

江苏省农业生产的劳动力、机械动力、化肥、农药与农业面源污染等标排放量的年均缩减量分别为 800.67 万人、2627.24 万 kW、3542.71 kt、40.65 kt、$19043.63 \times 10^8 m^3$。对各地级市潜在缩减规模进行分析，徐州市、宿迁市、连云港市、淮安市、泰州市的劳动力、机械动力、化肥及农业面源污染具有较大的缩减规模，对江苏省农业环境效率的提升具有较大影响。至 2016 年只有徐州市的缩减规模降低幅度较大，表明徐州市的农业水平提升快，发展好，生态环境效率高；连云港市、淮安市、泰州市和宿迁市仍然有很大的缩减规模，该类地区是江苏省农地经营过程中资源节约和污染减排总量控制的重点区域。

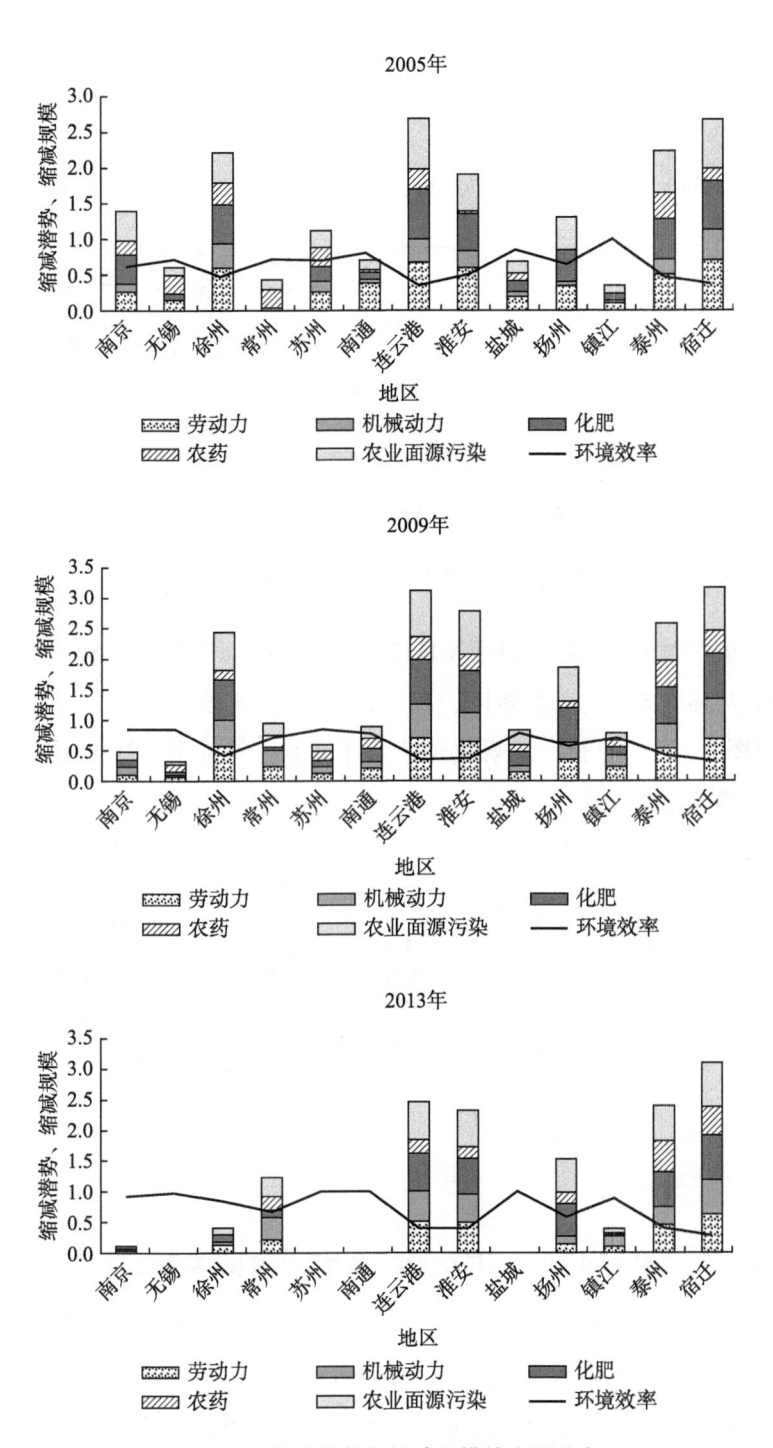

图 8-4 缩减潜势与缩减规模的空间分布

2016年

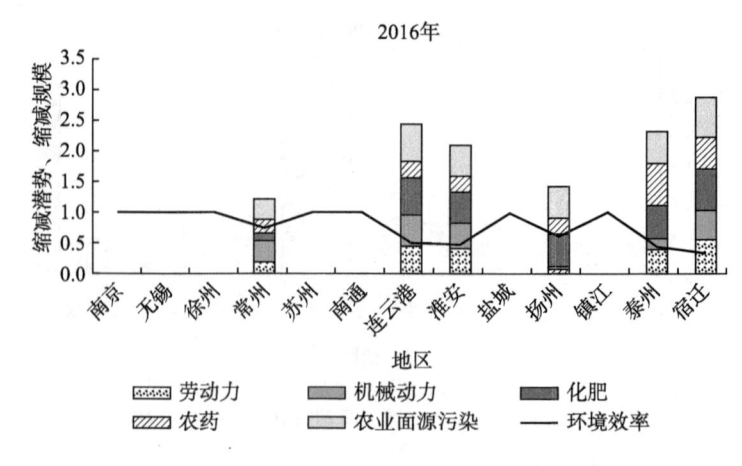

图8-4 缩减潜势与缩减规模的空间分布（续）

8.4.4 农地规模经营与环境效率关系分析

依据农地经营综合指数及环境效率值，得到江苏省农地经营综合指数与环境效率的分类矩阵，我们将江苏省13地市划分为4种类型（见图8-5），分析农地规模经营与环境效率的关系，针对不同发展类型提出相关建议。

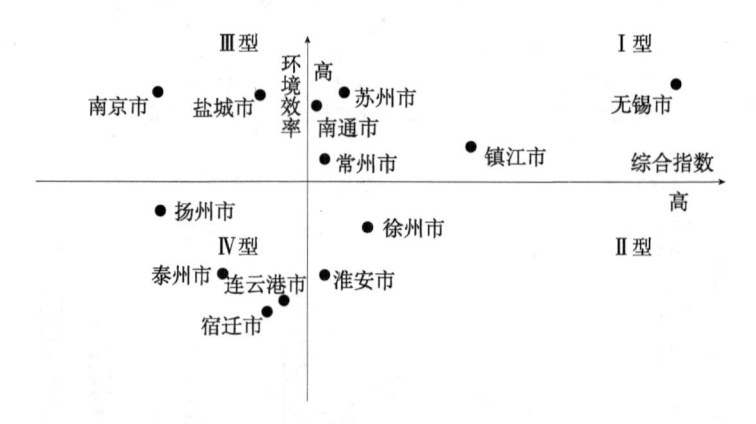

图8-5 农地规模经营综合指数及环境效率类型划分

（1）Ⅰ型包括无锡市、苏州市、常州市、镇江市和南通市，该区域农地经营综合指数与农业环境效率协调，反映出该区域农业发展良好，农地流转和规模化经营发展较快，农业科学生产技术较成熟且受资金制约较弱，生产要素分配合理，同时农业环境效率高，对生态环境影响最小，在农地经营模式转型过程中促进了农地资源的合理利用和农业的可持续发展。该区域在推进农业现代化的进程中，应加快培育新型农业经营主体，不断提高职业农民的农业生产技能，推进农业生产要素向新型农业经营主体优化配置；完善适度规模经营管理体系，建设现代农业园区，积极推广生态农业、有机农业，不断加强对农产品的认证管理，构建与完善生态农业技术体系，大力提升农业竞争优势，以提高职业农民收入与区域环境质量。

（2）Ⅱ型包括徐州市、淮安市。该区域农业生产普遍实行高投入的集约化农地经营模式，农地经营综合指数较高，但农业环境效率低。该区域应在加强农业基础设施建设的基础上，注重增加农业科技投入，提高农技推广人员的专业水平，采取多种措施提高农技推广效果；建立资源高效化、投入减量化的农田管理与化肥施用技术体系，以促进化肥、农药等要素的科学利用与合理配置，提升农业环境效率。

（3）Ⅲ型包括南京市和盐城市。该区域农地经营综合指数较低，农业环境效率较高。以南京市为例，南京市的城市化、工业化的综合水平较高，农业种植主要以蔬菜与经济作物为主，农地经营综合指数不高，但对环境的负面影响较小。该区域在农地经营过程中应注重提高农地资源利用的强度，科学、高效地利用农地资源，加强土地流转市场管理，规范农业专业合作组织，优化农业产业结构，以促进农业集约适度规模经营；加快农业产业化进程，以提高农业综合效益。

（4）Ⅳ型包括连云港市、扬州市、泰州市、宿迁市。该区域农地经营综合指数与农业环境效率均较低，农业基础薄弱、农业生产水平较低，农业生产技能有待提高。该区域在向农地集约与规模经营转型过程中，应注重农业基础设施建设，提高农业科技投入水平，促进农业生产要素的合理配置；实施肥料投入总量控制，大力推广测土配方施肥技术、优化和平衡施肥，研制和推广新型肥料以提高化肥利用率；提升农田水肥管理技术，修正不合理的农地利用行为和生产管理方式，降低肥料流失率。采取多种举措以积极培育新型农业经营主体，规范农地流转市场管理，发展适度规模经营，引导传统农业向高效农业转变。同时，采取多种措施减少污染物的输出，以减少集约规模农业转型过程中农业生产对环境带来的负面影响。

8.5 小结

集约化规模化的农地经营模式是保障粮食安全、促进农业现代化发展的必经之路，但同时也将不可避免地对环境造成挑战。因此，在促进农地经营模式由粗放、分散向集约、规模转型的同时提高农业环境效率具有重要的研究意义。本研究系统分析了江苏省农地集约、规模经营与环境效率的时空分异特征，综合评估物质投入及非期望产出的缩减潜势及缩减规模，并提出了针对性建议。主要结论如下[19]：

（1）2005—2016 年江苏省 13 个地级市农地经营综合指数、集约度与规模度呈稳步增长的态势，2008 年以后增幅更为剧烈，综合指数总体呈南高北低的空间分布特征。

（2）2005—2016 年农业环境效率经历了先下降后逐步上升的过程，各投入指标与农业面源污染等标排放量的缩减潜势总体呈"凸"字形特征，农业环境效率同样呈现南高北低的态势。至 2016 年，宿迁市、连云港市与淮安市劳动力、机械动力、化肥及农业面源污染仍具有较大的缩减规模，是江苏省农地经营过程中资源节约和污染减排总量控制的重点区域。

（3）通过农地经营综合指数及环境效率的分类矩阵，将江苏省 13 个地级市划分为 4 种类型，并针对不同类型提出未来农业可持续发展措施。

本章参考文献

[1] 张可，丰景春. 强可处置性视角下中国农业环境效率测度及其动态演进[J]. 中国人口·资源与环境，2016，26（1）：140－149.

[2] 胡伟艳，朱庆莹. 国内农地经营规模研究热点与前沿：基于知识图谱的可视化分析[J]. 国土资源科技管理，2018，35（4）：24－38.

[3] 任晓娜，孟庆国，李超，等. 种粮大户土地规模经营及其影响因素研究：基于安徽等5省的调查数据 [J]. 湖南农业大学学报（社会科学版），2015，16（2）：12-17.

[4] 张忠明，周立军，钱文荣. 设施农业经营规模与农业生产率关系研究：基于浙江省的调查分析 [J]. 农业经济问题，2011（12）：23-29.

[5] Barretto A G, Berndes G, Sparovek G, et al. Agricultural intensification in Brazil and its effects on land–use patterns：an analysis of the 1975–2006 period [J]. Global Change Biology, 2013, 19（6）：1804-1815.

[6] Byerlee D, Stevenson J, Villoria N. Does intensification slow crop land expansion or encourage deforestation? [J]. Global Food Security, 2014, 3（2）：92-98.

[7] 杨志海，李鹏，王雅鹏. 农村劳动力老龄化对农户耕地利用效率的影响 [J]. 地域研究与开发，2015，34（5）：167-171.

[8] Heltberg R. Rural market imperfections and the farm size — productivity relationship：Evidence from Pakistan [J]. World Development, 2014, 26（10）：1807-1826.

[9] Edmund M Tavernier, Vic Tolomeo. Farm typology and sustainable agriculture：Does size matter? [J]. Journal of Sustainable Agriculture, 2004, 24（2）：33-46.

[10] 蔡雨君. 中国农垦区农业环境效率及其影响因素的分析 [D]. 大连：东北财经大学，2015.

[11] 张子龙，鹿晨昱，陈兴鹏，等. 陇东黄土高原农业生态效率的时空演变分析：以庆阳市为例 [J]. 地理科学，2014，34（4）：472-478.

[12] 钱丽，肖仁桥，陈忠卫. 碳排放约束下中国省际农业生产效率及其影响因素研究 [J]. 经济理论与经济管理，2013，33（9）：100-112.

[13] 付永虎，刘黎明，王加升，等. 高集约化农区投入减量化与环境风险降低潜势的时空分异特征 [J]. 农业工程学报，2017，33（2）：266-275.

[14] 杨清可，段学军，叶磊，等. 基于SBM-Undesirable模型的城市土地利用效率评价：以长三角地区16城市为例 [J]. 资源科学，2014，36（4）：712-721.

[15] 杜苏玲，刘黎明，钟源，等. 我国农村土地经营模式的转型趋势及空间分异特征分析 [J]. 中国农业大学学报，2017，22（1）：151-160.

[16] 王国刚，刘彦随，陈秧分. 中国省域耕地集约利用态势与驱动力分析 [J].

地理学报, 2015, 69 (1): 907-915.

[17] 封永刚, 彭珏, 邓宗兵, 等. 面源污染、碳排放双重视角下中国耕地利用效率的时空分异 [J]. 中国人口·资源与环境, 2015, 25 (8): 18-25.

[18] 付永虎, 刘黎明, 任国平, 等. 平原河网地区非点源污染风险差异化分区防控研究 [J]. 长江流域资源与环境, 2017, 26 (5): 713-722.

[19] 李洪庆, 付永虎, 徐霞, 等. 江苏省农地规模经营特征与环境效率时空分异研究 [J]. 国土资源科技管理, 2019, 36 (2): 36-46.

第9章　高集约化农区不同政策情景下农户土地利用模式优化

农户是土地利用的具体实践者，优化农户土地利用行为及其配套政策与管理措施有利于提升环境友好型技术的采用率，从而实现对高集约化农区化肥过度使用的源头控制。以上海市青浦区为例，选取稻麦轮作制度下4种农田养分管理措施，运用TechnoGIN工具进行不同政策情景下物质流–经济流分析。通过构建氮效率、综合收益指标，评价不同政策情景下的土地利用水平，进而确定最佳土地利用模式及其配套的农业环境政策与管理措施。结果表明，精细养分管理的适度规模经营模式是青浦区构建农户尺度可持续土地利用模式的重要方向；同时，农业政策的制定须向适度规模经营农户采取增加补贴的方式，以弥补因人力和资源要素投入成本过高而产生的经济收益不足。

9.1　研究背景

改革开放以来，我国已普遍实行了高投入的集约化农业生产模式，不仅满足了日益增长的粮食需求，也为农民的增产增收创造了条件。然而，随着城镇化水平的提高与农村经济的快速发展，劳动力和土地机会成本的增长速度远远高于化肥和机械要素价格的增长，引发了农业土地利用方式的转变，即通过在源头提高化肥的使用量来替代日益增长的人力成本、土地承包成本，从而导致活性氮排放不断增加、农业非点源污染趋于严重等问题，高集约化农区的环境质量正面临着逐步恶化的现实挑战。因此，从源头上控制化肥投入和提高养分利用率已成为农区环境问题和农业可持续发展的重要研究方向之一。

农户是土地利用的具体实施者，农户的土地利用行为是农村地域环境变化的决定因素，农业政策和技术管理措施影响未来高集约化农区环境质量的发展方向。集约化农业生产可通过调控农户土地利用模式，提高环境友好型技术的采用率来实现化肥的源头控制及农区环境质量的改善。有关环境友好型土地利用模式的研究已有诸多报道。如黄炎忠等基于湖北省宜昌市两个县的调查数据，探讨农户采纳有机肥的影响因素，并对高意愿低行为的现象进行分析，进而为提高有机肥采纳率提出一系列建议[1]。罗小娟等基于太湖流域268户农户的调查资料，采用农户生物-经济模型模拟不同类型农户对农业与环境政策的响应，并提出发展适度规模经营是实现农业二次飞跃的重要途径[2]。Blesh等对美国爱荷华州粮食种植户和轮牧者的农业生态管理进行实证分析，探讨农户过渡到农业生态管理中的资源配置和实施策略，深入分析如何把生物、物理、认知、结构、市场等因素整合在创新性可持续农业研究计划中[3]。上述研究主要集中在农户行为与环境污染的分析[4-6]与模拟[7-10]、农户尺度减少环境污染方法[11-13]、环境友好型农业生产模式[14,15]及新技术新措施革新[16-18]等，相关成果为农业环境问题的源头控制提供了诸多方法和实证支持。然而，这些大多仅关注于经济或环境单一方面的研究，未能系统地评价各措施的经济-环境效应。此外，从农户土地利用模式优化与设计的角度鲜有报道，仅Groot等运用FarmDESIGN模型和多目标规划对荷兰复合有机农场进行作物轮作、永久性草地和奶牛养殖的优化配置[19]。

当前田块尺度已经建立了一系列的农田管理措施，如测土配方施肥技术、精细养分管理技术和相关政策措施，为环境友好型土地利用模式的建立提供了依据。然而农户是否自愿采用新技术受到农户自身条件及农户所面临社会和经济等综合因素的影响[20]，只有通过系统评价各措施的经济-环境综合效应，进而匹配相应的政策与管理措施，才能从根本上减轻化肥投入带来的环境负效应。因此，本研究选取青浦区典型种植制度（水稻-小麦轮作）进行物质流-经济流分析，然后通过构建氮效率、综合收益指标，评价不同情景下的土地利用水平，进而确定土地利用模式的发展方向，最后提出相应的政策建议。

9.2 方法与模型

9.2.1 研究区概况

本研究选取上海市青浦区作为案例区,该区域位于上海市西郊,太湖下游,黄浦江上游。青浦区主要的耕作土壤为水稻土,占耕地总面积的95%,土壤质地黏重[21]。研究区境内地势平坦,河网密集,是上海市粮食的主要产区和最大的水源地保护区与生态涵养区。其中淀山湖为上海市主要水源地之一,承担了全市近50%的饮用水供给量。为确保水源地水环境质量,青浦区执行了严格的地表水环境标准,特别是淀山湖地区,当地的工业与畜牧养殖业发展受到限制,形成了以稻麦轮作为主的大田耕作制度。近年来,随着高集约化农业生产模式的推广,加剧了氮、磷等养分的流失。农业非点源污染已成为青浦区,特别是淀山湖地区水体富营养化和水质恶化的重要原因[22]。

9.2.2 情景设置

通过农户调研数据,立足于青浦区当前农户土地利用情景,设置基础土地利用情景(小农户现实技术水平条件下的传统养分管理情景)、适度规模土地利用情景(适度规模经营情景)以及新型养分管理技术情景(测土配方施肥情景和精细养分管理情景)。需要指出的是,适度规模土地利用情景为传统养分管理情景中的一类,其水肥运筹与基础情景基本一致,仅劳动力投入数量及农业经营面积不同。TechnoGIN模型模拟的基本单元并非独立的农户单个样本,而是采用相应土地利用情景下投入和产出的平均值。具体设置如下。

9.2.2.1 基础土地利用情景

基础土地利用情景(Base Land Use Scenario, BASE)以农户调查数据为基础,结合当地专家知识,确定目前水稻–小麦轮作下传统养分投入现状及其管理方式,该情景反映了青浦区现实养分利用的技术水平。通过基础情景的设定，可为其他土地利用情景提供对比的基础。

9.2.2.2 适度规模情景

适度规模情景（Moderate-scale Management Land Use Scenario，MSM）根据耕地资源禀赋、社会经济背景、物质技术装备条件等因素，适时采取扩大农业生产规模的农业经营形式（通常被称为家庭农场或农业合作社）。数据采用传统施肥方式的规模经营农户的平均值。

9.2.2.3 测土配方施肥情景

测土配方施肥（Formula Fertilizers，FF）情景是指以土壤测试和肥料田间梯度试验为依据，根据作物肥料的需求规律、土壤养分供应水平和肥料效应，在合理施肥有机肥料的基础上，科学规划氮、磷、钾以及中、微量元素的用量、施肥时间和使用方式的土地利用情景。该土地利用情景下，通过科学的肥料配方和施肥运筹，在提高养分利用效率、保证稳产和增产的同时降低养分的累积与迁移。本研究以分散的小农户采用测土配方施肥（青浦区农业农村委员会发放的测土配方施肥建议卡中相关建议施用量）土地利用情景下样本数据的平均值作为该情景的模拟参数。

9.2.2.4 精细养分管理情景

精细养分管理（Site-Specific Nutrient Management，SSNM）情景是指以精细养分管理技术为基础，并结合有机肥与无机肥配施的土地利用情景。该土地利用情景是测土施肥和看苗诊断相互结合的管理模式，首先在分析品种特性与种植自然环境条件的基础上确定目标产量，其次依据目标产量计算作物总需肥量，再根据施肥量与土壤养分供应量之差确定总施肥量和基肥用量，最后采用叶色卡或叶绿素仪快速测定叶片的叶色值，进而确定氮肥追肥量的土地利用施肥模式。数据采用实施精细养分管理技术的分散农户的平均值。该情景根据基础情景下的产量值进行模拟。

9.2.3 模型选择与数据来源

9.2.3.1 模型的选择

TechnoGIN 是由荷兰 Wageningen 大学建立的投入产出计算工具，它是目前较完整的农业投入产出计算工具之一[23]。TechnoGIN 模型以作物适宜性和潜在产量为基础，将研究区内土地利用类型和作物管理方式、技术水平耦合进行投入产出分析，其计算结果可以直接被 FSSIM 模拟进行资源优化配置[24]。该模型已在青浦区及其邻近区域进行了大量的研究[8,25,26]，TechnoGIN 不仅可以计算出农户在不同农田管理措施下的投入产出经济参数，更重要的是还能够得到相应条件下环境输出参数（如氮淋溶、氨挥发等），其研究结果表明该模型能够较好地模拟农户不同技术水平下经济效益、养分利用及迁移转化规律。因此，本研究选用 TechnoGIN 模型作为农户土地经营单元的土地利用过程模拟与评价模型，在初始模型的基础上，参照方斌等的处理方式进行模型本地化参数的修正[8,26]。

9.2.3.2 模型本地化修正与校验

TechnoGIN 模型利用自然资源及社会经济数据建立 TechnoGIN 数据库，所用数据由技术水平（Technology）表、作物（Crop）表、土地利用单元（LUT）表、土地管理单元（LMT）表、养分（Nutrient）表、农药投入（Biocides）表、效率参数（Efficiency）表、化肥投入折算（Fertilizer）表和货币折算（Currencies）表 9 个部分组成[26]。本研究课题组于 2013—2015 年对青浦区 12 个村的 237 个农户进行实地调查，收集农户的种植方式、化肥投入、产出、耕作管理技术与效率等数据，并构建基础数据库；在此基础上，于 2017 年对青浦区 12 个村的 141 个农户进行补充收集，并更新了原始数据库。此外，通过青浦区农业农村委员会等单位收集了区域土壤质量、土地利用现状图、气候、降水、水文、人口、农业经营规模等农业统计数据及社会经济统计数据等，利用历年的农业生产相关统计数据、各种图件及农户调研数据，结合青浦区农业农村委员会及专家知识，形成了较完善的青浦区 TechnoGIN 数据库，该数据库由技术水平表、作物表、土地利用类型表、土地管理单元表、养分利用表、产出效率表等组成。经验证取得了良好的模拟精度，可用于模拟不同情景下土地利用的经济效益和环境输出。

9.2.4 评价方法与方案优选

首先构建氮效率指标，确定环境最优的土地利用模式，然后通过构建综合收益指数，分析各土地利用模式下的综合收益，在此基础上探讨土地利用模式及其匹配的农业环境政策与最佳管理措施。

$$NE = \frac{a \times RY + b \times WY}{c \times NH_3 + d \times NL} \qquad (9-1)$$

$$Inet = a \times RY + b \times WY - c \times NH_3 - d \times NL - e \times RES \qquad (9-2)$$

式中，NE 表示氮效率，无量纲；$Inet$ 表示纯土地利用综合收益指数，是指在不考虑农业土地利用各项补贴的条件下，纯粮食生产收益与处理氨挥发、氮淋失的费用及非人力资源要素投入成本的差值（元/hm²）；a、b、c、d、e 分别表示水稻单位面积产量（RY）、小麦单位面积产量（WY）、单位面积 NH_3 挥发、单位面积氮淋失（NL）、单位面积资源要素投入总量（RES）的权重系数。参数 a 和 b 的取值分别为2017年水稻和小麦的市场价格，分别为2360元/t、3000元/t；参数 c、d 分别表示减排氨挥发和处理氮淋失所需的费用，本研究采用相关研究成果，取值分别为5.02 美元/kg、1.92 美元/kg[27,28]。根据2017年年底人民币汇率中间价换算为人民币价值。参数 e 表示资源要素投入的经济价值，其中资源要素投入为单位面积除人力成本支出外的其他资源要素投入的经济价值（元/hm²）。本研究通过构建氮效率（NE）和纯土地利用综合收益指标（$Inet$），筛选出适合青浦区现实条件下最佳的土地利用模式，结合当地农业环境政策和技术的可行性，选择与最佳土地利用模式相匹配的农业环境政策与管理措施。

9.3 结果与分析

9.3.1 情景模拟与评价

将收集到的农户氮肥施用量和产量等相关数据输入 TechnoGIN 模型，利用 QUEFTS 模块计算 BASE、FF 和 MSM 情景的氮损失（淋溶和径流、挥发等作用）；设定无机和有机养分库平衡条件下对年肥料进行计算，建立稳定的土壤养分储备，计算 SSNM 情景下年肥料施用量及氮损失量。通过 TechnoGIN 模型模拟、式（9-1）和式（9-2）得到青浦区黏性水稻土条件下不同土地利用情景的氮效率和土地利用综合收益指数（见表 9-1），及其在测土配方施肥、精细养分管理、适度规模经营政策措施下各土地利用模式相对于基础情景的百分比变化（见图 9-1）。

表 9-1 4 类土地利用情景的综合收益指数和氮效率

土地利用情景类型	产量/(t/hm^2) 水稻+小麦	产量/(t/hm^2) 水稻	资源要素投入的经济价值/(元/hm^2)	劳动力投入时间/(d/hm^2)	经济产出值/(元/hm^2)	氮投入量/(kg/hm^2)	氮淋失量/(kg/hm^2)	氨挥发量/(kg/hm^2)	氮效率(NE)	纯土地利用综合收益指数(I_{net},元/hm^2)
BASE	12	7.4	12581.87	258	33056.00	636	82.4	163.2	5.18	14087.05
MSM	12	7.5	14498.20	181	33120.00	631	81.8	162.0	5.22	12281.61
FF	12.8	8.3	12267.30	240	35520.00	613	79.7	151.5	5.95	17283.27
SSNM	12	7.1	11323.68	281	32864.00	272	36.7	58.5	13.81	19160.93

由表 9-1 和图 9-1 可知，青浦区土地利用氮效率最高的为精细养分管理情景，氮效率值为 13.81，相比基础情景提高了 166.60%；SSNM 为环境最优的土地利用模式，相对于基础情景氮肥的总投入量降低了

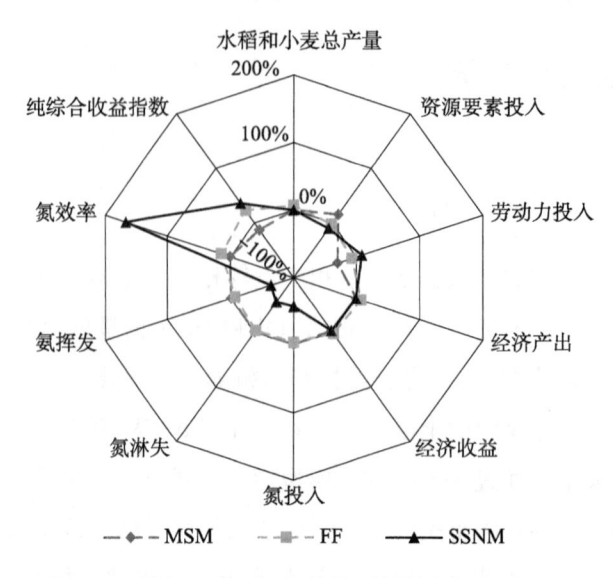

图 9-1 各土地利用情景雷达

57.23%,氮淋失和氨挥发分别减少了 55.46% 和 64.15%。测土配方施肥情景下,氮效率为 5.95,高于基础情景和适度规模情景,产量较基础情景增加了 8.76%,然而该情景对降低氮肥投入量和污染物输出量(氮淋失和氨挥发)所起的作用较低,分别降低了 3.62%、3.28%、7.17%。适度规模情景下,其氮效率、经济产出值及污染氮输出量与基础情景基本无差异。从纯土地利用综合收益指数看,在未考虑劳动力投入成本的条件下,SSNM 情景下纯土地利用综合收益指数最高,相比 BASE 情景,I_{net} 值增加了 36.02%,达到 19160.93 元/hm²;其次为 FF 情景,I_{net} 值增加了 22.69%。在 MSM 情景下,由于资源要素投入成本的增加,I_{net} 值相比 BASE 情景下降了 12.82%,纯土地利用综合收益指数仅为 12281.61 元/hm²。然而,适度规模情景下劳动力使用量最低,仅占基础情景的 70.16%。劳动力数量的减少,提高了劳动生产率,可为农民提供更多的外出就业机会,有利于促进区域城镇化水平的提高,其土地利用模式的社会意义巨大。

9.3.2 农户土地利用方案的优选

综上分析可知,精细养分管理情景的氮效率和纯土地利用综合收益指数最高,其土地利用模式是可持续土地利用发展的重要方向。精细养分管理情景与基础情景相比,劳动力投入数量增加了8.91%,经济产出低于基础情景的0.58%。即精细养分管理情景下过高的人力成本投入和相对较低的经济效益是制约该土地利用模式实施的主要因素。适度规模情景的优势在于减少了劳动力使用量,提高了劳动生产效率。同时,本研究通过对青浦区两个批次的实地调研发现,与传统散户相比,适度规模经营农户具有更高的农业技能,同时亦善于接受农技培训和新技术的应用与推广,且以农业合作社形式的适度规模经营农户享受政府的各项补贴也较高,属于上海市重点培育和推进的新型农业经营主体之一。若能结合两类土地利用情景,通过适度规模经营带动劳动生产率提高,而解放出来的部分劳动力解决精细养分管理情景对人力需求旺盛的问题,将有助于精细养分管理情景的推广与实施。此外,依据农户收益最大化理论,经济收益是决定农户土地利用行为的关键因素。因此,推行该模式还须同时匹配相关的补贴与农业环境政策,保持该土地利用模式的经济收益水平。总之,以精细养分管理的适度规模土地利用模式应成为青浦区农业土地利用重点发展的方向。

9.4 政策建议

通过设计农业环境政策提高农户环境友好型技术的采纳行为,构建与精细养分管理的适度规模经营相匹配的农业环境政策及管理措施是构建农户可持续土地利用模式的关键。综上分析,提出如下政策建议。

首先,全面落实"三权分置"制度,在放活农地经营权的基础上促进农业适度规模经营,加快培育新型农业经营主体。党的十九大报告明确指出落实"三权分置"制度,保持土地承包关系稳定并长久不变,健全土地流转规范管理制度,发展多种形式农业适度规模经营。同时,采取多种措施保障农业适度规模经营的可持续发展。放活农地经营权并保持农户经营权的稳定程度可有效推进农业土地利用方式向环境友好型经营模式转型。耕地经营权的持久稳定，提升了经营农户的产权安全感，促使农户耕地利用方式转变，增加长期投资减少农药化肥等短期投资[29]，从而激励其农业土地利用方式向精细养分管理的适度规模经营模式转型，使耕地生态环境得到优化。加快培育新型农业经营主体，已有研究结果表明，农地规模经营与新技术采纳之间存在正向关系[30]，适度规模经营农户对环境友好型施肥技术的偏好，使其具有发展成为新型农业经营主体的潜力。2019年1月发布的《中共中央 国务院关于坚持农业农村优先发展做好"三农"工作的若干意见》，明确指出农民合作社是新型农业经营主体的重点培育之一。因此，应采取多种保障措施，以充分发挥农民合作社在农业适度规模经营中的引领作用，同时积极引导农民合作社的土地利用模式向精细养分管理模式转型。

其次，环境污染的内部化解决方案。从环境经济学角度看，环境污染是环境外部不经济的产物，探讨如何通过一系列农业环境经济政策和措施将其内部化，是实现农业可持续土地利用模式的政策保障。通过提高实施精细养分管理的适度规模经营农户的农资综合补贴额度和粮食收购价格，完善生态补偿机制；对其他未实施该模式的农户征收化肥税，降低农资综合补贴额度等措施保持精细养分管理的适度规模经营农户的经济收益水平，从而提高农业种植户采纳该模式的积极性。

最后，构建精细养分管理与适度规模经营模式下的政府决策和服务体系。在培育和推进精细养分管理与适度规模经营模式过程中，政府的职能不是去干预农户的经营活动，而是要发挥政府的职能优势，为培育此模式做好土地规划、土地整治、政策引导、投入减量驱动、农技服务推广、适度规模经营扶持与管理等工作。地方政府应健全政务公开机制、农民参与机制、承包土地流转机制；完善政府服务方式，加强政府在精细养分管理的适度规模经营体系中的引导和技术服务功能，健全农户技术培训制度、农业行业准入制度、精细养分管理的农产品补贴标准和考核制度、化肥农业物资配送和质量监控制度；规范新型农业经营模式生产组织系统，引导农户实行精细养分管理的生产模式，建立农业生产档案并对遵守的农户实施奖励等。

9.5 小结

从源头上优化肥料施用、提高养分利用率是构建投入减量化与低环境风险土地利用系统的首要环节。农户是土地利用的具体实施者，以农户为出发点的集约农业土地利用模式的选择，是保障农业可持续发展的重要课题。集约农业土地利用系统可通过改变农户土地利用模式，提高环境友好型技术的采用率来实现环境效应的改善。本研究以上海市青浦区稻麦轮作种植模式为例，设置基础情景、适度规模情景、测土配方施肥情景、精细养分管理情景等4种类型。采用Techno-GIN模型进行农户尺度土地利用情景分析，通过构建氮效率和纯土地利用综合收益指标，确定土地利用优化方案及匹配的政策与管理措施。结果表明，推广应用精细养分管理的适度规模经营模式是青浦区构建农户尺度可持续土地利用模式的关键。通过健全土地流转规范管理制度，保持农户经营权的稳定性，从而推进农民合作社的土地利用模式向精细养分管理的适度规模经营模式转型。同时，构建环境污染的内部化解决机制，化肥减量化政府决策与技术服务体系，加大向精细养分管理的适度规模经营农户的财政补贴力度，以弥补因人力和资源要素投入成本过高而产生的经济收益不足，从而提高农业种植户采纳该模式的积极性。

本章参考文献

[1] 黄炎忠, 罗小锋, 刘迪, 等. 农户有机肥替代化肥技术采纳的影响因素: 对高意愿低行为的现象解释 [J]. 长江流域资源与环境, 2019, 28 (3): 632 – 641.

[2] 罗小娟, 冯淑怡, Pytrik R, 等. 基于农户生物—经济模型的农业与环境政策响应模拟: 以太湖流域为例 [J]. 中国农村经济, 2013 (11): 72 – 85.

[3] Blesh J, Wolf S A. Transitions to agroecological farming systems in the Mississippi River Basin: toward an integrated socioecological analysis [J]. Agriculture and Human Values, 2014, 31 (4): 621 – 635.

[4] 张锋, 胡浩. 农户化肥投入行为与面源污染问题研究 [J]. 江西农业学报, 2012, 24 (1): 183 – 186, 206.

[5] 梁增芳, 肖新成, 倪九派, 等. 水土流失和农业面源污染视角下三峡库区农户施肥行为探讨 [J]. 中国水土保持, 2019 (1): 55 – 57.

[6] 耿飙, 罗良国. 农户减少化肥用量和采用有机肥的意愿研究: 基于洱海流域上游面源污染防控的视角 [J]. 中国农业资源与区划, 2018, 39 (4): 74 – 82.

[7] Delmotte S, Lopez – Ridaura S, Barbier J M, et al. Prospective and participatory integrated assessment of agricultural systems from farm to regional scales: comparison of three modeling approaches [J]. Journal of Environmental Management, 2013 (129): 493 – 502.

[8] 刘朝旭, 刘黎明, 付永虎, 等. 不同政策情景下农业土地利用效应模拟分析 [J]. 生态与农村环境学报, 2015, 31 (4): 484 – 491.

[9] 袁承程, 刘黎明, 任国平, 等. 农地流转对洞庭湖区水稻产量与氮素污染的影响 [J]. 农业工程学报, 2016, 32 (17): 182 – 190.

[10] Rocca A, Danuso F, Rosa F, et al. X – farm: modelling sustainable farming systems [M]. Dordrecht: Springer, 2013: 191 – 205.

[11] Gooday R D, Anthony S G, Chadwick D R, et al. Modelling the cost – effectiveness of mitigation methods for multiple pollutants at farm scale [J]. Science of the Total Environment, 2014 (468/469): 1198 – 1209.

[12] 纪龙, 徐春春, 李凤博, 等. 农地经营对水稻化肥减量投入的影响 [J]. 资源科学, 2018, 40 (12): 2401 – 2413.

[13] 曹慧, 赵凯. 农户化肥减量施用意向影响因素及其效应分解: 基于 VBN – TPB 的实证分析 [J]. 华中农业大学学报 (社会科学版), 2018 (6): 29 – 38, 152.

[14] 董莹, 穆月英. 农户环境友好型技术采纳的路径选择与增效机制实证 [J]. 中国农村观察, 2019 (2): 34 – 48.

[15] 曾杨梅, 张俊飚, 何可. 多维家庭资本视角下稻农有机肥采用意愿及其驱动因素研究 [J]. 生态与农村环境学报, 2019, 35 (3): 332 – 338.

[16] Philip R G, Gross K L, Hamilton S K, et al. Farming for ecosystem services: an ecological approach to production agriculture [J]. BioScience, 2014, 64 (5): 404 – 415.

[17] 褚彩虹, 冯淑怡, 张蔚文. 农户采用环境友好型农业技术行为的实证分析: 以有机肥与测土配方施肥技术为例 [J]. 中国农村经济, 2012 (3): 68 – 77.

[18] Padmavathy K, Poyyamoli G. Alternative farming techniques for sustainable food production [M]. Dordrecht: Springer, 2011: 367 – 424.

[19] Groot J C J, Oomen G J M, Rossing W A H. Multi – objective optimization and design of farming systems [J]. Agricultural Systems, 2012, 110 (7): 63 – 77.

[20] 张锋. 中国化肥投入的面源污染问题研究: 基于农户施用行为的视角 [D]. 南京: 南京农业大学, 2011.

[21] 侯传庆, 盛月娟, 茅国芳, 等. 青浦县水稻土形成特点及其平衡增产 [J]. 土壤, 1986 (2): 73 – 78.

[22] 宋鹏程, 陆书玉, 罗丽娟. 淀山湖水体富营养化与可持续利用 [C] //第四届中国湖泊论坛论文集 (湖泊保护与生态文明建设). 合肥: 中国科学技术协会, 2013: 37 – 49.

[23] Ponsioen T C, Hengsdijk H, Wolf J, et al. TechnoGIN, a tool for exploring and evaluating resource use efficiency of cropping systems in East and Southeast Asia [J]. Agricultural Systems, 2006, 87 (1): 80 – 100.

[24] 方斌, 王光火. 对浙江省浦江县作物养分限制因子的 TechnoGIN 分析 [J]. 浙江大学学报 (农业与生命科学版), 2005, 31 (4): 417 – 422.

[25] 方斌, 丁毅, 吕昌河. 浙江省浦江县作物氮磷投入效应的 TechnoGIN 分析 [J]. 农业工程学报, 2009, 25 (增刊1): 39 – 43.

[26] 方斌, 王光火, 吴次芳. 单季稻养分利用的 TechnoGIN 模型分析: 以浦江县单季稻为例 [J]. 植物营养与肥料学报, 2007, 13 (2): 184 – 191.

[27] Compton J E, Harrison J A, Dennis R L, et al. Ecosystem services altered by human changes in the nitrogen cycle: a new perspective for US decision making [J]. Ecology Letters, 2011, 14 (8): 804 – 815.

[28] Birch M B L, Gramig B M, Moomaw W R, et al. Why metrics matter: evaluating policy choices for reactive nitrogen in the Chesapeake Bay Watershed, Environ [J]. Science Technology, 2011, 45 (1): 168 – 174.

[29] 龙云, 陈立杰. 农户行为视角下的耕地流转对耕地面源污染的影响分析: 基于湖南省资兴市的田野调查 [J]. 农村经济, 2019 (1): 46-51.

[30] 吴冲. 农户新技术选择行为的影响因素分析及对策建议 [J]. 上海农村经济, 2007 (4): 16-18.

第10章 平原河网地区非点源污染风险差异化分区防控研究

土地利用优化和空间防控策略对非点源污染风险控制及水环境质量的改善具有重要意义。本研究以太湖流域典型平原河网地区——上海市青浦区为研究对象，将灰色线性规划模型与最小累积阻力模型相结合，以控制非点源污染风险和增加经济效益、生态效益为目标，进行土地利用结构优化与空间分区防控研究，在空间上划设了水资源保育区、水资源重点防护区、非点源污染一般阻控区、非点源污染中等阻控区及非点源污染重点阻控区，并针对不同分区提出具有针对性的防控措施。与2012年相比，预测2020年优化防控方案下，可减少总氮、总磷的输出10.96%和41.33%。由此表明，优化土地利用结构和构建空间差异化防控机制是有效调控非点源污染风险，实现区域可持续土地利用，促进经济发展和保证生态环境安全的有效途径。

10.1 引言

随着水环境问题的日益突出及点源污染控制水平的逐步提高，区域非点源污染尤其是农业和农村生活引起的非点源污染是当今水环境恶化的主要污染源，同时也是当前水污染控制研究的难点[1]；非点源污染风险控制已成为世界各国环境保护与治理的热点问题之一。非点源污染的形成与土地利用结构和景观格局等因素关系密切，土地利用方式、土地利用结构和景观格局的差异，直接导致了非点源污染物输出量、迁移特征与区域生态系统调节机制的不同[2]。人类不合理的土地利用活动是非点源污染发生的根本原因。从生态系统的角度来说，人类为追求经济效益最大化，对陆表生态系统进行了重构与改造，改变了物质的输出、迁移方式，打破了区域生态系统的平衡，从而提高了非点源污染发生的风险。

非点源污染的控制和管理主要通过采取各种"最佳管理措施"（Best Management Practices，BMPs）来实现[3,4]。例如，针对三峡库区蓄水后香溪河水体富营养化趋于严重的问题，Strehmel 等借助 SWAT 模型，进行肥料减量化与保护性耕作措施的非点源污染评估。研究结果表明耕作措施对土壤侵蚀和磷的流失具有重要影响；为减少磷污染输出负荷，梯田的建设与保持比减少肥料更为有效[5]。Zhang 等以北京市密云水库上游流域为研究区，应用 CLUE-S 和 SWAT 耦合模型进行不同土地利用情景下的污染负荷评估，通过在河岸带建立植被缓冲带、坡耕地的退耕还林等措施，可显著降低氮磷污染输出负荷，从而实现对农业非点源污染的有效控制[6]。近年来随着景观生态学的发展，其以强调空间格局、生态过程与尺度的交互作用，将人类活动与生态系统结构与功能耦合分析等优势，在非点源污染空间优化领域得到了快速的发展[7]。例如，Seppelt 等基于动态空间显性生态模拟模型，对农区景观格局与营养盐流失进行模拟，提出了农区景观格局优化的途径[8]。石燕璐以江苏省宜兴市为例，运用最小耗费距离模型，以水质保护为目标确定了案例区植被缓冲区的最佳生态位置[9]。以上研究表明，在宏观层面进行区域土地利用结构优化和空间布局是控制非点源污染的有效途径[10]。然而，纵观上述研究，在考虑各景观类型的生态过程强弱的差异上，多为凭借主观经验，很少从景观类型的污染物输出特性来识别非点源污染的"源""汇"风险格局；此外，从区域土地结构优化与景观生态安全格局分区调控相结合的研究视角更鲜有报道。基于此，本研究首先从区域土地利用结构优化的角度，运用灰色线性规划方法对非点源污染约束条件下的土地利用结构进行优化；然后依据景观生态学"源""汇"理论，采用最小累积阻力模型，对研究区土地利用空间布局进行分析，进而提出具有针对性的分区防控措施，以期实现非点源污染风险的有效控制。

10.2 方法与模型

10.2.1 研究区概况

本研究选取上海市青浦区作为研究单元,该区域内地势平坦,河网密集,水面率达 16.65%。极密的河网分布和较大的水域面积,使得水环境较容易接受来自外界的各种污染物。淀山湖为上海市主要水源地之一,承担了全市近 50%的饮用水供给量。为确保水源地水环境质量,青浦区执行了严格的地表水环境标准,特别是淀山湖地区,当地的工业和畜牧养殖业的发展受到限制,形成了以种植业和水产养殖业为主的农业产业结构。近年来,青浦区非点源污染风险防控日益受到重视,尤其是随着高集约化农业生产模式的推广,加剧了氮、磷等养分的流失。农业非点源污染已成为青浦区,特别是淀山湖地区水体富营养化和水质恶化的重要原因。

10.2.2 数量优化

10.2.2.1 研究方法

本研究采用灰色线性规划方法,以青浦区 2012 年 1:50000 土地利用图作为土地利用现状分类的基础,结合青浦区土地资源特点以及土地利用规划的要求,进行土地利用结构的数量优化。以 2012 年为基期,规划目标年为 2020 年,设置 9 个决策变量:耕地 X_1(包含旱地 X_{1a} 和水田 X_{1b})、园地 X_2、林地 X_3、养殖水面 X_4、其他农用地 X_5、农村居民点用地 X_6、城镇用地 X_7、交通运输用地 X_8、水域(养殖水面除外)及水利设施用地 X_9。

10.2.2.2 约束条件

约束条件主要考虑与土地利用密切相关的土地资源、社会需求和生态环境要素三个方面。根据研究需要,其设置应满足总量约束、青浦区宏观规划约束、粮食安全约束、生态环境约束及决策变量非负约束(见表 10-1)。

表 10-1 土地利用结构优化约束因子及其表达式和参数取值

约束因子		约束因子表达式	计算公式或参数取值	参考依据及数据来源
总量约束	土地总面积约束	$X_1 + X_2 + X_3 + X_4 + X_5 + X_6 + X_7 + X_8 + X_9 = 66977.00\text{hm}^2$	各类用地面积之和等于土地总面积	各类用地面积与土地总面积：青浦区 2012 年 1:50000 土地利用现状图；土地利用类型划分参考《全国土地分类（过渡时期）》
	人口总量约束	$8.60 \times (X_1 + X_2 + X_3 + X_4 + X_5 + X_6) + 74.64X_7 = 1781311$	2012 年：青浦区农村用地和城镇用地人口密度分别为 8.60 人/hm² 和 74.64 人/hm²；2020 年：采用离散型灰色预测模型 DGM（1,1）预测 2020 年人口总量为 1781311 人*	2012 年农村和城镇人口密度：《上海市青浦统计年鉴（2013）》；青浦区土地承载人口数不应超过规划期目标年预测人口数
宏观规划约束	耕地保有量、水稻总面积、鱼塘面积、建设用地总规模、城镇建设用地、农村居民点用地、骨干水系面积	$X_{1a} + X_{1b} \geq 11000.00\text{hm}^2$; $X_{1b} \geq 877.75\text{hm}^2$; $X_2 \geq 5789.60\text{hm}^2$; $X_3 \geq 3666.67\text{hm}^2$; $X_4 \geq 759.11\text{hm}^2$; $15158.82\text{hm}^2 \leq X_5 + X_6 \leq 22800.00\text{hm}^2$; $X_5 \leq 3162.20\text{hm}^2$; $X_6 = 820.00\text{hm}^2$; $12963.63\text{hm}^2 \leq X_7 \leq 13170.00\text{hm}^2$	2020 年青浦区耕地保有量不少于 23711.00hm²。为保障农产品的持续供给，水稻面积不低于 11000hm²，鱼塘面积不少于 3666.67hm²。建设用地总规模控制在 22800.00hm² 以内，其中城镇建设用地不超过 21980.00hm²，农村居民点用地为 820.00hm²，骨干水系不低于 13170hm²	依据《青浦区土地利用总体规划（2010—2020 年）》《上海市青浦区土地利用总体规划实施方案（2006—2020 年）》《青浦区现代农业和土地资源保护"十二五"规划》《青浦区现代农业发展战略与产业化行动计划研究——青浦区"十一五"计划和 2020 年规划》和《上海市青浦区农业发展"十二五"规划》

续表

约束因子	约束因子表达式	计算公式或参数取值	参考依据及数据来源
粮食安全约束	$X_{1b} \geq 8504.74 \text{hm}^2$	$X_{1b} \geq S \times P/a$ S 为2020年DGM (1, 1) 预测的人均粮食需求量,52.82kg/(人·年)。P 为2020年DGM (1, 1) 预测的人口数,1781311人。a 为2020年粮食单产,为10950kg/(hm²·年)	S: 依据2000—2012年人均粮食消费量,采用DGM (1, 1) 模型进行预测*,2000—2012年人均粮食消费量:《青浦区统计年鉴》(2001—2013年);a: 2020年粮食单产,根据实地调研并结合专家经验,综合考虑增产潜力,同时根据青浦区农业技术推广水平及布局规划,到2020年粮食生产实现"的小麦种植模式,即春季粮食作物的种植面积占粮食播种面积的1/3,休闲各占粮食播种面积的1/3,基于此将粮食单产设为10950kg/(hm²·年)
生态环境约束	$55.65X_{1a} + 42.19X_{1b} + 10.05X_2 +$ $8.10X_3 + 22.78X_4 + 77.19X_6 \leq$ $154 3082$; $3.5X_{1a} + 2.9X_{1b} + 0.58X_2 + 0.41X_3 +$ $4.03X_4 + 23.5X_6 \leq 193152.5$	区域总氮 (TN)、总磷 (TP) 输出量应小于现状流失量; TN 输出系数: X_{1a} 对应的系数为55.65;X_{1b} 为42.19;X_2 为10.05;X_3 为8.10;X_4 为22.78;X_6 为77.19; TP 输出系数: X_{1a} 对应的系数为3.5;X_{1b} 为2.9;X_2 为0.58;X_3 为0.41;X_4 为4.03;X_6 为23.5	X 相关 TN,TP 输出系数见参考文献[9, 11–14]
决策变量非负约束	$X_1, X_2, \cdots, X_9 \geq 0$	灰色线性规划模型中所有的变量不能取负值	

注: * 为基于灰色系统理论建模软件GTMS3.0应用离散型灰色模型DGM (1, 1) 分别预测了青浦区规划目标年2020年的人口总量、人均粮食需求量与粮食生产力效益。经平均相对误差检验,青浦区人口总量、人均粮食需求量和粮食生产力效益的DGM (1, 1) 模型平均相对误差 $\alpha < 0.01$,根据灰色模型精度检验等级划分标准,本模型预测精度为1级,可用于预测[15]。

10.2.2.3 目标函数的构建

(1) 生态环境效益最大化

以单位面积上各土地利用类型的生态系统服务价值作为变量系数，建立基于生态系统服务价值的生态环境效益最大化的目标函数。本研究以谢高地等生态服务价值当量因子算法为基础[16]，依据青浦区 2012 年统计数据，计算研究区不同生态系统的净初级生产力（Net Primary Productivity，NPP），进而对生态系统服务价值当量因子表进行了本地化修正和补充。关于 1 个标准单位生态系统服务价值当量因子的确定问题，鉴于区域尺度实际应用中无法完全消除人为因素的干扰以准确衡量农田生态系统自然条件下能够提供的粮食产量的经济价值，本研究参考谢高地等[16]的处理方法，将单位面积农田生态系统粮食生产的净利润作为 1 个标准当量因子的生态系统服务价值量。依据 2000—2012 年粮食生产效益的历史序列数据，并以 2000 年不变价，采用 DGM（1，1）模型预测青浦区 2020 年单位面积农田生态系统粮食生产的净利润（1 个标准当量因子的价值量）为 6000 元/（hm²·年）。水产养殖生态系统单位面积生态服务价值取值为 475000 元/（hm²·年）[17]。此外，为了便于目标函数的构建，非农建设用地生态系统服务价值取 1[18]，从而得到青浦区不同类型生态系统服务价值系数（见表 10-2）。

表 10-2 青浦区各生态系统单位面积生态系统服务价值系数

[单位：元/（hm²·年）]

用地类型	旱地 X_{1a}	水田 X_{1b}	园地 X_2	林地 X_3	养殖水面 X_4	河流/湖泊 X_9
价值系数	49560	26580	89430	114810	475000	506088

目标函数确定为

$$\max f_1(X) = 49560 X_{1a} + 26580 X_{1b} + 89430 X_2 + 114810 X_3 + 475000 X_4 + X_5 + X_6 + X_7 + X_8 + 506088 X_9$$

(2) 经济效益最大化

利用 2000—2012 年青浦区相关统计数据及农户调研数据，采用离散型灰色预测模型 DGM（1，1）预测不同土地利用类型的经济效益。其中，城镇用地和交通运输用地依据《上海市青浦区土地资源利用和土地资源保护"十二五"规划》土地集约利用调控指标，假设 2020 年单位建设用地产出水平在 2015 年的基础上提高 30%，达到 2470000 元/hm²。其目标函数确定为

$$\max f_2(X) = 30600X_{1a} + 11400X_{1b} + 20400X_2 + 1740X_3 + 34223X_4 + 19673X_5 + 19673X_6 + 2470000X_7 + 2470000X_8 + 900X_9$$

（3）综合效益最大化

根据不同利益相关者偏好以及专家知识对土地利用效益权重进行确定。本研究组织了青浦区不同利益相关者群体（学者、政府官员、农技推广人员及农户）对土地利用效益的各个方面的重要程度进行了讨论，最终将生态环境效益和经济效益权重分别设定为 0.45 和 0.55。因此，目标函数确定为

$$\max f_3(X) = 0.45\max f_1(X) + 0.55\max f_2(X)$$

10.2.3 土地利用分区防控方案

10.2.3.1 空间分区模型

（1）最小累积阻力模型

最小累积阻力模型（Minimum Cumulative Resistance，MCR）是指物种从"源"到目的地运行过程中所耗费的代价，其最早由 Knaapen 等人于 20 世纪 90 年代提出，然后由俞孔坚等人将该模型引入国内物种迁移、生物多样性保护、城乡规划等领域，进行了大量应用研究并取得了良好的效果[19,20]。其基本公式如下：

$$MCR = f_{\min}\sum_{\substack{i=1\\j=1}}^{\substack{i=m\\j=n}} D_{ij} \times R_i \qquad (10-1)$$

式中，MCR 为最小累积阻力值；f 为 1 个最小累积阻力与生态过程正相关性的函数；min 为不同途径取累积最小值；D_{ij} 为物种从源 j 到景观单元 i 的空间距离；R_i 为单元 i 对某物种运动的阻力系数，表示每个单元对于某种物体或现象运动通过时的摩擦系数，其值的高低代表通过的难易程度；$\sum$ 为单元 i 与源 j 之间穿越所有单元的距离和阻力的累积。模型的计算通过 ArcGIS10.1 中 Spatial Analyst 模块中的

Cost Distance 功能实现。

（2）空间分区方法

为实现生态环境效益最大的同时有效调控非点源污染物的迁移，以生态用地扩张和非点源污染物扩张两个过程的最小累积阻力差值作为土地利用空间分区的主要依据。其公式如下：

$$MCR_{差值} = MCR_{生态用地扩张} - MCR_{非点源污染物迁移} \quad (10-2)$$

当 $MCR_{差值}=0$ 时，表示为两个过程最小累积阻力值相等，是生态用地和非点源污染物扩张用地之间的分界线；当被评价单元 $MCR_{差值}<0$ 时，为水资源保育与防护区域；当 $MCR_{差值}>0$ 时，是非点源污染物迁移的重点防控区域，需设计缓冲带以防止因非点源污染物的迁移而引发的环境污染。

10.2.3.2 参数设置

（1）"源"地的确定

在 MCR 模型中，"源"是物流和能流的主要集散地，对区域周围土地具有辐射作用，辐射能力随距离增加而减弱，即成本随距离增加逐渐增大。根据景观生态学"源""汇"理论，生态用地扩张过程中，"源"主要为淀山湖及其他湖泊；非点源污染的发生机制源于"源"景观的土壤养分通过其他景观向"汇"景观的迁移。基于前文土地利用非点源污染输出负荷的结果，将最大养分输出负荷的土地利用类型（农村居民点）确定为"源"。

（2）阻力系数的设定

准确量化不同土地利用类型的阻力系数是 MCR 模型的关键。将区域土地利用类型分为两类，即以湖泊等生态用地保护和以农村居民点等非点源污染物迁移的土地利用类型。针对生态用地保护与扩张的阻力系数设定问题，以各土地利用类型的生态系统服务价值为基础，同时参考已有研究成果作为赋值标准。生态系统服务功能是衡量不同景观生态功能的重要依据，土地利用类型的单位系统服务价值越高，生态功能越完善，生态流在其中就越发顺畅，阻力系数就越低[21]。由于景观空间的异质性，非点源污染物迁移过程中会受到不同的阻力，其阻力大小随土地单元的类型而异，同一土地单元对于不同的扩张过程分别起着阻碍或促进作用[22]。因此，针对非点源污染的阻力系数设定问题，本研究主要考虑不同土地利用类型对"源"营养物质的迁移阻力。众所周知，影响氮磷养分迁移的因素有很多，然而鉴于青浦区主要的土壤类型是水稻土，占耕地总面积的 99.2%，地势平坦、河网密集等实际情况，各土地利用类型对农村居民点的阻力值可以根据土地利用类型的氮磷输出负荷确定。污染物输出负荷越高的土地利用类型对非点源污染物迁移起促进作用，污染物输出负荷越高其阻力越小，非点源污染风险越大；污染物输出负荷越小的土地利用类型对非点源污染物迁移起阻碍作用，污染物输出负荷越小其阻力越大，非点源污染风险则越小。为便于计算，本研究将非点源污染输出负荷最高的农村居民点污染物的阻力系数设为1。针对其他土地利用类型阻力系数的赋值，首先采用离差标准化法使原始数据映射到 [0，1] 之间，然后根据输出负荷越高则阻力系数小，通过1与离差标准化后数据的差值得到其他土地利用类型的阻力系数。具体方法如下：

$$R_i = \left(1 - \frac{X_i - X_{\min}}{X_{\max} - X_{\min}}\right) \times 100 \qquad (10-3)$$

式中，R_i 为土地利用类型 i 对农村居民点氮或磷迁移的阻力系数；X_i 为土地利用类型 i 的非点源污染输出负荷；$X_{\min}$ 为所有土地利用类型非点源污染输出负荷最小值；$X_{\max}$ 为所有土地利用类型非点源污染输出负荷最大值。根据式（10-3）得到各土地利用类型的 TN 阻力系数和 TP 阻力系数（见表 10-3）。

表 10-3 研究区不同土地利用类型阻力因子及阻力系数

土地利用类型	TN迁移阻力系数	TP迁移阻力系数	生态用地扩张阻力系数
农村居民点	1	1	95
养殖水面	71	83	65
城镇用地	46	69	100
旱地	29	86	55
水田	46	88	55
园地	88	98	40

续表

土地利用类型	TN 迁移阻力系数	TP 迁移阻力系数	生态用地扩张阻力系数
交通用地	94	100	90
其他农用地	88	98	55
林地	94	100	20
湖泊	100	100	1

10.3 结果与分析

10.3.1 土地利用结构优化方案

依据上述目标函数和约束条件，利用 LINGO11 软件进行求解，得到非点源污染控制下青浦区综合效益最大的土地利用结构优化方案（见表 10 – 4）。2020 年青浦区水田、养殖水面、其他农用地、农村居民点用地处于减少状态，其中养殖水面、农村居民点用地减少幅度最大，分别由 2012 年的 6951.44hm^2、4067.55hm^2 减少至 2020 年的 3666.67hm^2、820.00hm^2，所占青浦区总面积的比重由 10.38%、6.07% 降至 5.47%、1.22%；旱地、城镇用地和交通运输用地呈增加的状态，其中旱地和城镇用地增加最多，其比重分别由 2012 年的 14.24%、16.56% 增加至 2020 年的 18.98%、21.41%。青浦区旱地主要种植经济作物和蔬菜，旱地的增加提高了集约农业土地利用的经济价值，同时对农业技术的推广提出了较高的要求。

表 10 – 4 青浦区土地利用结构优化方案

变量	2012 年 面积/hm^2	2012 年 所占比重/%	2020 年 面积/hm^2	2020 年 所占比重/%	变化情况 面积/hm^2	变化情况 所占比重/%
耕地 X_1	21015.19	31.38	23711.00	35.40	2695.81	4.02
旱地 X_{1a}	9539.79	14.24	12711.00	18.98	3171.21	4.73
水田 X_{1b}	11475.40	17.13	11000.00	16.42	-475.40	-0.71
园地 X_2	877.75	1.31	877.75	1.31	0.00	0.00

续表

变量	2012年 面积/hm²	2012年 所占比重/%	2020年 面积/hm²	2020年 所占比重/%	变化情况 面积/hm²	变化情况 所占比重/%
林地 X_3	5789.62	8.64	5789.60	8.64	-0.02	0.00
养殖水面 X_4	6951.44	10.38	3666.67	5.47	-3284.77	-4.90
其他农用地 X_5	1058.35	1.58	759.11	1.13	-299.24	-0.45
农村居民点用地 X_6	4067.55	6.07	820.00	1.22	-3247.55	-4.85
城镇用地 X_7	11091.27	16.56	14338.82	21.41	3247.55	4.85
交通运输用地 X_8	3162.20	4.72	4050.42	6.05	888.22	1.33
水域及水利设施用地 X_9	12963.63	19.36	12963.63	19.36	0.00	0.00
合计	66977.00	100.00	66977.00	100.00	0.00	0.00

由表10-5可知，2020年青浦区土地利用结构优化方案的经济效益为4613197.84万元，相比2012年，经济效益增加28.12%，同时减少了TN、TP输出169.08t、79.83t，降幅分别为10.96%、41.33%，有效降低了非点源污染风险。优化土地利用结构是实现区域可持续土地利用，促进经济发展和保证生态环境安全的有效途径。

表10-5 土地利用结构调整前后经济效益和生态环境效益比较

指标	调整前（2012年）	调整后（2020年）	变化
总氮/t	1543.08	1374.00	-169.08
总磷/t	193.15	113.32	-79.83
经济效益/万元	3600719.91	4613197.84	1012477.93

10.3.2 空间分区

（1）阻力面的生成

依据最小耗费距离计算方法，将研究区划分为30m×30m栅格，根据栅格的土地利用类型赋予阻力系数，构建代价表面，利用ArcGIS10.1空间分析模块中成本距离（Cost Distance）计算得到TN迁移阻力面、TP迁移阻力面及生态用地扩张阻力面。根据地表水质标准中TN和TP的浓度限值，设置权重将TN迁移阻力面和TP迁移阻力面进行叠加，得到非点源污染迁移阻力面。然后对生态用地扩张阻力面和非点源污染迁移阻力面进行归一化处理,并采用式(10-2),得到青浦区非点源污染土地利用格局阻力模型,最终阻力值在 -0.998~0.991 之间。以淀山湖和主要湖泊为源地的生态用地扩张的阻力面随着距离的增加从"源"向外逐步扩张,阻力值越来越大,从青浦区西部的源地向东部和南部阻力值逐步增加,青浦区生态用地向南部和东北方向的扩张空间最大。以农村居民点为污染源的非点源污染迁移的阻力面,低阻力值区呈现围绕农村居民点密集的点状分布特征,高值区为远离农村居民点、耕地及城镇用地的淀山湖等主要湖泊区域。

(2) 基于水资源保护和非点源污染控制的分区防控方案

分区阈值一般通过寻找突变点确定,本研究以最小累积阻力差值与栅格数目关系的突变点和分界点 0 作为分区阈值(见表 10-6),从水资源保护和非点源污染防控的角度将青浦区划分为 5 个区域,即水资源保育区、水资源重点防护区、非点源污染一般阻控区、非点源污染中等阻控区及非点源污染重点阻控区,5 个区域面积分别为 3966.32hm²、10875.21hm²、29560.48hm²、11797.12hm² 和 10777.88hm²。

表 10-6 青浦区水资源保护与非点源污染阻控阈值区间

分区类型	像素值区间
水资源保育区	-0.998 ~ -0.181
水资源重点防护区	-0.181 ~ 0
非点源污染一般阻控区	0 ~ 0.256
非点源污染中等阻控区	0.256 ~ 0.414
非点源污染重点阻控区	0.414 ~ 0.991

① 水资源保育区主要分布在青浦西部的淀山湖及其他主要湖泊,该区域为上海市主要的水源地之一,承担着上海市近 50% 的饮用水量。鉴于此,上海市政府将其列为上海市水源地保护区,执行最严格的保护规定,管理措施须严格实行《上海市饮用水水源保护条例》和《上海市水环境功能区划》等的相关规定,"严禁一切对水质和水量产生不利影响的开发建设活动"(如禁止网箱养殖、旅游游泳、垂钓和

严禁使用化肥和农药等)。此外,实行严格的土地用途管制,限制和逐步减少渔业和畜牧业等高环境负荷的土地利用方式,适当增加湿地、林地等生态用地面积,以保障饮用水的可持续供给。

② 水资源重点防护区主要分布在金泽镇、朱家角镇北部和练塘镇北部的水网区域,该区域水系发达,坑塘水面众多,应重点关注河道的连通性和廊道景观的保持,同时禁止生活垃圾填埋、生活废水直排河道,恢复坑塘水面和末端河流的自然植被,维持河流的自然形态和增强其连通性。

③ 非点源污染的阻控区主要以采用多种技术措施控制非点源污染物进入水体为主导,同时适当减少高非点源污染负荷的土地利用类型的面积。其中,非点源污染的一般阻控区主要分布在盈浦街道、夏阳街道、朱家角镇和练塘镇的南部、香花桥街道和白鹤镇的西部区域,该区域是水资源重点防护区与非点源污染中等防控区相衔接的过渡区域,在维持水系、坑塘水面的自然景观和连通性外,还需进行土地利用类型和结构调整,减少高非点源污染输出负荷的土地利用面积。值得注意的是,分布于水资源重点保护区内的非点源污染一般阻控区还需围绕该区域边缘划设缓冲带,以减少非点源污染物向水资源重点防护区的迁移。此外,提高城镇化水平,逐步减少农村居民点面积,积极开展淀山湖等主要饮用水源地的农村生活污水治理,也是综合治理非点源污染一般阻控区的关键措施之一。

④ 非点源污染中等防护区和重点防护区主要分布在华新镇、重固镇、赵巷镇和徐泾镇以及香花桥街道和白鹤镇的东部区域,该区域非点源污染物迁移导致的环境风险较高。因此,该区域需采取多种措施减少非点源污染物的输出,以及通过多种技术手段阻控非点源污染物进入水体,针对已受 TN、TP 污染的水体应实施修复治理工程,逐步提高水体的环境质量。

10.4 讨论

优化土地利用结构,科学划分非点源污染风险控制分区,建立差异化的分区防控机制是有效控制非点源污染风险的关键。本研究以青浦区为例，采用灰色线性规划与最小累积阻力模型相结合的方法，对区域非点源污染风险控制进行了有益尝试。灰色线性规划模型具有良好的解决非线性问题的能力和易适性的特点，弥补了一般线性规划的不足，有效解决了土地资源数量的优化配置问题。然而，灰色线性规划参数的精准度直接关系到土地数量优化结果的准确性，因此参数预测方法的选择至关重要。传统的灰色模型 GM（1，1）主要适用于单一指数增长数据序列，对序列数据波动较大的情形预测精度较低，限制了灰色预测模型的广泛应用。DGM 作为 GM（1，1）模型的精确形式，采用离散形式对 GM（1，1）模型进行改进，弥补了常规 GM（1，1）预测模型的不足[23]。因此，本研究采用 DGM（1，1）进行相关参数的预测，得到了较好的预测精度。

  基于最小累积阻力模型的空间区划方法，综合考虑了景观单元间的内在联系，在生态安全格局优化方面具有良好的适用性和扩展性[24]，本研究充分考虑了水源地保护和非点源污染迁移两方面的因素，所构建的分区防控模式便于不同区域提出具有针对性的防控措施，与传统水资源保护的水利分片划分的保护模式相比，在空间上凸显了保护机制的差异性。最小累积阻力模型的空间分区优势可为区域土地利用规划、城市总体规划等提供空间数据支撑，从而有利于从规划层面协调水资源保护和防控非点源污染风险。阻力系数的设定是最小阻力模型分析的重要前提，阻力系数强调的是各土地利用类型对水资源保护和非点源污染阻控的相对影响大小，本研究以生态系统服务价值和各土地利用类型非点源污染输出负荷为依据，分别赋予水资源保护和非点源污染迁移不同的阻力系数，并对数值进行归一化处理，得到了相对较高的模拟精度[25]。然而非点源污染防控是一个十分复杂的过程，既有土壤类型、坡度、植物覆被、降雨等自然因素，亦有化肥投入、农田管理措施等人为因素；同时还受到人口、城市乡镇污水管网等因素的影响。因此，探讨综合以上因素科学构建阻力系数，应成为下一步研究的重点方向之一。

10.5 小结

本研究以上海市青浦区为案例研究区,以非点源污染风险控制为目标,采用灰色线性规划与最小累积阻力模型,进行非点源污染风险差异化分区防控研究。主要结论如下:

(1) 采用灰色线性规划方法构建土地利用结构优化模型,求解综合效益导向下青浦区土地利用结构,2020 年青浦区土地利用结构优化方案的经济效益为 4613197.84 万元,相比 2012 年,经济效益增加 28.12%,同时减少了 TN、TP 的输出 169.08t、79.83t,降幅分别为 10.96%、41.33%,有效降低了非点源污染风险。

(2) 运用最小累积阻力模型,在空间上划设水资源保育区、水资源重点防护区、非点源污染一般阻控区、非点源污染中等阻控区及非点源污染重点阻控区,并针对不同分区提出具有针对性的防控措施。由此表明,优化土地利用结构和构建空间差异化防控机制是有效调控非点源污染风险,实现区域可持续土地利用,促进经济发展和保证生态环境安全的有效途径。

本章参考文献

[1] 张海龙,齐实,路倩倩,等. 基于水功能区的湖北省农业非点源污染控制区划 [J]. 中国水土保持科学,2014,12 (2):1-8.

[2] 丁恩俊. 三峡库区农业面源污染控制的土地利用优化途径研究 [D]. 重庆:西南大学,2010.

[3] 高超,朱继业,窦贻俭,等. 基于非点源污染控制的景观格局优化方法与原则 [J]. 生态学报,2004,24 (1):109-116.

[4] LIU R, ZHANG P, WANG X, et al. Assessment of effects of best management practices on agricultural non-point source pollution in Xiangxi River watershed [J]. Agricultural Water Management, 2013, 117: 9-18.

[5] STREHMEL A, SCHMALZ B, FOHRER N. Evaluation of land use, land man-

［6］ ZHANG P, LIU Y, PAN Y, et al. Land use pattern optimization based on CLUE–S and SWAT models for agricultural non–point source pollution control ［J］. Mathematical and Computer Modelling, 2013, 58 (3–4): 588–595.

［7］ 熊繁, 邵景安. 不同土地利用情景下农村景观生态格局优化 ［J］. 中国农业资源与区划, 2016, 37 (2): 11–21.

［8］ SEPPELT R, VOINOV A. Optimization methodology for land use patterns using spatially explicity landscape models ［J］. Ecological Modelling, 2002 (151): 125–142.

［9］ 石燕璐. 基于非点源污染控制的土地利用优化途径研究 ［D］. 南京: 南京农业大学, 2011.

［10］ 韩赵钦. 基于SWAT模型的滇池流域不同土地利用配置下的非点源污染研究 ［D］. 武汉: 华中农业大学, 2013.

［11］ 钱晓雍, 沈根祥, 顾海蓉. 黄浦江上游水源保护区农田氮磷养分平衡分析 ［J］. 环境科学与技术, 2011, 34 (8): 115–119.

［12］ 王寿兵, 钱晓雍, 赵钢, 等. 环淀山湖区域污染源解析 ［J］. 长江流域资源与环境, 2013, 22 (3): 331–336.

［13］ ZHAO Z, ZHANG H, LI C, et al. Quantifying nitrogen loading from a paddy field in Shanghai, China with modified DNDC model ［J］. Agriculture, Ecosystems & Environment, 2014, 197: 212–221.

［14］ 钱晓雍. 上海淀山湖区域农业面源污染特征及其对淀山湖水质的影响研究 ［D］. 上海: 复旦大学, 2011.

［15］ 刘思峰, 党耀国, 方志耕, 等. 灰色系统理论及应用 ［M］. 5版. 北京: 科学出版社, 2000.

［16］ 谢高地, 张彩霞, 张昌顺, 等. 中国生态系统服务的价值 ［J］. 资源科学, 2015, 37 (9): 1740–1746.

［17］ 杨怀宇, 李晟, 杨正勇. 池塘养殖生态系统服务价值评估: 以上海市青浦区常规鱼类养殖为例 ［J］. 资源科学, 2011, 33 (3): 575–581.

［18］ 孙丕苓, 杨海娟. 商洛市土地利用结构优化的情景分析 ［J］. 水土保持通报, 2012, 32 (2): 200–205.

[19] 俞孔坚,李迪华,段铁武.生物多样性保护的景观规划途径[J].生物多样性,1998,6(3):205-212.

[20] 俞孔坚.生物保护的景观生态安全格局[J].生态学报,1999,19(1):10-17.

[21] 刘杰,叶晶,杨婉,等.基于GIS的滇池流域景观格局优化[J].自然资源学报,2012,27(5):801-808.

[22] 金妍,车越,杨凯.基于最小累积阻力模型的江南水乡河网分区保护研究[J].长江流域资源与环境,2013,22(1):8-14.

[23] 谢乃明,刘思峰.离散GM(1,1)模型与灰色预测模型建模机理[J].系统工程理论与实践,2005(1):93-99.

[24] 李晶,蒙吉军,毛熙彦.基于最小累积阻力模型的农牧交错带土地利用生态安全格局构建:以鄂尔多斯市准格尔旗为例[J].北京大学学报(自然科学版),2013,49(4):707-715.

[25] 付永虎,刘黎明,任国平,等.平原河网地区非点源污染风险差异化分区防控研究[J].长江流域资源与环境,2017,26(5):713-722.

第 11 章　基于物质流分析的区域食物链氮素流动规律与调控研究

　　以食物链物质流调控为核心的区域生态共生系统研究是当今可持续发展领域的重要研究内容。本研究基于物质流分析方法和系统动力学建模平台，构建了区域食物链氮素流动效应评估框架，以上海市青浦区为例，对区域食物链氮素流动进行分析与情景模拟。研究结果表明：①2000—2014 年青浦区食物链氮输入量和输出量经历了从急剧下降到逐渐稳定的过程，区域内农业生产无法自给自足；②基准情景下，食物链氮素流动对环境的负面效应总体影响较小，但 2020 年农业生产能力已不能满足当地人口对肉类及水产品氮的需求；③优化情景下，区域化肥氮投入减少了 53.75%，且农业生产满足了当地常住人口的消费需要，减少区外氮产品调入量 2245.16t，氮综合循环效率提高至 25.54%，农业生产对水环境的影响降低。该优化方案在保证粮食安全的同时，较好地保护了环境免受集约农业生产的冲击。研究成果可为区域食物链氮素养分管理提供方法和思路借鉴。

11.1　引言

　　农业生产是人与自然之间相互关联作用的直接体现，人类通过食物链与大自然紧密地联系在一起，其实质是人类高度影响自然过程的一个典型实例。为获取食物，人类通过大量的资源和技术投入，从事种植业、畜牧业、水产养殖业等活动。自然界以物质产出作为回馈，为人类生存与发展提供了基础支撑，周而复始，食物链的养分循环和流动维续了人类社会经济的繁荣与发展。因此，食物链养分流动不但影响着人类对食物的需求,也关乎资源和生态环境安全。从食物链角度进行养分优化与调控研究已成为当前人口、经济、社会、环境等领域可持续发展评估的重要研究课题[1,2]。

作为食物链中影响人口、环境的重要元素之一,氮素主要通过化肥、饲料、食品等实体在食物链中进行流动[3]。随着农业生产的日趋繁荣和多样,大量的活性氮通过食物链向环境输出,导致了陆表生态系统中氮输入增长迅速,氮循环受此扰动,引发了严重的生态环境问题。从食物链角度关注氮素循环与平衡问题日益受到国内外学者的广泛关注[4-6]。有关食物链氮素的研究已有诸多报道,其研究主要聚焦于氮素流动机理及时空特征[7-10]、影响因素[11-14]、环境效应与调控[15-18]、驱动因素[19,20]、氮素养分管理[21-23]等方面。例如,高利伟利用食物链氮素养分流动模型(CNFC),系统研究了黄淮海不同地区食物链氮素养分流动状况,并对氮素养分流动的合理性进行定量化评价[24]。HOU等基于物质流分析方法,采用MITERRA-Europe和NUFER模型,研究了匈牙利1961年至2010年食品生产和加工过程氮素流动的年际变化,将研究区食物链氮输入输出划分为4个阶段[25]。马林等在前期研究的基础上,系统总结了中国食物链养分流动与管理相关研究的重大问题[26]。在研究方法上,主要有物质流分析(Material Flow Analysis,MFA)、养分流分析、能量平衡、氮足迹分析和系统建模等方法[27,28]。其中,物质流分析通过计算物质在环境-经济系统输入—贮存—输出的实物量变动,解析物质在系统内的流动特征和转化效率,进而可揭示环境压力的直接来源,系统量化和调控物质流动特征与提升转化效率[29,30];因其具有数据采集简单、定量化分析与客观分析等优点,已成为养分流动分析的重要工具[31]。纵观上述研究,虽然取得了诸多有价值的研究成果,然而仍存在以下两点不足:①现有研究主要围绕大尺度下,食物链氮素的纵向流动和横向流动的部分环节来展开,针对县域尺度"农田-畜牧-水产-家庭-环境"食物链氮素流动的评估与情景模拟鲜有报道。②现有食物链氮素流动的研究,多为历史和现势分析,针对未来不同情景下食物链氮素模拟与优化的成果相对较少[32]。基于此,本研究基于物质流分析方法和系统动力学建模平台，选取典型案例研究区，构建区域"农田－畜牧－水产－家庭－环境"食物链氮素流动模型，分析区域食物链氮素流动的年际变化特征及其环境效应，在此基础上进行情景模拟与调控研究，以期为县域尺度食物链氮素养分管理提供思路和方法借鉴。

11.2 研究方法与数据来源

11.2.1 研究区概况

本研究选取上海市青浦区为案例区。2017年青浦区户籍人口为48.30万人，常住人口为120.53万人。2000年以来，青浦区经济发展迅速，人均GDP从2000年的2.09万元上升至2017年的8.37万元，增幅达300.48%。青浦区常住居民饮食结构较为合理，2017年蛋白质的人均摄入量为26.32 kg/（人·年）。研究区地势平坦，经济基础和农业生产条件优越，是上海市重要的粮食产区和水产养殖区。境内河网密集，水面率达16.65%，淀山湖为上海市主要水源地之一，承担了全市近50%的饮用水供给量，极密的河网分布和较大的水域面积，使得水环境较容易接受来自外界的各种污染物。为确保水源地水环境质量，近年来青浦区执行了严格的地表水环境标准，特别是淀山湖地区，当地的工业和畜牧养殖业的发展受到限制，形成了以种植业和水产养殖业为主的农业产业结构。随着居民生活水平的提高，区域食物链氮素流量不断增加。农业生产和人民生活释放的大量氮素给当地水环境造成污染，水质性缺水问题突出[33]。因此研究大都市郊区以化肥、畜牧饲料、水产、人类消费等为载体的区域食物链氮流动特征，对于保障区域粮食安全与生态安全具有重要意义。

11.2.2 青浦区食物链氮素流动模型

本研究基于物质流分析方法，在借鉴相关研究成果的基础上[34]，构建了青浦区食物链氮素流动模型，包括农田生产、畜牧养殖、水产养殖、家庭消费、污染物处理及环境支持子系统。

11.2.2.1 系统边界定义及其子系统构成

本研究以青浦行政辖区为案例研究边界,包括金泽、练塘、夏阳等 11 个行政镇(街道)。模型系统边界是由农田生产、畜牧养殖、水产养殖、家庭消费及污染物处理等子系统及与氮素流动紧密相关的地面大气、地表水和地下水的环境支持系统。农田生产子系统的作物选择主要为用于人类食物消费、畜牧或水产养殖用的水稻、小麦、蔬菜及水果等 10 种农作物。水产养殖子系统中淡水养殖种类主要为鱼、虾和螃蟹 3 种。畜牧养殖子系统中畜牧种类主要包括猪、牛(肉牛、奶牛)、羊、家禽等。家庭消费子系统选择以农田生产、畜牧养殖、水产养殖子系统中输入产品为原料的食物种类,主要为粮食、蔬菜、肉、蛋和奶等。氮处理子系统主要选择家庭消费、畜牧养殖子系统中污水及粪便的处理。环境支持子系统选择农田生产、畜牧养殖、水产养殖子系统中氨挥发、氧化亚氮排放、反硝化、灌溉、淋溶和径流等过程,也包含家庭消费子系统中乡村人口粪尿直排进入环境等过程。

11.2.2.2 系统动力学模型的构建及其算法

本研究采用 Stella 建模平台,构建区域食物链氮素流动分析的动力学模型。在食物链氮素流动过程中,人类既是参与者又是调控者,Stella 可以很好地解决食物链氮素流动中人类角色的处理问题。该模型的输入为自然社会经济数据,包括人口与食物消费、社会经济、农业投入产出、污水处理等数据。模型从外源氮直接进入该系统开始,包含为保障人类对食物的需求而组织农田、畜牧和水产含氮产品的生产过程;然后经过系统内部的循环利用及迁移转化,最终以农产品输出至其他区域,以及活性氮(reactive nitrogen,Nr)和 N_2 进入水体和大气时终止(见图 11-1)。根据边界定义,系统的氮输入主要为:①农田生产子系统,包括干湿沉降、含氮化肥、灌溉和生物固氮等;②水产养殖子系统,包括水产含氮饲料、肥水化肥和养殖用水;③畜牧养殖子系统,包括畜牧含氮饲料、饲用粮;④家庭消费子系统,包括农产品、畜牧产品与水产品区域外调入。系统的氮输出主要为农产品区域外调出,淋溶径流,氨挥发、反硝化和 N_2O 直接排放等以 Nr

和 N_2 的形态进入水体和大气。

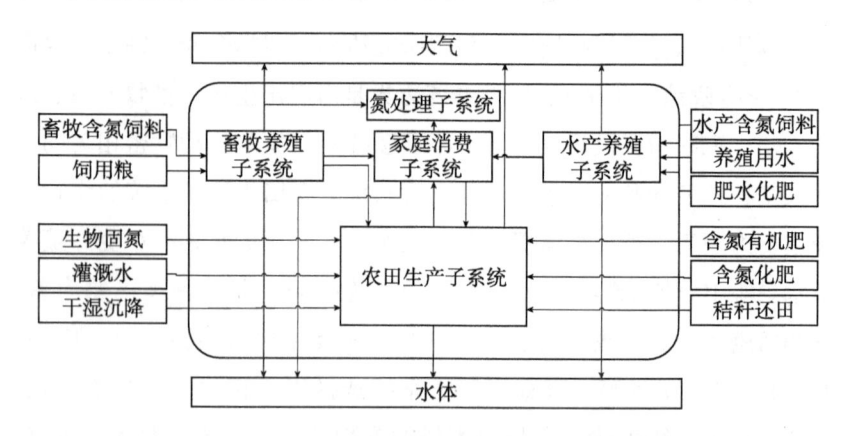

图 11-1 区域食物链氮的物质流分析框架

根据质量平衡原理，总体的平衡符合以下公式：

$$\sum_{i=1}^{m} IN_i = \sum_{j=1}^{n} OUT_j + \sum_{k=1}^{p} Acc_k \qquad (11-1)$$

式中，各项氮流通量单位均为 t，IN_i 为各类氮输入项，包含畜牧含氮饲料、饲用粮、水产含氮饲料、养殖用水、肥水化肥、生物固氮、灌溉水、干湿沉降、含氮有机肥和化肥等；OUT_j 为各类氮输出项，包含农产品调出、淋溶径流、氨挥发、反硝化和 N_2O 直接排放等以 Nr 和 N_2 的形态进入水体和大气等；Acc_k 为食物链氮累积，包含土壤氮累积，人类、畜牧与水产养殖的生物量氮增加等。

农田生产子系统（Crop Land, CL），有

$$N_{CL-IN} = CL_{Fer-in} + CL_{BNF-in} + \sum_{i=1}^{2} CL_{Exc,i-in} +$$
$$CL_{Dep-in} + CL_{Irr-in} + CL_{Str-in} \qquad (10-2)$$

$$N_{CL-OUT} = \sum_{i=1}^{3} CL_{Crop,i-out} + CL_{Str-out} + \sum_{i=1}^{5} CL_{Loss,i-out} \qquad (10-3)$$

式中，N_{CL-IN} 和 N_{CL-OUT} 分别为农田生产子系统氮输入和氮输出；CL_{Fer-in} 为化肥氮输入，包括氮肥和复合肥中所含氮素；CL_{BNF-in} 为生物固氮；$CL_{Exc,i-in}$ 为粪尿氮还田量，包括畜禽和人类粪便还田 2 个途径；CL_{Dep-in}、CL_{Irr-in} 和 CL_{Str-in} 分别为大气干湿沉降、灌溉水和秸秆还

田；$CL_{Crop,i-out}$ 为作物产量，主要有家庭消费、农产品输出、饲用粮 3 个去向；$CL_{Str-out}$ 为秸秆产出；$CL_{Loss,i-out}$ 为氮流失，包括 NH_3 挥发、地表径流与地下淋溶、反硝化和 N_2O 直接排放 5 个途径。

水产养殖子系统（Aquaculture，AQ），有

$$N_{AQ-IN} = AQ_{Feed-in} + AQ_{Fer-in} + AQ_{Irr-in} \quad (10-4)$$

$$N_{AQ-OUT} = \sum_{i=1}^{2} AQ_{Meat,i-out} + \sum_{i=1}^{4} AQ_{Loss,i-out} \quad (10-5)$$

式中，N_{AQ-IN} 和 N_{AQ-OUT} 分别为水产养殖子系统氮输入和氮输出；$AQ_{Feed-in}$、AQ_{Fer-in}、AQ_{Irr-in} 分别为水产含氮饲料、肥水化肥和养殖用水；$AQ_{Meat,i-out}$ 为水产养殖产品氮产量，包括鱼类、虾、蟹 3 类，主要有家庭消费、系统外输出 2 个去向；$AQ_{Loss,i-out}$ 主要有氨挥发、径流、反硝化和 N_2O 直接排放 4 个途径。

畜牧养殖子系统（Livestock，LS），有

$$N_{LS-IN} = LS_{Crop-in} + LS_{Feed-in} \quad (10-6)$$

$$N_{LS-OUT} = \sum_{i=1}^{2} LS_{Meat,i-out} + \sum_{i=1}^{4} LS_{Exc,i-out} \quad (10-7)$$

式中，N_{LS-IN} 和 N_{LS-OUT} 分别为畜牧养殖子系统氮输入和氮输出；$LS_{Crop-in}$ 为饲用粮，其值为农田生产的粮食产量与家庭消费量的差值；$LS_{Feed-in}$ 为畜牧含氮饲料，主要包括糠麸类饲料和肉谷粉饲料；$LS_{Meat,i-out}$ 为畜牧养殖子系统肉类、蛋类和奶类等食物产品氮量，主要有家庭消费和系统外输出 2 个去向；$LS_{Exc,i-out}$ 为畜牧粪便氮排泄，主要有粪便还田、粪便处理、粪尿直排水体、氨挥发 4 个途径。

家庭消费子系统（Household consumption，HC），有

$$N_{HC-IN} = HC_{Crop-in} + HC_{AQmeat-in} + HC_{LSmeat-in} \quad (10-8)$$

$$N_{HC-OUT} = HC_{ExcWater-out} + HC_{ExcCrop-out} + HC_{ExcWTP-out} \quad (10-9)$$

式中，N_{HC-IN} 和 N_{HC-OUT} 分别为家庭消费子系统氮输入和氮输出；$HC_{Crop-in}$、$HC_{AQmeat-in}$ 和 $HC_{LSmeat-in}$ 分别为家庭食物消费的粮食、水产品和畜牧产品，分别来自农田、畜牧养殖和水产养殖子系统；$HC_{ExcWater-out}$、$HC_{ExcCrop-out}$、$HC_{ExcWTP-out}$ 分别为粪尿直排水体、人粪尿还田和污水处理。

11.2.3 数据来源

本研究时间序列为 2000—2020 年，数据主要来源于上海市和青浦区政府统计数据、公报、前人研究成果和入户调研资料。所有参数分为两类：一类是青浦区基本信息，如人口、GDP、农业土地利用、肥料投入、粮食、畜牧养殖和水产养殖等数据。2000—2014 年的数据来源于青浦区统计年鉴，2015—2020 年的数据基于经验回归，离散型灰色预测模型 DGM（1，1）或模型假设进行估计❶。另一类与氮有关的系数，用以计算氮流量，如生物固氮速率、反硝化速率、畜牧排泄物产生速率，此类系数主要来自相关文献和研究报告（见表 11−1）。

表 11−1 参数取值与数据来源

子系统名称	相关参数	数据来源
农田生产子系统	耕地面积（水田、水浇地），播种面积，果园面积，各类农产品产量（水稻、小麦、豆类、油菜、草莓、西瓜、甜瓜、鲜玉米、茭白、其他蔬菜、水果等），化肥施用量，化肥折纯量	上海市统计年鉴、青浦区统计年鉴、青浦区农业技术推广站
	不同地类施用比例、秸秆还田率、复种指数、有机肥来源与施用量[a]、氮肥折纯量[b]、作物秸秆含氮系数、作物秸秆籽粒比等数据[c]	a：入户调研、青浦区农业技术推广站；b：王新新相关成果[35]；c：主要来源于《中国有机肥料养分志》[36]
农田生产子系统	地表径流（TN）与地下淋溶（TN）[d]，生物固氮系数[e]，大气干湿沉降[f]，氨挥发[g]，灌溉水氮输入[h]，反硝化系数[i]，农用地 N_2O 的排放[j]	d：采用《第一次全国污染源普查：农业污染源肥料流失系数手册》和王振旗、王春梅的相关成果[37−39]；e：Bao 等相关研究成果[40]；f：王新新等和 Liu 相关成果[35,41]；g：遆超普和谷保静相关成果[42,43]；h：钱晓雍等相关成果[44]；i：遆超普、谷保静与张欢等相关成果[42,43,45]；j：根据 IAP−N 模型计算 N_2O 的直接排放量，水田与旱地的直接排放因子分别取值 0.003、0.00745[46]

❶ 本研究完成于 2015 年以前，故 2015—2020 年数据为预估数据。

续表

子系统名称	相关参数	数据来源
水产养殖子系统	淡水养殖量	上海市统计年鉴、青浦区统计年鉴
	淡水产品含氮量、肥水化肥使用量、养殖用水含氮量^k、反硝化^l、氨挥发、径流、氧化亚氮^m	k：谷保静和刘兴国相关成果[43,47]；l：遽超普和谷保静相关成果[42,43]；m：谷保静相关成果[43]
	饵料系数、饲料蛋白含氮量	入户调研
畜牧养殖子系统	各类畜牧养殖产量、年出栏量	上海市统计年鉴、青浦区统计年鉴
	饲用粮、全价商品饲料、肉料比、粪便还田率、粪尿处理量	青浦区农业委员会、畜牧养殖入户调研
	粪尿产量^n	n：李家康等相关成果[48]
家庭消费子系统	常住人口数量、乡村人口数量、年龄结构、区域GDP、农业总产值、城镇粪尿处理率	上海市统计年鉴、青浦区统计年鉴
	畜牧产品人均消费量、淡水产品人均消费量、农作物人均消费量、人均食物浪费比、乡村人口粪尿处理率、回收率、还田量	入户调研，青浦区农委
	人均粪尿排泄量^o	o：王新新相关成果[35]

11.3 结果与分析

11.3.1 区域食物链氮流量的年际变化

11.3.1.1 氮输入

青浦区食物链氮素流动过程中氮输入主要来自农田、畜牧和水产各子系统的生产投入及系统外调入4种途径。2000—2014年外源氮输入总体呈现两个阶段分异特征（见图11-2）。2000—2006年，外源氮输入迅速下降，从2000年的2.86×10^4t下降至2006年的1.71×10^4t，年均下降8.00%，这主要归功于畜牧养殖子系统外源氮输入的迅速降低，从2000年的1.04×10^4t下降至0.15×10^4t，年均降幅达

27.69%，所占系统外源氮输入的比重由 2000 年的 36.36% 降至 2006 年的 8.77%。在这一时期，青浦区针对水源地保护的要求，禁止了畜牧散养和大面积关停金泽镇、朱家角镇及练塘镇的集中养殖场，导致畜牧养殖数量锐减，饲料等主要的外源氮输入迅速降低。2006—2014 年系统外源氮输入相对比较稳定，在 $1.65 \times 10^4 \sim 1.79 \times 10^4 t$ 之间波动，其所占系统外源氮的比重一直保持在 6% 以下。农田生产子系统是主要的外源氮输入途径，其所占比重年均达 60.96%，农田生产子系统相对其他子系统的外源氮输入比较稳定，2000—2014 年在 $0.98 \times 10^4 \sim 1.47 \times 10^4 t$ 之间波动。2000—2014 年水产养殖子系统外源氮输入呈缓慢下降的态势，河网密布的青浦区，水产养殖业发达，其外源氮输入所占比重年均值为 15.14%。此外，2006 年之前，青浦区农牧渔氮产品总体呈自给自足的状态；2006 年后，人均氮消费总量的增加，尤其是畜牧肉类的需求上升，农牧渔氮产品的区外进口总量呈逐步上升的态势，截止到 2014 年年末，所需区域外调入氮产品总量为 3856.05t，占外源氮输入的 23.33%，粮食安全压力逐渐凸显。

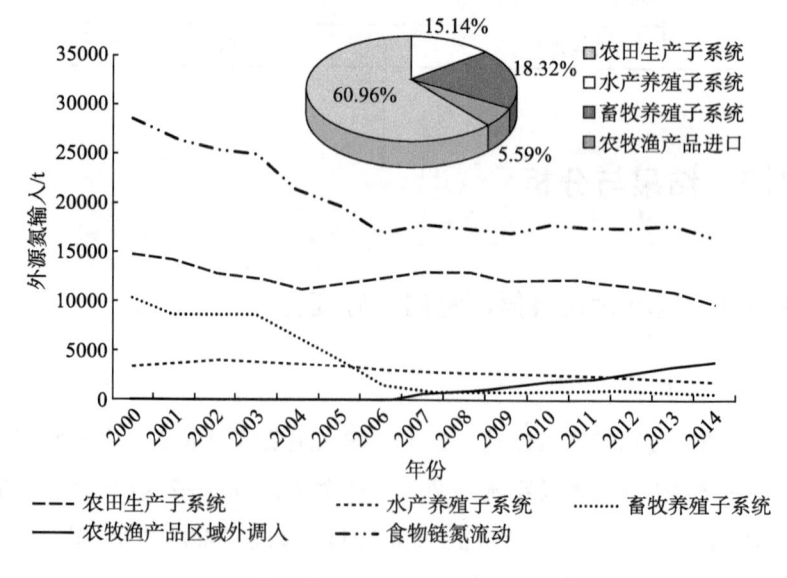

图 11-2 2000—2014 年区域食物链氮输入的年际变化

11.3.1.2 氮输出

青浦区食物链氮输出主要为农牧渔产品氮调出和环境氮输出。由图 11-3 可以看出，2000—2005 年青浦区农牧渔产品氮产量不仅满足了常住居民的消费需求，盈余量还可调出至其他区域。这期间产品氮输出总量、农牧产品氮输出量总体呈显著下降的态势，产品氮调出总量和畜牧养殖产品氮调出量分别由 2000 年的 7235.62t 和 3820.00t，降至 2005 年的 1642.98t 和 1213.11t；农产品氮调出量由 2000 年的 2666.70t 下降至 2004 年的 602.30t；随着产品氮生产量的缩减及产品氮消费量的增加，青浦区农牧渔产品氮产量已不能满足当地常住人口的氮需求。2006 年随着青浦区实施更为严格的环境保护政策，大量的养殖场迅速关停，区域产品氮总量和农牧产品逐步转为区外调入。2000—2014 年水产养殖产品氮调出量总体呈缓慢上升后逐步下降的趋势，至 2014 年水产养殖氮输出量仅为 89.60t。

在集约农业生产过程中，大量的活性氮（Nr）进入环境，易引发诸多环境问题。由图 11-4 可以看出，2000—2006 年，受青浦区环境政策调控的影响，系统 Nr 排放总量呈显著下降的趋势，年均降幅 13.00%；期间随着畜牧养殖总量的锐减，畜牧养殖子系统 Nr 排放量亦呈显著下降的趋势。2007—2014 年系统 Nr 排放总量、畜牧养殖子系统 Nr 排放量下降速度放缓，2014 年 Nr 排放量分别为 4549.39t、299.31t。2000—2014 年，受种植业结构调整、水塘面积缩减及复垦的影响，农田和水产养殖 Nr 排放呈波动下降的态势。

11.3.1.3 区域食物链氮流量截面分析

2000 年和 2014 年区域食物链氮素流动过程如图 11-5、图 11-6 所示。2000 年青浦区输入系统的外源氮为 2.86×10^4t，其中化肥 1.27×10^4t，生物固氮 1097.68t，干湿沉降 589.11t，水产和畜牧养殖商品饲料氮调入 1.33×10^4t。输出项中，农牧渔产品氮调出 7236.56t。随淋溶和径流损失的氮是引起区域水质恶化的主要途径，2000 年 Nr 排放到水体 1.03×10^4t，按照青浦区地表水 Ⅲ 级水质对 TN 浓度的界定，其所需的虚拟稀释水量达 103.03 亿 m^3，占青浦区多年平均径流

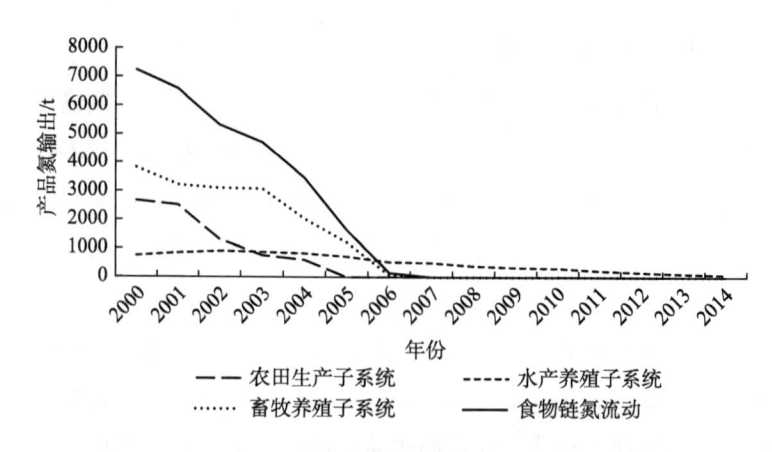

图 11-3 2000—2014 年区域食物链氮输出的年际变化

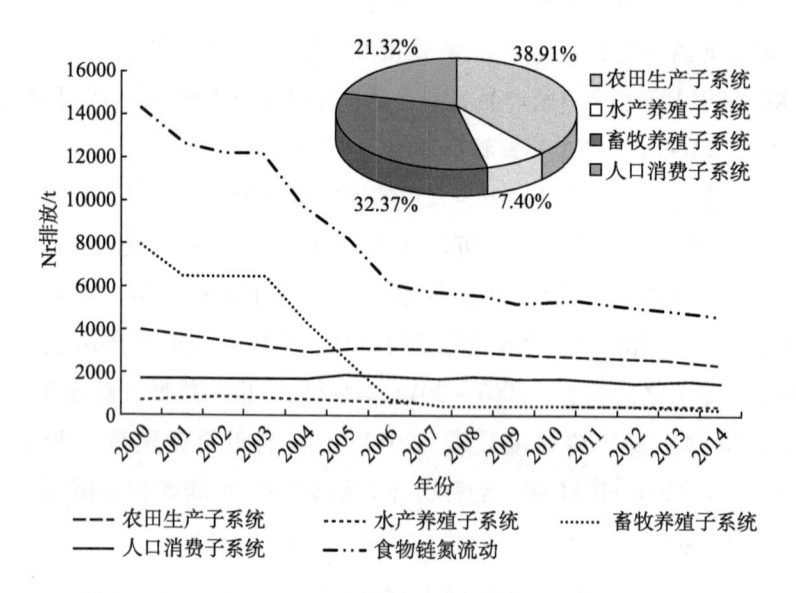

图 11-4 2000—2014 年区域食物链活性氮排放量的年际变化

量（含本地径流量、上游来水量及潮水量合计 155.1 亿 m³）的 66.43%。Nr 排放至大气总量 3925.89t，其中氨挥发 3704.36t，N_2O 直接排放 221.53t。氨是导致酸雨的主要污染物质之一，进一步还会导致水体富营养化的发生，同时氨也是 PM2.5 形成的重要推手，氨能够与大气中的二氧化硫、氮氧化物的氧化产物反应，生成硝酸铵、硫酸铵等二次颗粒物，而这些二次颗粒物正是 PM2.5 的重要来源。N_2O

是温室气体之一，其增温潜势是 CO_2 的 310 倍，研究区 2000 年相当于向大气释放 6.87×10^4t 的 CO_2[48]。依据相关成果，计算处理氮淋失和减排氨挥发的所需花费，得到 2000 年青浦区食物链 Nr 排放的处理和减排费用为 3885.91 万元[49,50]，按照 2000 年汇率折算，移除或者处理系统产生的 Nr 对环境的危害所需花费占地区 GDP 的 2.56%。

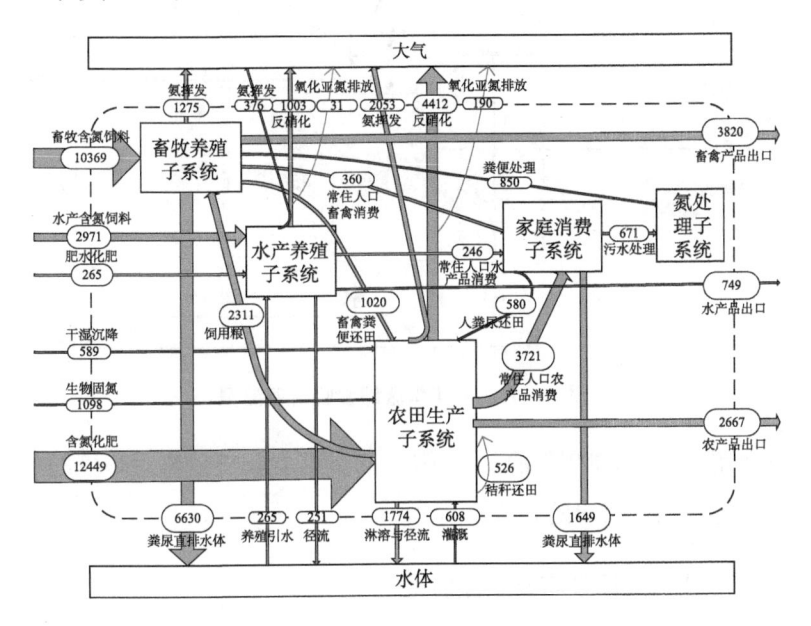

图 11-5　2000 年区域食物链氮流量（单位：t）

注：图中数据进行了四舍五入处理，后同。

2014 年青浦区输入系统的外源氮为 1.65×10^4t，与 2000 年相比减少了 43.31%。其中化肥氮 8512.93t，生物固氮 624.35t，干湿沉降 488.15t，水产和畜牧养殖商品饲料氮输入 2544.76t，食物氮区外调入量 3856.05t。输出项中，除水产养殖子系统产品氮调出（1747.20t）外，农田生产子系统和畜牧养殖子系统的产品氮产出不足，食物氮呈缺口状态，缺口量分别为 3469.86t 和 475.79t。2014 年随淋溶和径流损失的 Nr 总量为 2880.47t，其所需的虚拟稀释水量为 28.80 亿 m^3，较 2000 年缩减了 74.23 亿 m^3。青浦区农业非点源污染对环境的负面效应得到明显改善。2014 年氨挥发 1533.28t，N_2O 直接排放 176.74t，与 2000 年相比分别降低了 58.61%、20.22%，系统 Nr 排放的处理和

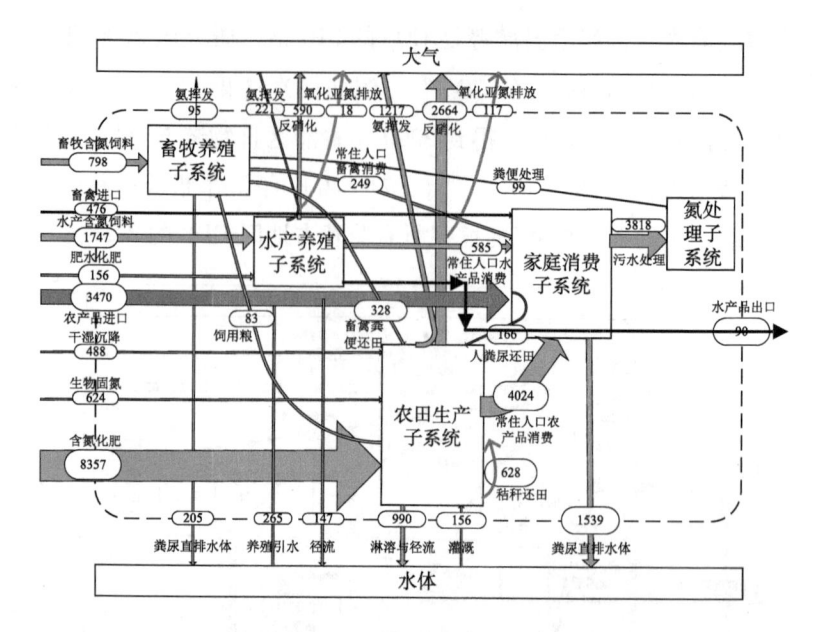

图 11-6　2014 年区域食物链氮流量

减排费用也仅为 2000 年的 34.80%。青浦区食物链氮流对环境的负面效应总体呈明显改善的态势。

11.3.2　情景模拟与优化设计

11.3.2.1　参数设定与模型校正

采用经验回归（见表 11-2），离散型灰色预测模型 DGM (1, 1) 与模型情景假设确定 2015—2020 年相关参数，通过 SD 模型模拟 2020 年不同情景下氮流向及流量。模型运行时间从 2000 年至 2020 年，时间梯度为一年。

表 11-2　模型回归拟合形式及其准确度（$P < 0.05$）

因变量	自变量	拟合形式	R^2
单位耕地面积氮产量	施氮量	$y = 0.2175\ln(x) + 0.3769$	0.8655
人均农产品消费量	PGDP	$y = -3.37\ln(x) + 8.788$	0.953
人均畜牧肉类消费量	PGDP	$y = 0.2689\ln(x) + 0.4208$	0.8341
人均水产消费量	PGDP	$y = 0.1518\ln(x) + 0.3154$	0.8691

本研究利用 2/3 的历史序列数据进行模型的校正及经验回归拟合，利用剩余的 1/3 数据对该模型进行验证。选取农田氮产量（$R^2=0.88$）、生物固氮量（$R^2=0.91$）、氨挥发（$R^2=0.90$）、淋溶和径流氮排放总量（$R^2=0.88$）的 1/3 的历史数据用于验证，其模拟结果与历史数据具有较好的一致性，可用于未来情景的模拟。

11.3.2.2 情景模拟与优化设计

1. 基准情景分析

（1）情景设定

将基准情景设定为 2020 年，在 2000—2014 年分析的基础上顺势推定至 2020 年。对基准情景的农田面积、化肥使用率、水产品氮产量、畜牧养殖氮产量及单位人均 GDP，按照 2000—2014 年数据，采用 DGM（1，1）模型预测 2020 年参数，以平均相对误差作为模拟精度的评判标准，其相关参数的平均相对误差分别为 3.85%、7.17%、6.57%、4.98% 和 9.87%，总体模拟精度为 2～3 级，基本满足预测要求。秸秆还田率、畜禽排泄处理和还田率、乡村人口排泄处理率及还田率、城镇人口排泄处理率、城镇人口占区域总人口的比例、区域人口增长率等按照 2014 年现状设定。

（2）结果分析

基准情景下（见图 11-7），2020 年青浦区输入系统的外源氮为 1.54×10^4 t，其中化肥 8898.43t，生物固氮 789.87t，干湿沉降 683.26t，水产和畜牧养殖商品饲料氮输入 2226.34t。输出项中，水产养殖子系统和畜牧养殖子系统的产品氮产出不足，分别缺口 433.20t 和 1007.05t。基准情景下 2020 年系统随淋溶和径流损失的 Nr 总量为 2597.22t，其所需的虚拟稀释水量为 25.97 亿 m³，较 2014 年略有减少。与 2014 年相比基准情景下青浦区食物链氮流对水环境的影响进一步降低。基准情景下，氨挥发 1478.80t，N_2O 直接排放 133.14t，与 2014 年相比亦略有降低。青浦区食物链氮流对环境的负面效应总体影响较小，假若按此情景发展，2020 年区域近地表大气和水环境将持续改善。

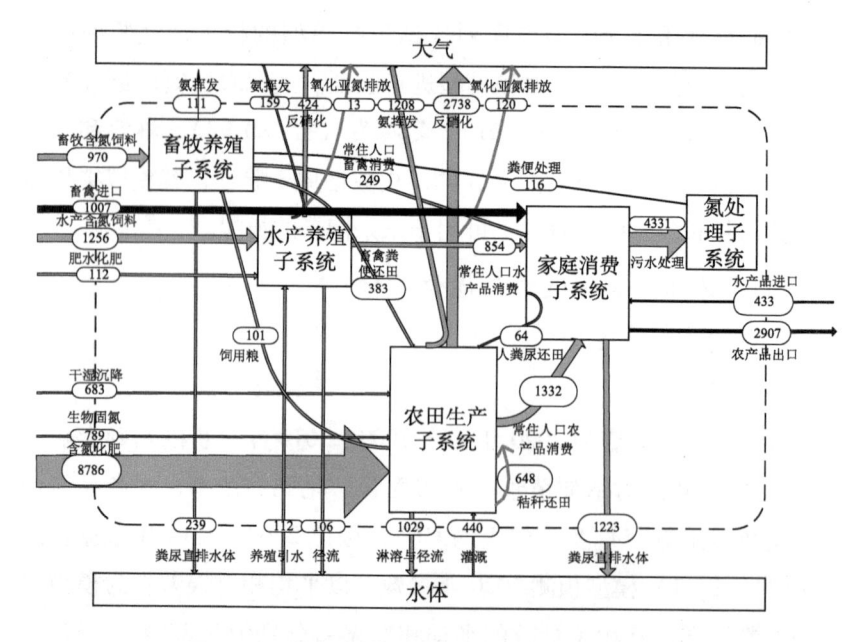

图 11-7 基准情景下 2020 年区域食物链氮流量

为研究系统氮素在各子系统间循环利用水平，本研究引入氮综合循环效率指标。系统氮综合循环效率是指系统氮总循环利用量与氮废物产生总量的比值。根据上述含义，本研究计算得到 2000 年、2014 年和 2020 年基准情景下系统氮综合循环效率，分别为 21.98%、12.46% 和 12.14%。Nr 总量减少的同时，各子系统间氮综合循环利用水平较低。如何有效协调各子系统之间的关系，提高氮综合循环效率应成为青浦区食物链氮调控的重要环节。

（3）可进一步优化的措施

依据上述分析，青浦区在经济发展的同时，采取了多种控制措施减少了集约农业生产 Nr 排放总量，有效地降低了因集约农业生产引发的环境风险。然而，现有调控措施导致了对粮食安全问题的担忧，基准情景下，青浦区农业生产能力已不能满足当地人口对肉类及水产品氮的需求。此外，通过对系统氮综合循环效率研究发现，环境改善的同时系统氮综合循环效率却逐步降低，这意味着，区域食物链氮素流动的各子系统之间的氮流动缺少必要的优化，导致了总量控制的同时，系统内部协调性逐渐减弱，其物质循环效率还有进一步提高的可能。基于此，本研究尝试从氮综合循环效率调控、保障粮食安全和化肥氮缩减等方面提出优化方案，借助 SD 平台进行模拟，并对结果进行评价。

2. 优化情景分析

（1）优化方案的设置（见表 11 – 3）

表 11 – 3　物质减量化与低环境风险优化方案设置

优化措施	参数设置	假设条件与参考文献
规划与控制措施	为保证粮食安全到 2020 年耕地保有量不少于 $2.37 \times 10^4 hm^2$	《上海市青浦区农业发展"十二五"规划》
	城镇污水处理率达到 95%	《上海市太湖流域水环境综合治理专题调研报告暨实施方案》和《太湖流域污染防治"十一五"规划》
	乡村人口粪尿处理率达到 52%	
粮食安全	农田氮产量不少于 1289.75t	①农田、水产和畜牧氮产量不应少于 2020 年常住居民 [2020 年常住居民人口数量根据 DGM (1, 1) 预测] 的氮需求；②根据农田、水产畜牧拟合函数逆向求出水产品、畜牧产品氮需求量
	水产品氮产量不少于 1208.86t	
	畜牧肉类氮产量不少于 1895.75t	
氮循环效率调控	畜禽养殖粪尿还田率达到 65%	假设畜牧养殖粪尿采用综合处理模式的回收率
	乡村人口粪尿还田率达到 20%	现有技术水平条件下的情景设定
化肥氮缩减	化肥氮缩减至 $0.16t/hm^2$	根据有机肥还田率和农田氮产量与施肥率拟合曲线确定最佳化肥氮用量

注：氮循环效率调控中，设定农田氮产量优先满足人类消费后其余供给畜牧用作饲用粮。

（2）优化方案分析与评价

优化情景下，2020 年青浦区输入系统的外源氮为 $1.52 \times 10^4 t$，其中化肥 4115.86t，生物固氮 879.08t，干湿沉降 761.15t，水产和畜牧养殖商品饲料氮调入8592.67t（见图11-8）。虽然系统外源氮输入总量相比基准情景下略降1.30%，然而化肥氮投入量却减少了53.75%，且系统食物生产满足了当地常住人口的消费需要，减少氮区外调入量2245.16t。优化情景下2020年系统随淋溶和径流损失的Nr总量为2188.31t，其所需的虚拟稀释水量为21.88亿 m^3，区域食物链氮流对水环境的影响进一步降低。N_2O 直接排放124.35t，比基准情景略有降低。优化情景下系统氮综合循环效率提高至25.54%，化肥缩减至 $160kg/hm^2$，低于国际安全标准线 $225kg/hm^2$。该优化方案在保证粮食安全的同时，较好地保护了环境免受集约化农业生产的冲击。

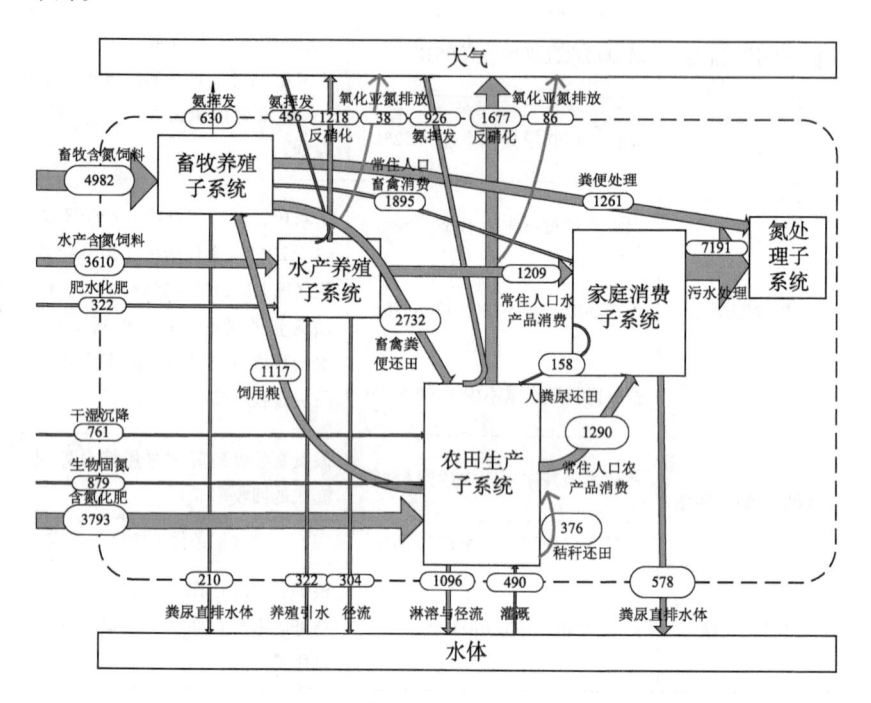

图11-8 优化情景下2020年区域食物链氮流量

从前文可知，要实现区域食物链氮素流动调控的目标，需采取多种措施（如农牧结合、秸秆还田等）以提高氮在食物链氮流内部的循环效率。同时，对伴随农业生产中Nr排放则需要采用相关的技术手段进行调控，如脲酶抑制剂、硝化抑制剂，精细养分管理技术

(SSNM)，水产生态养殖技术，畜牧养殖粪便固液分离综合回收技术等。此外，还需进行个人消费模式的改变。也就是说，一方面，在各子系统中尽可能极大地减少物质投入强度，同时加强各系统的协调性，促进物质循环效率的提高；另一方面，人类消费也需要调整，从长期来看，消费者与生产者相比，需要改变的同样很多。

11.4 讨论

　　食物链养分流动不但影响着人类对食物的需求，也关乎资源和生态环境安全。从食物链角度进行氮素优化与调控研究已成为当前人口、经济、社会、环境等领域可持续发展评估的重要研究课题。本研究运用物质流分析和系统动力学分析方法，以上海市青浦区食物链氮素流动为研究对象，对该区食物链氮素流动规律与调控问题进行了探讨。研究结果表明，作为产业生态学的分析方法之一，养分流动分析能够定量表达食物链氮素流动过程，为准确测度食物链氮流的自然、经济和社会综合效应提供了方法依据。借助Stella软件，构建食物链氮素流动系统动力学模型，可定量模拟和预测未来不同情景下的氮素流动趋势，为系统运行过程和缺陷环节进行优化，进而为制定相关政策，保障食物链氮素的可持续管理提供了技术支撑。在食物链氮素流动过程中，人类既是参与者又是调控者，处理人类在食物链氮素流动过程中的角色问题尤为重要。与已有研究成果类似[43]，Stella具有整合人类主导和调控系统方面的优势，可以很好地解决食物链氮素流动中人类角色的处理问题。为研究系统氮素在各子系统间循环利用水平，本研究提出了系统氮综合循环效率的概念。研究结果表明，通过系统氮总循环利用量与氮废物产生总量的比值分析，可准确刻画系统内部氮循环利用与环境输出的定量关系，为评估食物链氮素流动过程的综合效应提供了方法支撑。然而，区域食物链氮素流动是一个十分复杂的过程，受社会、经济等众多因素的影响。本研究基于系统动力学平台，构建区域食物链氮素分析模型，仍然存在一些不确定性，其主要原因在于方法论上的假设和系统内氮素流动规律的数学量化的困难和不确定性。同时模型参数来源广泛,种类繁多,既有政府统计数据、相关公报,也有文献报道。既有实验点上的参数,也有区域统计的拟合模型,上述参数的设置均具有潜在的不确定性。此外,食物链养分众多,且与人类膳食结构、饮食文化休戚相关,鉴于本研究的数据有限,仅针对食物链氮开展研究,未能对多养分、养分与水及区域人类饮食文化等方面开展研究。今后,开展更为全面详细的系统性研究,将有助于更为精准地揭示区域食物链氮素流动特征及其与社会、经济与环境的互动规律,以期实现以食物链物质流调控为核心的区域生态共生系统。

11.5 小结

本书运用物质流分析和系统动力学方法,以上海市青浦区食物链氮素流动为例,开展区域食物链氮素流动规律与调控研究。量化分析农田、畜牧及水产等子系统的物质流动过程;在此基础上,建立区域食物链氮素流动力学模型;采用情景分析方法定量模拟氮的自然、经济和社会综合效应及预测未来演化趋势,制定优化调控政策,对系统的运行过程和缺陷环节加以优化,制定优化调控方案。主要研究结论如下[52]:

(1) 2000—2014年青浦区食物链氮输入和输出量经历了急剧下降到逐渐稳定的过程,农业产业政策调控是其态势形成的关键因素。同时,在这一时期区域内氮产品无法自给自足。

(2) 基准情景下,2020年农业生产能力已不能满足当地人口对肉类及水产品氮的需求。系统氨挥发、N_2O直接排放,与2014年相比亦略有降低。青浦区农业生产对环境的负面效应总体影响较小。

(3) 优化情景下,2020年化肥氮投入减少了53.75%,且农业生产满足了当地常住人口的消费需求,减少区外氮产品调入量2245.16t,优化情景下系统氮综合循环效率提高至25.54%,通过淋溶和径流分析,农业生产对水环境的影响进一步降低。该优化方案在保证粮食安全的同时,较好地保护了环境免受集约化农业生产的冲击。此外，从长期来看，消费者与生产者相比，需要改变的同样很多。

本章参考文献

［1］ 马文奇，张福锁. 食物链养分管理：中国可持续发展面临的挑战［J］. 科技导报，2008，26（1）：68-73.

［2］ 朱信凯. 中国亟须"全食物链"视角的农业顶层设计［J］. 世界农业，2015，434：217-218.

［3］ GALLOWAY J N, ABER J D, ERISMAN J W, et al. The nitrogen cascade ［J］. Bioscience, 2003, 53 (4): 341-356.

［4］ PIERER M, WINIWARTER W, LEACH A M, et al. The nitrogen footprint of food products and general consumption patterns in Austria ［J］. Food Policy, 2014, 49 (1): 128-136.

［5］ WANG M R, KROEZE C, STROKAL M, et al. Reactive nitrogen losses from China's food system for the shared socioeconomic pathways (SSPs) ［J］. Science of the Total Environment, 2017, 605/606: 884-893.

［6］ GUO M C, CHEN X H, BAI Z H, et al. How China's nitrogen footprint of food has changed from 1961 to 2010 ［J］. Environmental Research Letters, 2017, 12 (10): 104006.

［7］ 周迪，谢标，杨浩，等. 南京城市化食物生产消费系统氮素流动变化［J］. 生态学报，2017，37（3）：960-968.

［8］ MA L, VELTHOF G L, WANG F H, et al. Nitrogen and phosphorus use efficiencies and losses in the food chain in China at regional scales in 1980 and 2005 ［J］. Science of the Total Environment, 2012, 434: 51-61.

［9］ 马林，魏静，王方浩，等. 基于模型和物质流分析方法的食物链氮素区域间流动：以黄淮海区为例［J］. 生态学报，2009，29（1）：475-483.

［10］ 张晓萌，王寅，焉莉，等. 长春地区食物链氮素养分流动趋势与特征分析［J］. 自然资源学报，2017，32（2）：255-265.

［11］ SMIL V. Nitrogen and food production: Proteins for human diets ［J］. AMBIO, 2002, 31 (2): 126-131.

［12］ MA L, GUO J H, VELTHOF G L, et al. Impacts of urban expansion on nitrogen and phosphorus flows in the food system of Beijing from 1978 to 2008 [J]. Global Environmental Change, 2014, 28: 192 - 204.

[13] 郭孟楚. 中国膳食结构变化对食物链氮素流动的影响及优化途径 [D]. 北京: 中国农业大学, 2018.

[14] 高群, 余成. 城市化进程对氮循环格局及动态的影响研究进展 [J]. 地理科学进展, 2015, 34 (6): 726 - 738.

[15] MA L, WANG F H, ZHANG W F, et al. Environmental assessment of management options for nutrient flows in the food chain in China [J]. Environmental Science & Technology, 2013, 47 (13): 7260 - 7268.

[16] 张建杰, 郭彩霞, 李莲芬, 等. 农牧交错带农牧系统氮素流动与环境效应: 以山西省为例 [J]. 中国农业科学, 2018, 51 (3): 456 - 467.

[17] 张宁, 王延华, 杨浩, 等. 常熟市食物链系统氮素生产 - 消费平衡及环境负荷特征 [J]. 农业环境科学学报, 2016, 35 (9): 1797 - 1806.

[18] ZHAO Z Q, QIN W, BAI Z H, et al. Agricultural nitrogen and phosphorus emissions to water and their mitigation options in the Haihe basin, China [J]. Agricultural Water Management, 2019, 212: 262 - 272.

[19] HOU Y, MA L, GAO Z L, et al. The driving forces for nitrogen and phosphorus flows in the food chain of China, 1980 to 2010 [J]. Journal of Environmental Quality, 2013, 42 (4): 962 - 971.

[20] GU B, DONG X, PENG C, et al. The long - term impact of urbanization on nitrogen patterns and dynamics in Shanghai, China [J]. Environmental Pollution, 2012, 171: 30 - 37.

[21] 张福锁, 王方浩, 马文奇, 等. 面源污染控制的新视角: 食物链养分管理策略 [J]. 中国农学通报, 2008, 24 (Z): 11 - 14.

[22] 张福锁, 马文奇, 张卫峰. 中国养分管理: 从生产系统到食物链 [M]. 北京: 清华大学出版社, 2005.

[23] 马文奇, 张福锁, 陈新平. 中国养分资源综合管理研究的意义与重点 [J]. 科技导报, 2006, 24 (10): 64 - 67.

[24] 高利伟. 食物链氮素养分流动评价研究: 以黄淮海地区为例 [D]. 保定: 河北农业大学, 2009.

[25] HOU Y, MA L, SÄRDI K, et al. Nitrogen flows in the food production chain of Hungary over the period 1961—2010 [J]. Nutrient Cycling in Agroecosystems,

2015, 102 (3): 335 - 346.

[26] 马林, 马文奇, 张福锁, 等. 中国食物链养分流动与管理研究 [J]. 中国生态农业学报, 2018, 26 (10): 1494 - 1500.

[27] 谢勇, 荣湘民. 食物链氮素养分流动研究进展 [J]. 湖南农业科学, 2014 (11): 42 - 45.

[28] ALLISON M L, JAMES N G, ALBERT B, et al. A nitrogen footprint model to help consumers understand their role in nitrogen losses to theenvironment [J]. Environmental Development, 2012, 1 (1): 40 - 66.

[29] YIN G Y, LIU L M, YUAN C C. Assessing environmental risks for high intensity agriculture using the material flow analysis method - a case study of the Dongting lake basin in South Central China [J]. Environmental Monitoring and Assessment, 2015, 187: 472.

[30] RISKU - NORJA H, Mäenpää I. MFA model to assess economic and environmental consequences of food production and consumption [J]. Ecological Economics, 2007, 60 (4): 700 - 711.

[31] JU M, OSAKO M, HARASHINA S. Quantitative analysis of food products allocation into food consumption styles for material flow analysis of food [J]. Journal of Material Cycles and Waste Management, 2016, 18 (3): 589 - 597.

[32] 魏静, 马林, 路光, 等. 城镇化对我国食物消费系统氮素流动及循环利用的影响 [J]. 生态学报, 2008, 28 (3): 1016 - 1025.

[33] 张小燕. 浅谈上海的水资源保护 [J]. 科技信息, 2011 (15): 362 - 362.

[34] 马林. 中国食物链氮素流动规律及调控策略 [D]. 保定: 河北农业大学, 2010.

[35] 王新新. 基于农田氮磷平衡的太湖流域环境风险评估 [D]. 北京: 中国农业大学, 2015.

[36] 全国农业推广服务中心. 中国有机肥料养分志 [M]. 北京: 中国农业出版社, 1999.

[37] 国务院第一次全国污染源普查领导小组办公室. 第一次全国污染源普查——农业污染源肥料流失系数手册 [R]. 2009.

[38] 王振旗. 大莲湖区域农业面源污染特征、影响及其防治措施研究 [D]. 上海: 东华大学, 2010.

[39] 王春梅. 太湖流域典型菜地地表径流氮磷流失研究 [D]. 南京: 南京农业

大学, 2011.

[40] BAO X, WATANABLE M, WANG X Q, et al. Nitrogen budgets of agricultural fields of the Chang Jiang River basin from 1980 to 1990 [J]. Science of the Total Environment, 2006, 363 (1-3): 136-148.

[41] LIU X, ZHANG Y, HAN W, et al. Enhanced nitrogen deposition overChina [J]. Nature, 2013, 494 (7438): 459-462.

[42] 遆超普. 不同空间尺度区域氮素收支 [D]. 南京: 南京农业大学, 2011.

[43] 谷保静. 人类-自然耦合系统氮循环研究: 中国案例 [D]. 杭州: 浙江大学, 2011.

[44] 钱晓雍, 沈根祥, 顾海蓉. 黄浦江上游水源保护区农田氮磷养分平衡分析 [J]. 环境科学与技术, 2011, 34 (8): 115-119.

[45] 张欢, 李恒鹏, 李新艳, 等. 太湖流域典型农业区氮平衡时间变化特征及驱动因素 [J]. 土壤通报, 2014, 45 (5): 1119-1129.

[46] 国家发展和改革委员会应对气候变化司. 2005 中国温室气体清单研究 [M]. 北京: 中国环境科学出版社, 2014.

[47] 刘兴国. 池塘养殖污染与生态工程化调控技术研究 [D]. 南京: 南京农业大学, 2011.

[48] 李家康, 林葆, 梁国庆, 等. 对我国化肥使用前景的剖析 [J]. 磷肥与复肥, 2001, 16 (2): 1-5.

[49] ANEJA V P, SCHLESINGER W H, ERISMAN J W. Effects of agriculture upon the air quality and climate: Research, policy, and regulations [J]. Environmental Science & Technology, 2009, 43 (12): 4234-4240.

[50] COMPTON J E, HARRISON J A, DENNIS R L, et al. Ecosystem services altered by human changes in the nitrogen cycle: a new perspective for US decisions making [J]. Ecology Letters, 2011, 14: 804-815.

[51] BIRCH M B L, GRAMIG B M, MOOMAW W R, et al. Why metrics matter: evaluating policy choices for reactive nitrogen in the Chesapeake Bay Watershed, Environ [J]. Science Technology, 2011, 45: 168-174.

[52] 付永虎, 刘俊青, 朱敏杰, 等. 基于物质流分析的区域食物链氮素流动规律与调控研究 [J]. 长江流域资源与环境, 2019, 28 (12): 2948-2960.